司法部部级科研项目

MPRMJ

中美城市青少年犯罪的
时空分布与防范对策比较研究

于 阳◎著

天津社会科学院出版社

图书在版编目（CIP）数据

中美城市青少年犯罪的时空分布与防范对策比较研究 /
于阳著. -- 天津 ： 天津社会科学院出版社，2024. 11.
ISBN 978-7-5563-1058-6

Ⅰ. D669.5；D771.285

中国国家版本馆 CIP 数据核字第 2025EH7119 号

中美城市青少年犯罪的时空分布与防范对策比较研究
ZHONGMEI CHENGSHI QINGSHAONIAN FANZUI DE SHIKONG FENBU YU FANGFAN DUICE
BIJIAO YANJIU

责任编辑： 王　丽
装帧设计： 高馨月
出版发行： 天津社会科学院出版社
地　　址： 天津市南开区迎水道 7 号
邮　　编： 300191
电　　话： （022）23360165
印　　刷： 天津市宏博盛达印刷有限公司
开　　本： 710×1000　　1/16
印　　张： 17.75
字　　数： 270 千字
版　　次： 2024 年 11 月第 1 版　　2024 年 11 月第 1 次印刷
定　　价： 78.00 元

2019 年度司法部国家法治与法学理论研究一般项目

《中美城市青少年犯罪的时空分布与防范对策比较研究》

（项目编号:19SFB2023）结项成果。

目 录

导　论

一、选题背景

青少年犯罪问题历来是犯罪学研究领域关注的一项中心议题,也是亟待解决的社会难题。当前,我国的经济社会发展正在经历广泛而深刻的历史性变革,青少年犯罪也随之呈现出一系列新的特征。从整体上看,我国的青少年犯罪总量和犯罪率连续多年下降。但是,我国的青少年犯罪基数仍然较大,青少年犯罪呈现低龄化、极端暴力化以及网络犯罪占比不断提升的新趋势。同时,社会转型期各种风险的相互交织,也使得青少年犯罪的成因日趋复杂。这要求我们持续拓展青少年犯罪研究的理论视野,深入挖掘青少年犯罪的成因机制,并精准提出防范青少年犯罪的对策建议。

（一）研究目的

第一,从时空分布的视角,研究我国青少年犯罪的现状、成因及防范对策。当前,我国的青少年犯罪基数仍然较大,青少年犯罪呈现出低龄化、极端暴力化以及网络犯罪占比不断提升的新趋势。同时,社会转型期各种风险的相互交织,也使得青少年犯罪的成因日趋复杂。因此,本研究拟以犯罪时空分布为核心,深入挖掘青少年暴力犯罪、性犯罪、财产犯罪、网络犯罪、毒品犯罪、有组织犯罪和女性青少年犯罪这七种类型的犯罪成因机制,并精准提出防范青少年犯罪的对策建议。

第二,持续开拓我国青少年犯罪时空分布领域的研究空间,进一步促进环境犯罪学与传统犯罪学的深度融合。一方面,希望能够为研究青少年犯罪的传统犯罪学者提供新方法、拓展新视角;另一方面,以期缓解以地理学为专业背景的环境犯罪学研究理论供给不足、罪因分析不透彻等现实问题。笔者希望通过该研究填补该领域的研究空白,推动我国青少年犯罪预防工作有效开展。

第三,重点研究西方国家(特别是美国)的犯罪学理论和实践与中国的比较和借鉴,扩展青少年犯罪的研究视野,为我国青少年犯罪时空分布的研究奠定理论基础、明确发展方向。同时,充分运用比较研究的方法,分析中美城市青少年犯罪时空分布规律的异同,发掘国外预防青少年犯罪的相关理论和实践经验对于我国城市青少年犯罪防控的借鉴价值。

(二)研究意义

2020 年 12 月 26 日,第十三届全国人大常委会第二十四次会议修订了《中华人民共和国预防未成年人犯罪法》(以下简称《预防未成年人犯罪法》),本法自 2021 年 6 月 1 日起施行。《预防未成年人犯罪法》明确并细化了对未成年人罪错行为的分级预防与矫治措施,有利于应对青少年犯罪新形势,回应社会关切。然而,该法更侧重于对未成年人早期不良行为或违法行为的干预、矫治,就犯罪学中"犯罪"的定义而言,仍然属于事后治理的范畴。因此,从犯罪学的视角研究青少年犯罪的时空分布,关注青少年犯罪与其所处环境之间的关联性,一方面可以进一步提前获悉青少年犯罪的预防节点、扩展预防范围,进而提升预防效果;另一方面,则能够将预防重点从改变犯罪人转向改善环境,从而有效降低预防难度,提高预防效率。正如美国犯罪学家马库斯·费尔森(Marcus Felson)所言:"调整或者改善环境之后,青少年犯罪人很难找到另外一个环境,也很难进行后续的犯罪。"①由此可见,改变犯罪的环境(或者条件)对于预防和减少青少年犯罪会起到至关重要的积极影响。本著作拟从比较的视野出发,考察特殊类型、特殊主体的中美城市青少年犯罪的时空分布规律与防范对策,结合我国的实际国情,借鉴美国的经验与教训,提出综合性、多元化的预防我国青少年犯罪的对策建议。

本著作以预防青少年犯罪为出发点和落脚点,以比较研究为基本方法,以时空分布为研究视角,在对中美城市青少年暴力犯罪、性犯罪、财产犯罪、网络犯罪、毒品犯罪、有组织犯罪以及女性青少年犯罪七个研究领域的时空分布与防范对策

---

① See Felson M, The process of co-offending, *Crime prevention studies*, 2003, 16: 149 – 168.

进行比较研究的基础上,对我国当前青少年犯罪领域的重要犯罪类型展开系统、全面、深入的研究并有针对性地提出防治对策建议,因而具有较为重要的理论意义和实践价值。首先,从时空分布的视角来审视青少年犯罪,能够使我们更加深刻地了解犯罪、认识犯罪,从而更好地开展青少年犯罪预防工作,这对于丰富和发展我国青少年犯罪学理论体系也具有十分重要的意义。其次,本著作通过个案分析、类案统计、问卷调查等实证研究方法,系统性地重点研究青少年暴力犯罪、性犯罪、财产犯罪、网络犯罪、毒品犯罪、有组织犯罪、女性青少年犯罪等实践中高发多发的犯罪行为,分析总结各种犯罪类型的时空分布规律。这不仅有利于填补我国青少年犯罪时空分布问题类型化研究的缺失,也能促进该领域理论研究的精细化。最后,在比较中美两国相关防范对策的基础上,充分借鉴美国的有益经验,结合各类型犯罪的特性,提出适合我国国情的青少年犯罪防范对策。由此,可以精准面向当前青少年犯罪防治工作的新需求,更好地推动国外最新的犯罪学理论与实证研究成果在我国的本土转化和实践应用。

二、国内外研究状况的学术史考察

(一)国外城市青少年犯罪的时空分布与防范对策研究

国外学者关于时间、空间与犯罪现象之间的研究由来已久,最早可以追溯至约 200 年前的法国。19 世纪初,法国的统计学家、早期犯罪学家安德烈—米歇尔·盖里(Andre-Michel Guerry)统计了法国各个省份的暴力犯罪和侵财类犯罪的分布情况,并制成犯罪地图。[①] 比利时犯罪学家朗伯·阿道夫·雅克·凯特勒(Lambert Adolphe Jacques Quetelet)进一步指出,在法国,犯罪的空间分布情况因犯罪类型而异。例如,暴力犯罪多分布于南部,财产犯罪则多分布于北部,中部地区两种犯罪发生率最低;人身类犯罪在春、夏季节较为多发,财产类犯罪则与此相反。[②] 20 世纪初,美国社会学家欧内斯特·沃森·伯吉斯(Ernest Watson Burgess)最先关注地理因素与小城市青少年犯罪之间的关联性。在他看来,对于少

---

①　See Guerry, André Michel, *Essai Sur La Statistique Morale De La France*, Paris, Crochard, 1833.

②　See Quetelet L A J, *A treatise on man and the development of his faculties*, Edinburgh, W. and R. Chambers, 1842.

年犯而言,其居住地比性别和种族更重要。① 此后,空间犯罪学和在此基础上形成的环境犯罪学逐渐兴起并得到长足发展,为理解犯罪和青少年犯罪的时空维度以及预防青少年犯罪提供了一种全新的视角。

1. 国外城市青少年犯罪时空分布的理论研究

随着时间的推移,青少年犯罪时空分布的相关研究愈发呈现出多学科融合的趋势。早期的社会学家、犯罪学家主要以社会学的视角解释犯罪行为,以社区为分析单位,研究影响犯罪行为的宏观社会条件。然而,这种解释方式也存在一定局限性。例如,劳伦斯·E. 科恩、马库斯·费尔森(Lawrence E. Cohen, Marcus Felson)提出了一个社会学悖论,即二战后社会经济有所改善,社会生活水平有所提高,但是这并不妨碍犯罪率的持续上升。② 因此,更多的学者认识到社会条件与犯罪率之间不存在简单的直接关联,转而从地理学和心理学的角度研究处于环境中的个人与时空离散点,重点关注环境中的个人活动轨迹与其自身选择,而不考虑社会条件的影响作用。值得注意的是,研究者选择的空间分析单位也从宏观的区域转变为具体的地点,时间分析单位则从季节、月份转变为具体的时间点。概言之,该领域的理论研究经历了研究视角多样化、研究内容精细化的演变过程。

(1)以社会学为核心的基础理论研究。以社会学为核心的犯罪时空分布理论主要是指源于美国芝加哥学派的社会解组理论。克利福德·R. 肖、亨利·唐纳德·麦凯(Clifford R. Shaw, Henry Donald McKay)是社会解组理论的主要提出者。1929 年开始,他们根据芝加哥市警方与法院的记录对青少年犯罪与社区特征开展了一系列研究。③ 其出版于 1942 年的经典著作《青少年犯罪与城市区域》(Juvenile delinquency and urban areas)中证实了"少年犯罪区"的存在,进而从自然状况、经济条件、人口构成等方面分析"少年犯罪区"的区位特征,指出导致青

---

① See Burgess E W, Juvenile delinquency in a small city, *Journal of the American institute of criminal law and criminology*, 1916, 6(5): 724–728.

② See Cohen L E, Felson M, Social change and crime rate trends: A routine activity approach, *American Sociological Review*, 1979, 44(4), 588–608.

③ 参见吴宗宪:《西方犯罪学史(第三卷)》(第二版),中国人民公安大学出版社 2010 年版,第 1015 页。

少年犯罪的是社区因素而非个体因素。① 为进一步解释上述问题,社会解组作为基础性的概念被提出。鲁斯·罗斯纳·科恩豪泽(Ruth Rosner Kornhauser)指出,在一个社区的结构与文化无法实现和表达当地居民的价值追求时,社会解组就会立即出现。解组的社区缺乏普通社区所具有的价值上的内部共识、邻里间的深入联系、社会交互活动等特征,且非正式社会控制水平较低,因此其犯罪率较高。② 美国犯罪学家罗伯特·J. 桑普森(Robert J. Sampson)认为,社区的负面邻里特征削弱非正式社会控制网络,进而使社会控制规范失去效力,导致更多越轨行为的发生。③ 此后,学者们通过发展非正式社会控制之外的其他因素,研究社区邻里特征与青少年犯罪之间的内在机制。罗伯特·J. 桑普森、斯蒂芬·W. 劳登布什、费尔顿·伊尔斯(Robert J. Sampson,Stephen W. Raudenbush,and Felton Earls)首次引入集体效能(主要是指邻里解决犯罪的预期能力)的概念,并验证了社区不利特征很大程度上是通过集体效能作用于暴力犯罪。④ 大卫·迈蒙、克里斯托弗·R. 布朗宁(David Maimon,Christopher R. Browning)的研究使用芝加哥社区人类发展项目、社区调查和纵向队列研究的数据,证实集体效能对青少年暴力行为有消极的独立影响。⑤ 克里斯托弗·R. 布朗宁、罗伯特·D. 迪茨、塞思·L. 范伯格(Christopher R. Browning,Robert D. Dietz,and Seth L. Feinberg)基于芝加哥社区人类发展项目的数据指出,虽然集体效能与青少年暴力犯罪之间具有一些关联性,但是邻里社交网络为罪犯提供了社会资本的来源,可能会降低集体效能的监管效力。⑥ 综上所述,芝加哥学派开展的理论研究极大地促进了传统犯罪学的发

---

① See Shaw C R,McKay H D,*Juvenile delinquency and urban areas.* Chicago,IL:University of Chicago Press,1942.

② See Kornhauser R R,*Social sources of delinquency*,*Chicago*:University of Chicago,1978,63.

③ See Sampson R J,Urban black violence:The effect of male joblessness and family disruption. *American journal of Sociology*,1987,93(2):348 – 382.

④ See Sampson R J,Raudenbush S W,Earls F,Neighborhoods and violent crime:A multilevel study of collective efficacy. *Science*,1997,277(5328):918 – 924.

⑤ See Maimon D,Browning C R,Unstructured socializing,collective efficacy,and violent behavior among urban youth,*Criminology*,2010,48(2):443 – 474.

⑥ See Browning C R,Dietz R D,Feinberg S L,The paradox of social organization:Networks,collective efficacy,and violent crime in urban neighborhoods,*Social Forces*,2004,83(2):503 – 534.

展,其在借鉴社会失范理论的基础上,提出以犯罪空间分布为主要内容的社会解组理论,解释了宏观地理区位因素对于青少年犯罪的影响。虽然,社会解组理论也面临着中介机制不明确的问题。但是,学者们通过引入集体效能、社会资本等其他理论试图弥补这一缺陷,社会解组理论也在应对各种质疑和挑战的回应中日臻发展和完善。

(2)以地理学为视角的基础理论研究。日常活动理论、犯罪模式理论与理性选择理论是环境犯罪学的三大基础理论。其中日常活动理论与犯罪模式理论经常被学者用于解释青少年犯罪行为。劳伦斯·E. 科恩、马库斯·费尔森(Lawrence E. Cohen, Marcus Felson)指出,犯罪的发生通常需要具备三个条件,即可能的犯罪人、适宜的犯罪目标、没有适当保护者。三种条件同时具备并非偶然现象,而是存在于日常生活的自然节奏中。[1] 因此,被害人和犯罪人的日常活动的重叠地,同时也是犯罪的集中地。例如,霍华德·N. 斯奈德、梅丽莎·西克蒙德、爱琳·珀·娅玛盖达(Melissa Sickmund, Howard N. Snyder, Eileen Poe-Yamagata)的研究证明,青少年的被害率(加害者与受害者均为青少年)在工作日的下午达到高峰,其与学生的放学时间正好重合。[2] 帕特里夏·L. 布兰亭罕、保罗·J. 布兰亭罕(Patricia L. Brantingham, Paul J. Brantingham)在日常活动理论的基础上提出犯罪模式理论,研究上述日常活动中的犯罪条件在何时、何地发生重合。在该理论中,个人频繁往返的位置被称为节点,节点之间的连接路线被称为路径,"感知空间"是指日常生活中人们熟悉的节点与路径附近的区域。[3] 根据这一理论,犯罪者更倾向于在其感知空间内实施犯罪行为。潜在犯罪人的日常活动通常定义了他们可能犯罪的区域和时间,而潜在受害者的日常活动也会对犯罪模式产生

---

[1] See Cohen L E, Felson M, Social change and crime rate trends: A routine activity approach, *American Sociological Review*, 1979, 44(4), 588 – 608.

[2] See Snyder H N, Sickmund M, Poe-Yamagata E, *Juvenile offenders and victims: 1996 update on violence.* Washington, DC: US Department of Justice, Office of Justice Programs, Office of Juvenile Justice and Delinquency Prevention, 1996.

[3] See Brantingham P. L, Brantingham P. J, Criminality of place, *European journal on criminal policy and research*, 1995, 3(3): 5 – 26.

影响。①

　　此外,较多学者则通过研究时间利用方法、聚集环境等日常活动,分析青少年的犯罪行为。安德鲁·M. 勒米厄、马库斯·费尔森(Andrew M. Lemieux, Marcus Felson)的调查表明,在往返于学校的路上以及闲暇时间,青少年受害率更高。同时,青少年与同伴聚集的每 1000 个小时中发生的犯罪,远高于与父母聚集时同等时间内发生的犯罪。② 大卫·韦斯伯德、伊丽莎白·R. 格罗夫、杨苏明(David Weisburd, Elizabeth R. Groff, Sue-Ming Yang)在英国对 700 余名青少年开展调查,③以及维姆·贝纳斯科、斯汀·瑞特、格本·J. N. 布鲁因斯马等(Wim Bernasco, Stijn Ruiter, and Gerben J. N. Bruinsma, et al.)以荷兰青少年为样本进行的研究,同样证实了上述这一结论。④ 乔尔·米勒(Joel Miller)以爱丁堡 3000 多名15 岁儿童为样本,发现日常活动与特定类型犯罪行为之间具有一定的关联性。例如,去青年俱乐部和做运动与殴打、逃税有关;和朋友闲逛与店铺盗窃和破坏行为有关;夜间活动则与袭击、药物滥用相关等。⑤ 大卫·L. 韦斯伯德、伊丽莎白·R. 格罗夫、南希·莫里斯(David Weisburd, Elizabeth R. Groff, Nancy Morris)根据西雅图警方提供的 1989 年至 2002 年的数据发现,每年有近 50% 的青少年犯罪时间集中于 1% 的热点地区,全部的少年犯罪案件集中于 3% 至 5% 的地区,且多为青少年聚集的公共场所。例如,商场、学校、青年中心等。⑥ 互联网的普及使网络空间成为新型犯罪场所,因此,有学者开始关注虚拟空间中的青少年犯罪。例如,

---

　　① See Brantingham P L, Brantingham P J, Environment, routine, and situation: Toward a pattern theory of crime, *Routine activity and rational choice*, Routledge, 2017: 259 – 294.

　　② See Lemieux A M, Felson M, Risk of violent crime victimization during major daily activities, *Violence and victims*, 2012, 27(5): 635 – 655.

　　③ See Weisburd D, Groff E R, Yang S M, *The criminology of place: Street segments and our understanding of the crime problem*, Oxford University Press, 2012.

　　④ See Bernasco W, Ruiter S, Bruinsma G J N, et al. , Situational causes of offending: A fixed-effects analysis of space-time budget data, *Criminology*, 2013, 51(4): 895 – 926.

　　⑤ See Miller J, Individual offending, routine activities, and activity settings: Revisiting the routine activity theory of general deviance, *Journal of Research in Crime and Delinquency*, 2013, 50(3): 390 – 416.

　　⑥ See Weisburd D, Groff E R, Morris N, *Hot spots of juvenile crime: Findings from Seattle*, US Department of Justice, Office of Justice Programs, Office of Juvenile Justice and Deliquency Prevention, 2011.

托马斯·J. 霍尔特等(Thomas J. Holt, et al.)的研究指出,实施网络越轨行为的青少年通常在个人环境中使用计算机,进而躲避父母以及其他人的监管。①总体而言,与上述社会学视角的理论研究不同,以地理学为视角的基础理论研究才真正属于环境犯罪学(犯罪地理学)这一研究领域。环境地理学关注不同地点、不同时间发生的各类犯罪事件,考察具体环境中人们的日常行为模式,从更加微观的层面探讨直接环境中的危险因素对犯罪行为的影响。值得注意的是,环境犯罪学的研究不是对犯罪社会学的否定,其在关注犯罪事件的同时,也极为重视从心理学的视角研究犯罪人的个人选择或犯罪倾向,同时突出强调人与环境之间的双向互动。

2. 国外城市青少年犯罪时空分布的应用研究

一般而言,"问题导向警务"(Problem-Oriented Policing)最早是在 1979 年由美国学者赫尔曼·戈尔茨坦(Herman Goldstein)提出,他认为,警察在预防和控制犯罪方面没有发挥有效的作用,是因为他们过于关注警察的"手段",而忽视了防控犯罪和其他社区问题的"目标"。② 在笔者看来,"问题导向警务"对美国的警务工作产生了巨大的影响,是美国目前实施的最广泛的警务策略之一。例如,波士顿的"停火行动"(Operation Ceasefire)是典型的以问题为导向的警察干预行动,旨在减少波士顿的青少年杀人和枪支暴力行为。安东尼·A. 布拉加、大卫·M. 肯尼迪、艾琳·J. 沃林等(Anthony A. Braga, David M. Kennedy, Elin J. Waring, et al.)的研究表明"停火行动"与波士顿青少年凶杀案和枪击袭击事件的显著减少有关。③ "热点警务"(Hot-Spot Policing)也是一项被许多研究证实能够有效减少越轨行为的干预措施。安东尼·A. 布拉加、安德鲁·V. 帕帕克里斯托斯、大

---

① See Holt T J, Bossler A M, May D C, Low Self-Control, Deviant Peer Associations, and Juvenile Cyberdeviance, *American Journal of Criminal Justice*, 2012, 37(3): 378 – 395.

② See Goldstein, Herman, Improving policing: A problem-oriented approach. *Crime and Delinquency*, 1979, 24: 236 – 58.

③ See Braga A A, Kennedy D M, Waring E J, et al., Problem-oriented policing, deterrence, and youth violence: An evaluation of Boston's Operation Ceasefire, *Journal of research in crime and delinquency*, 2001, 38(3): 195 – 225.

卫·M. 休罗（Anthony A. Braga, Andrew V. Papachristos, David M. Hureau）的研究结果表明,热点地区的警务能够有效降低犯罪率。同时,与单纯增加犯罪热点地区传统警务的干预相比,以问题为导向的警务干预效果更佳。[①] 但是,热点警务通常是面向全年龄段的目标群体,其对青少年犯罪行为的影响力尚未得到实证数据的有力支持。

"情境犯罪预防"（Situational Crime Prevention）是以环境犯罪学为理论基础的一种预防犯罪的有效手段,其试图通过改变犯罪的情境决定因素,降低犯罪发生的可能性。罗布·T. 盖雷特（Rob T. Guerette）对 206 个情境预防项目的研究进行回顾,发现 3/4 的研究证明了情境干预的有效性,只有 12% 的研究得出结论认为,情境干预是无效的。[②] 凯瑟琳·格雷厄姆（Kathryn Graham）借鉴情境犯罪预防理论和社会互动理论,开发了一种理论模型,用于预防有执照的饮酒场所的攻击和伤害行为,并讨论了如何在饮酒场所、社区、州或国家层面通过干预项目、政策或法规来实施这些策略。[③] 凯特·A. 佩因特、大卫·P. 法灵顿（Kate A. Painter, David P. Farrington）以青少年为样本对情境犯罪预防措施进行评估,其调查结果显示,在街道的照明条件得到改善后,青少年的犯罪行为有所减少。[④] 劳伦·奥尼尔、吉恩·玛丽·麦格洛因（Lauren O'Neill, Jean Marie McGloin）采用全国代表性学校的横断面样本,在统计控制的基础上,调查了各种校园情境预防策略对暴力犯罪和财产犯罪的效果。调查结果显示,午餐时间封闭学校和调整教室数量的策略,对校园犯罪率的影响较为明显。[⑤] 马克·E. 范伯格、达蒙·琼

[①] See Braga A A, Papachristos A V, Hureau D M, The effects of hot spots policing on crime: An updated systematic review and meta-analysis, *Justice quarterly*, 2014, 31(4):633-663.

[②] See Guerette R T, The Pull, Push and Expansion of Situational Crime Prevention Evaluation: An Appraisal of Thirty-Seven Years of Research, *Crime Prevention Studies*, 2009, 24:29-58.

[③] See Graham K, They fight because we let them! Applying a situational crime prevention model to barroom violence. *Drug and Alcohol Review*, 2009, 28(2):103-109.

[④] See Painter K A, Farrington D P, Evaluating situational crime prevention using a young people's survey: Part II making sense of the elite police voice, *British Journal of Criminology*, 2001, 41(2):266-284.

[⑤] See O'Neill L, McGloin J M, Considering the efficacy of situational crime prevention in schools, *Journal of Criminal Justice*, 2007, 35(5):511-523.

斯、马克·T. 格林伯格等（Mark E. Feinberg, Damon Jones, Mark T. Greenberg, et al. ）在美国宾夕法尼亚州进行的相关纵向研究表明，在实施社区照顾制度（Community Care System）的社区中，青少年违法犯罪率相对较低。[①] 在笔者看来，国外城市青少年犯罪时空分布的应用研究成果十分丰富，这在一定程度上体现了西方犯罪学研究的实用主义倾向（具体实践性品格）。具体表现在以下两个方面：其一，在国外，尤其是美国，许多学者的犯罪学应用研究得到来自官方的资金和数据支持，能够更好地将理论成果转化为预防青少年犯罪的实践项目；其二，官方和研究者较为重视青少年犯罪预防项目的效果评估，并以评估结果为基础对项目进行后续改进。

（二）国内城市青少年犯罪的时空分布与防范对策研究

我国学者对犯罪地理学与环境犯罪学的关注始于20世纪80年代中期，经过近40年的积累与发展，该领域的研究质量与研究水平均有显著提升。但是，其中关于青少年犯罪时空分布的相关研究成果始终较为匮乏，目前仍未取得明显突破。

总体而言，该领域的学术研究大致经历了两个阶段：其一是在1985年至2010年。这一时期的研究成果以对国外相关理论的引介为主，兼有少量实证研究成果问世。在2000年以前，祝晓光[②]、汤建中[③]、王发曾[④]等学者通过介绍国外犯罪地理学相关理论，突出空间分布对犯罪研究的重要价值，为明确我国犯罪地理学研究的主要任务奠定了一定基础。此后，梁治寇[⑤]、程连生和马丽[⑥]、杜德斌[⑦]等学

---

① See Feinberg M E, Jones D, Greenberg M T, et al. , Effects of the Communities That Care model in Pennsylvania on change in adolescent risk and problem behaviors, *Prevention Science*, 2010, 11（2）: 163 – 171.

② 参见祝晓光：《犯罪地理学初探》，载《河北师范大学学报（社会科学版）》1986第3期，第113 – 118页；祝晓光：《芝加哥学派对犯罪空间分布理论的贡献》，载《国外人文地理》1988年第2期，第71 – 75页。

③ 参见汤建中：《美国的犯罪地理学研究》，载《科学》1988年第1期，第42 – 47页。

④ 参见王发曾：《国外城市犯罪的地理研究》，载《国外人文地理》1988年第2期，第76 – 82页。

⑤ 参见梁治寇：《城市刑事犯罪地理初探——以甘肃省为例》，载《人文地理》1993年第1期，第73 – 78页。

⑥ 参见程连生、马丽：《北京城市犯罪地理分析》，载《人文地理》1997年第2期，第11 – 16页。

⑦ 参见杜德斌：《加拿大爱得蒙顿市犯罪问题的地理研究》，载《地理研究》1998年第4期，第80 – 87页。

者对国内外城市犯罪空间分布规律进行了实证分析。2000 年至 2010 年,在该领域的研究成果中,国外基础理论研究及应用研究的文献综述仍然占据主要地位。但与 20 世纪相比,在文献数量和质量方面都有较大提升。任永富①、孙峰华等②、梅建明③、贺日兴④、姚华松等⑤学者对西方犯罪地理学的发展历程、研究成果进行了较为全面的梳理分析。在同一时间段,颜峻、疏学明、袁宏永运用地理加权回归模型研究犯罪空间分布与地理因素关联性,以社区盗窃案件发案率为例建立了局部分析模型,并给出了参数估计及显著性检验空间分布图。⑥ 其二是 2010 年以后。这一时期是我国犯罪地理学蓬勃发展的重要阶段。学界一方面持续关注西方的最新研究成果,另一方面也逐渐重视发展该领域本土化的实证研究,注重运用国外先进理论成果和研究方法解决我国的实际问题。在这一阶段,学者们的研究精力主要聚焦于各类型犯罪的时空分布、犯罪时空分布预测模型的构建、基于犯罪时空分布的犯罪防控对策研究等领域。以下主要梳理评析 2010 年至今我国学界在该领域的研究状况。

1. 各种类型犯罪的时空分布规律研究

从具体的犯罪类型来看,侵财类犯罪一直是学界的研究热点,包括盗窃罪、抢劫罪、诈骗罪等。其中,关于盗窃罪时空分布的研究成果数量最多、精细化程度最高。就犯罪主体而言,我国学者对犯罪时空分布规律开展的研究绝大多数是全主体类型的研究,较少关注青少年犯罪的时空分布规律。

---

① 参见任永富:《国外犯罪地理画像简介》,载《江西公安专科学校学报》2006 年第 3 期,第 84 - 88 页。

② 参见孙峰华、李世泰、黄丽萍:《中外犯罪地理规律实证研究》,载《人文地理》2006 年第 5 期,第 14 - 18 页。

③ 参见梅建明:《论环境犯罪学的起源、发展与贡献》,载《中国人民公安大学学报(社会科学版)》2006 年第 5 期,第 66 - 72 页。

④ 参见贺日兴:《犯罪制图——地理信息技术应用新领域》,载《测绘通报》2006 年第 6 期,第 46 - 50 页。

⑤ 参见姚华松、薛德升、许学强:《1990 年以来西方城市社会地理学研究进展》,载《人文地理》2007 年第 3 期,第 12 - 17 页。

⑥ 参见颜峻、疏学明、袁宏永:《盗窃犯罪空间分布与地理因素的关联》,载《清华大学学报(自然科学版)》2010 年第 2 期,第 174 - 176 页。

（1）财产类犯罪的时空分布规律研究。学界关于盗窃罪时空分布规律的研究成果较为丰富。冯沐孜、文詠怡、吴健平利用上海市 2006—2009 年的盗窃案件数据,基于 ArcGIS 及 Excel 软件,运用描述性统计、核密度估计等方法,分析了上海市盗窃案件的时空分布规律。① 胡啸峰、郑云勇提出了一种基于特定样本抽取的时空热点探索方法,使得到的时间—空间热点具有时空吻合性,有利于对实际工作的指导。② 叶栩闻基于 L 市 D 区 2013—2018 年盗窃案件数据,应用 GIS 技术,引入犯罪洛伦兹曲线与犯罪基尼系数,使用 Getis-Ord Gi ∗ 算法等探究盗窃案件的时空分布特征及趋势。③ 石拓、张俊辉以盗窃案件发案数据为基础,对时间序列的发案数据进行小波分解,再通过 K-means 聚类法对犯罪空间分异格局进行研究,进而深入分析发案的时空规律。④ 柳林、孙秋远、肖露子等通过分析涉毒人员日常活动对盗窃警情时空格局的影响,验证犯罪者日常活动在塑造盗窃警情时空格局中的作用。⑤

此外,还有不少学者对入户盗窃、扒窃这两种具体类型的盗窃罪进行更为细致的研究。柳林、姜超、周素红等以中国 H 市 DP 半岛为例,分析城市入室盗窃犯罪的多尺度时空格局特征与成因,探索推进区域内犯罪者画像研究。⑥ 王增利、刘学军、陆娟等构造了一种基于节点影响强度的犯罪传输网络。以入室盗窃为例提取犯罪预测过程中需要关注的重要节点,分析其时间和空间分布特性。⑦ 徐嘉

① 参见冯沐孜、文詠怡、吴健平:《基于 GIS 的上海市盗窃案件时空分析》,载《测绘与空间地理信息》2012 年第 11 期,第 38 – 42 页。

② 参见胡啸峰、郑云勇:《盗窃类犯罪的时空热点分析方法研究》,载《中国人民公安大学学报(自然科学版)》2018 年第 1 期,第 51 – 56 页。

③ 参见叶栩闻:《基于 GIS 的盗窃犯罪时空分布分析——以 2013—2018 年 L 市 D 区盗窃犯罪为例》,载《公安学刊(浙江警察学院学报)》2019 年第 5 期,第 97 – 104 页。

④ 参见石拓、张俊辉:《基于小波聚类的盗窃犯罪空间分析——以北京市为例》,载《调研世界》2019 年第 4 期,第 57 – 60 页。

⑤ 参见柳林、孙秋远、肖露子、宋广文、陈建国:《涉毒人员日常活动对盗窃警情空间格局影响的时间差异》,载《地球信息科学学报》,2021 年第 12 期,第 2187 – 2200 页。

⑥ 参见柳林、姜超、周素红、刘凯、徐冲、曹晶晶:《城市入室盗窃犯罪的多尺度时空格局分析——基于中国 H 市 DP 半岛的案例研究》,载《地理研究》2017 年第 12 期,第 2451 – 2464 页。

⑦ 参见王增利、刘学军、陆娟、吴伟、张宏:《犯罪网络构建及其时空分析——以入室盗窃为例》,载《武汉大学学报(信息科学版)》2018 年第 5 期,第 759 – 765 页。

祥、陈鹏、陈建国以实证方法分析北京市入室盗窃案件的时空热点,总结归纳案件热点环境的时空要素类型,在此基础上构建基于犯罪主体与环境影响要素相互作用的犯罪时空分布机制。① 付逸飞采用核密度估计和统计分析等方法分析 2015年 A 市 CP 区入户盗窃警情的时空分布热点,并通过热点矩阵分类进一步对热点内的犯罪时空分布格局及其内在犯罪机理进行分析。② 陈鹏、李欣、胡啸峰等利用核密度估计方法和时空热点矩阵方法,对北京市长安街沿线的扒窃类案件的空间分布特征进行了研究。③ 肖露子、柳林、周素红等以东南沿海城市 ZG 市为例,分析工作日地铁扒窃案件的时空分布特征,并探讨其形成机理。④

除盗窃罪之外,该领域学者关注较多的侵财类犯罪是抢劫罪、抢夺罪,也有极少数学者对诈骗罪的时空分布进行研究。徐建华⑤、王兴安⑥分别对位于珠江三角洲的 TZ 市、海南省三亚市的抢劫案件时空分布情况进行了描述性统计分析。徐冲、柳林、周素红等以 H 市中心城区 DP 半岛 2006—2011 年发生的街头抢劫案件作为研究对象,利用核密度估计等方法,分别从宏观和局部微观两个尺度层面系统分析其时空分布特征。⑦ 朱艳丽、靖常峰、伏家云等针对抢劫犯罪发生的时空模式等相关问题,提出基于时空立方体模型的时空特征探索方法,其既能从时

① 参见徐嘉祥、陈鹏、陈建国:《基于环境犯罪学理论的入室盗窃时空分布研究——以北京市主城区案件的分析为例》,载《人文地理》2018 年第 1 期,第 43 – 50 页。
② 参见付逸飞:《入户盗窃犯罪的时空分布热点及其机理研究——以 A 市 CP 区警情分析为例》,载《世界地理研究》2021 年第 5 期,第 1005 – 1014 页。
③ 参见陈鹏、李欣、胡啸峰、曾昭龙、赵鹏凯:《北京市长安街沿线的扒窃案件高发区分析及防控对策》,载《地理科学进展》2015 年第 10 期,第 1250 – 1258 页。
④ 参见肖露子、柳林、周素红、宋广文、张春霞、陈建国:《ZG 市工作日地铁站点扒窃案件的时空分布及其影响因素》,载《地理科学》2018 第 8 期,第 1227 – 1234 页。
⑤ 参见徐建华:《抢劫犯罪的时空分布、案件类型与团伙构成》,载《犯罪与改造研究》2005 年第 12期,第 7 – 11 页。
⑥ 参见王兴安:《犯罪时空分布与城市管理应对——以抢劫案为切入点的实证分析》,载《海南师范大学学报(社会科学版)》2011 第 S1 期,第 74 – 77 页。
⑦ 参见徐冲、柳林、周素红、叶信岳、姜超:《DP 半岛街头抢劫犯罪案件热点时空模式》,载《地理学报》2013 第 12 期,第 1714 – 1723 页。

空维度挖掘犯罪事件的特征,又以时空立方体方法宏观展示其热点时空分布。① 曾敏玲、毛媛媛以上海市浦东新区"两抢一盗"犯罪为研究对象,分析其时空分布规律,并剖析街道环境与犯罪分布之间的关系。② 黄锐、谢朝武、赖菲菲采用空间自相关、标准差椭圆、核密度分析和季节强度指数对中国旅游"两抢一盗"犯罪事件的时空分布特征进行分析,并采用模糊集定性比较分析法(FSQCA)对事件的组态影响因素进行探究。③ 柳林、张春霞、冯嘉欣等综合运用平均最近邻、核密度以及负二项回归等研究方法,对 ZG 市 5 类诈骗警情的时空分布特征和基于建成环境与社会环境两大维度的影响因素进行了深入探讨。④ 综上所述,我国环境犯罪学领域的绝大多数成果以侵犯财产犯罪为主要研究对象。其中,关于盗窃罪的研究成果数量居于首位,且研究内容向着类型化、精细化、纵深化的方向发展。在针对盗窃罪的大量成果中,在研究全类型的盗窃罪的同时,个别研究者还较为重视扒窃、入户盗窃等不同新类型的盗窃行为。当然,这主要是由于侵犯财产类犯罪的案件(盗窃罪的案件数量常年位居首位)基数较大,且受时空因素影响更为显著。

(2)其他类型犯罪的时空分布规律研究。该领域的部分研究成果也涉及毒品犯罪、拐卖儿童犯罪、传销犯罪、网络犯罪等其他类型的犯罪。刘熠孟、李卫红、王昕以 SZ 市 NH、DM 街道内社区为例,基于毒品犯罪案件数据,利用探索性数据分析和时空扫描识别毒品犯罪时空热点分布,结合用地类型、动态人流量等数据定量分析毒品犯罪案件的时空分布影响因素。⑤ 柳林、刘慧婷、陈建国等以中国

---

① 参见朱艳丽、靖常峰、伏家云、杜明义、周磊:《时空立方体的抢劫案件时空特征挖掘与分析》,载《测绘科学》2019 年年第 9 期,第 132 – 138 页。

② 参见曾敏玲、毛媛媛:《上海市浦东新区城市街道"两抢一盗"犯罪的时空规律》,载《热带地理》2014 年第 5 期,第 606 – 617 页。

③ 参见黄锐、谢朝武、赖菲菲:《中国旅游"两抢一盗"犯罪事件时空分布及组态影响因素》,载《热带地理》2022 年第 5 期,第 799 – 812 页。

④ 参见柳林、张春霞、冯嘉欣、肖露子、贺智、周淑丽:《ZG 市诈骗犯罪的时空分布与影响因素》,载《地理学报》2017 年第 2 期,第 315 – 328 页。

⑤ 参见刘熠孟、李卫红、王昕:《微观尺度下毒品犯罪时空分布及成因分析——以 SZ 市 NH、DM 街道为例》,载《地理科学进展》2020 年第 5 期,第 841 – 852 页。

ZG 市主城区为例,融合多源时空数据,分别对 2013 年 8 月开始的“雷霆扫毒”前后的贩卖毒品犯罪构建负二项回归模型,分析微观尺度下半公共空间、室外公共空间和室内私人空间对贩卖毒品犯罪影响的变化。① 李钢、王会娟、谭然等②,刘玲、李钢、薛淑艳等③基于案例数据,运用数理统计、空间分析等方法对拐卖儿童犯罪的时空分布特征进行研究。宫田田、谢双玉、赵浩楠采用最近邻指数法、核密度估计法和地理探测器对武汉市 2012—2019 年传销犯罪点的空间格局变化及其建成环境影响因素进行研究。④ 项金桥、高春东、马甜等基于中国裁判文书网数据库的 25597 份网络诈骗一审判决书,运用自然语言处理技术、莫兰指数等,分析网络诈骗的宏观时空分布特征。⑤ 总体而言,其他类型犯罪时空分布规律的研究成果数量相对较少,这与上述侵财类犯罪的研究成果形成鲜明对比。这反映出该领域研究方向较为集中,研究成果同质化较为明显。当前,在环境犯罪学的研究中,需要在考虑研究便利性的同时,更关注研究的实用性,以犯罪预防的实践需求为指引,基于已有的理论成果和研究经验,尽快拓展研究范围,从而深入考察更多的、不同类型犯罪的时空分布规律。

(3)青少年犯罪的时空分布规律研究。国内学界关于青少年犯罪时空分布规律的研究成果整体较为匮乏,少有针对具体犯罪类型的专门研究,且采用的研究方法多为纯理论研究,或典型案例分析、田野调查等小样本的实证研究方法,较少运用专业的数理统计和时空分析方法进行大样本分析。王秀芳指出,青少年犯罪活动空间具有流动性与稳定性、扩散性、封闭性等特点。⑥ 邸瑛琪从行为场的

① 参见柳林、刘慧婷、陈建国、肖露子、祝卫莉、孙秋远:《“雷霆扫毒”对贩卖毒品犯罪的影响及后续时空分布变化——以 ZG 市主城区为例》,载《地理学报》2022 年第 6 期,第 1461 – 1474 页。

② 参见李钢、王会娟、谭然、付莹:《中国拐卖儿童犯罪的时空特征与形成机制——基于“成功案例”的管窥》,载《地理研究》2017 年第 12 期,第 2505 – 2520 页。

③ 参见刘玲、李钢、薛淑艳、马雪瑶、周俊俊、徐婷婷、王皎贝:《四川省拐卖儿童犯罪的时空演变过程及影响因素分》,载《地理科学进展》2020 年第 5 期,第 853 – 865 页。

④ 参见宫田田、谢双玉、赵浩楠:《武汉市传销犯罪点的空间格局变化及其建成环境影响因素》,载《热带地理》2021 年第 2 期,第 265 – 276 页。

⑤ 参见项金桥、高春东、马甜、江东、郝蒙蒙、陈帅:《县域尺度中国网络诈骗时空分布特征研究》,载《地理科学》2021 年第 6 期,第 1079 – 1087 页。

⑥ 参见王秀芳:《青少年犯罪活动空间的特点探讨》,载《天中学刊》1999 年第 4 期,第 25 – 26 页。

视角研究青少年犯罪,分析了青少年犯罪行为场的产生机制以及特点。① 吴建辉、邢盘洲用马克思主义的时空发展观思考分析 21 世纪我国青少年犯罪的成因、预防和控制问题。② 张宝义基于天津市历年的犯罪调查数据,研究青少年犯罪场所与犯罪发生频率、场所类型、暴力倾向、作案顺利程度等因素之间的关系,以及不同的犯罪青少年主体与犯罪行为类型在犯罪的日时点分布上的变动趋势。③ 谢建社、刘念、谢宇对广东省 500 名犯罪青少年数据资料进行多重对应统计分析,发现青少年犯罪在时间和空间上存在着显著的聚集效应。同时,犯罪青少年的性别、犯罪时的年龄、犯罪行为类型与犯罪时空结构相关联。④ 常进锋通过分析近年来发生的典型青少年犯罪案件,发现青少年犯罪与社会时间和空间密切相关。⑤ 李旭、冯承才基于问卷调查和访谈结果,探索大学校园财产犯罪的空间特征,并提出针对性的校园安全解决方案。⑥ 冯承才运用实地考察、访谈等方法对街角青年恶性聚集空间进行了较为深入的研究。⑦ 此外,国内还有一些学者针对中美城市青少年财产犯罪、毒品犯罪的时空分布规律进行比较研究。例如,于阳、祝梦宇等在充分借鉴中美城市青少年财产犯罪理论研究资料和实证调研项目经验的基础上,运用比较研究方法,对其时空分布规律进行总结,并提出针对性的防

① 邱瑛琪:《青少年犯罪行为场研究——青少年犯罪行为机制控制研究》,载《中州学刊》2002 年第 1 期,第 185 – 190 页。
② 参见吴建辉、邢盘洲:《青少年犯罪时空因素分析》,载《铁道警官高等专科学校学报》2004 年第 4 期,第 68 – 71 页。
③ 参见张宝义:《青少年犯罪的日时点分布特征及分析——以天津市为背景的研究》,载《中国青年研究》2007 年第 7 期,第 41 – 45 页;张宝义:《青少年犯罪行为与场所空间关系的研究——以天津市为例》,载《青少年犯罪问题》2008 年第 6 期,第 22 – 26 页。
④ 参见谢建社、刘念、谢宇:《青少年犯罪的时空分析——来自广东省未成年人管教所的调查》,载《中国人口科学》2014 年第 3 期,第 115 – 125 + 128 页。
⑤ 参见常进锋:《时空社会学:青少年犯罪成因的新视角》,载《中国青年社会科学》2020 年第 1 期,第 134 – 140 页。
⑥ 参见李旭、冯承才:《大学校园财产犯罪的空间视角》,载《华东理工大学学报(社会科学版)》2019 年第 6 期,第 55 – 62 页。
⑦ 参见冯承才:《环境犯罪学视角下街角青年易罪错空间研究》,载《青年研究》2019 年第 3 期,第 57 – 68 页;冯承才:《恶性聚集空间:街角青年罪错环境研究》,载《人口与社会》2020 年第 4 期,第 72 – 81 页。

范对策。① 于阳、黄烨通过采用数据比较、案例分析、实证调查等方法,发现中美两国城市青少年毒品犯罪的时空分布规律。同时,借鉴美国青少年毒品犯罪的预防对策,提出包括严格控制毒品来源、定时定点缉毒巡逻、三方联合时空预防等建议。② 应当指出,上述这些比较研究成果对于提升国内青少年犯罪的时空分布规律研究有所助益。

综上所述,笔者在考察国内青少年犯罪时空分布规律后发现,国内开展这项研究的学者多为传统的犯罪学研究者,其研究成果也多发表于国内专业的犯罪学期刊,而非地理学专业期刊中。此外,我国的环境犯罪学研究者未对犯罪主体做类型化区分,极少关注青少年犯罪现象,这在很大程度上影响了其统计样本的科学性以及研究结论的准确性。而国内传统的犯罪学研究者虽然重视对青少年犯罪现状、成因及防治对策的研究,但是其仍然存在研究范式相对固化、数据分析工具较为落后等研究不足。由此可见,青少年犯罪时空分布领域具有极为重要的研究价值,当前也尚有较多值得深入开拓的研究空间。在国内今后的研究中,有必要进一步促进环境犯罪学与传统犯罪学的深度融合。一方面,可以为研究青少年犯罪的传统犯罪学研究者提供新方法、拓展新视角;另一方面,则能够较好地纾解以地理学为专业背景的环境犯罪学研究者的犯罪学理论供给不足、罪因分析不透彻、防控对策实用性不强等现实问题,进而填补该领域的研究空白,推动我国青少年犯罪预防工作的有效开展。

2. 犯罪时空分布预测模型研究

近年来,许多学者在犯罪时空分布规律的研究基础上,进一步结合数据科学技术构建或验证算法模型以预测未来犯罪案件的时空分布情况,为警力资源的部署提供坚实的理论基础。陈鹏、疏学明、袁宏永等基于日常活动理论和一种基于Agent 模拟的犯罪网络分析方法,提出了一种具有信息反馈机制的时空犯罪热点

---

① 参见于阳、祝梦宇、席竞宜、贺泆植、杨佩瑶、庄渊智:《中美城市青少年财产犯罪的时空分布与防范对策》,载《预防青少年犯罪研究》2020 年第 5 期,第 54 - 61 页。

② 参见于阳、黄烨:《中美城市青少年毒品犯罪的时空分布与防范对策》,载《青少年犯罪问题》2021 年第 5 期,第 111 - 125 页。

预测模型,该模型在原理上能够反映犯罪的时空变化特性,进而预测出时空犯罪热点的变化。① 柳林、刘文娟、廖薇薇等以 2013 年至 2016 年 5 月的公共盗窃犯罪历史数据作为输入,分别对比了不同时间周期随机森林方法与基于时空邻近性的核密度方法的犯罪热点预测效果。② 李智、李卫红引入时空状态同现模式和最小时空参与率等概念对现有时空同现模式挖掘方法进行了重新建模,并结合广义 Grubbs 异常值检验提出了一种点模式分布下的犯罪嫌疑人时空同现模式挖掘框架。③ 李雨聪、刘硕、王方明从环境犯罪学的角度出发,以理性选择理论、日常行为理论、犯罪模式理论为基础,以罪犯、犯罪目标、犯罪环境三要素为坐标轴建立空间直角坐标系,形成基于环境犯罪学的犯罪预测模型。④ 段炼、党兰学、胡涛等提出了融合犯罪记录的位置预测(Crime Records enhanced Location Prediction,CRe LP)模型,将疑犯犯罪记录信息融入协同过滤算法,预测疑犯在未来对任意位置的访问频度。⑤ 刘美霖、高见、黄鸿志等针对犯罪数据构建了神经网络和时空自相关移动平均模型(STARM A)的时空序列混合模型,根据历史犯罪数据预测未来发生犯罪的数量变化。⑥ 谢熠康、周克武、王刚等结合数据挖掘技术、GIS 技术与数学建模,根据犯罪心理学和刑侦学相关理论,建立 OLR、GWR 和 GTWR 三种犯罪地理目标模型,对犯罪活动进行模型拟合。其中,GTWR 模型的拟合效果最好。⑦ 沈寒蕾、张虎、张耀峰等基于接警时空大数据利用地理空间依赖性及

---

① 参见陈鹏、疏学明、袁宏永、苏国锋、陈涛、孙占辉:《时空犯罪热点预测模型研究》,载《系统仿真学报》2011 年第 9 期,第 1782 – 1786 页。

② 参见柳林、刘文娟、廖薇薇、余洪杰、姜超、林荣平、纪佳楷、张政:《基于随机森林和时空核密度方法的不同周期犯罪热点预测对比》,载《地理科学进展》2018 年第 6 期,第 761 – 771 页。

③ 参见李智、李卫红:《点模式条件下的犯罪嫌疑人时空同现模式挖掘与分析》,载《地球信息科学学报》2018 年第 6 期,第 827 – 836 页。

④ 参见李雨聪、刘硕、王方明:《基于环境犯罪学的犯罪预测模型的建立》,载《情报杂志》2018 年第 2 期,第 45 – 49 页。

⑤ 参见段炼、党兰学、胡涛、朱欣焰、叶信岳:《融合历史犯罪数据的疑犯社会活动位置预测》,载《地球信息科学学报》2018 年第 7 期,第 929 – 938 页。

⑥ 参见刘美霖、高见、黄鸿志、袁得嵛:《基于时空序列混合模型的犯罪情报预测分析》,载《情报杂志》2018 年第 9 期,第 27 – 31 页。

⑦ 参见谢熠康、周克武、王刚、李雨蒙:《犯罪案件时空分布模型研究》,载《地理空间信息》2020 年第 6 期,第 32 – 35 页。

发生时间关联性的二值分类数据和频数回归数据分别构建了 BD-LSTM 和 RD-LSTM 模型,适用于 WH 市入室盗窃类犯罪的预测。① 侯苗苗、胡啸峰利用我国某北方大型城市的一般伤害、抢夺和抢劫三类犯罪案件数量数据,建立了 SARIMA 时间序列预测模型,并进行了验证。② 翟圣昌、韩晓红、王莉等针对当前犯罪预测模型无法捕捉到犯罪时序数据的复合特征且无法及时反应环境变化等问题,提出基于 BP 神经网络非线性组合的 SARIMA-GRU 犯罪预测模型,这与其他模型相比具有更高的准确率。③ 在笔者看来,我国的犯罪时空预测模型研究发展较为迅速,研究方法较为先进,预测结果的准确性、可靠性也在不断提升。应当指出的是,虽然犯罪时空预测模型属于交叉学科的范畴,但是该领域的相关研究成果具有较高的专业性、技术性,多数研究者具有地理学、统计学、心理学、计算机科学与技术等学科背景知识,而犯罪学、社会学、刑事法学研究者在该研究领域中严重缺位。由此,本领域的研究可能产生并导致建构的犯罪时空预测模型的解释力不足、预防犯罪的决策效果不佳等技术和现实问题。笔者建议,今后有必要融合多学科理论知识,运用多学科技术与方法,逐步优化犯罪预测模型输出结果的可解释性。

3. 基于时空分布的犯罪防控对策研究

研究犯罪时空分布规律与预测模型的根本目的,是将其转化为精准、可靠的犯罪防控力量。其中,基于时空分布的犯罪防控对策研究正是紧邻实践的关键环节。从现有研究成果来看,环境设计预防犯罪与防卫空间理论的应用、警务模式的创新是我国学者研究的热点。

我国学界关于环境设计预防犯罪与防卫空间理论应用的研究成果较为丰富,主要涉及对城市空间、校园等环境的规划设计。单勇、阮重骏运用 ArcGIS10.0 软

---

① 参见沈寒蕾、张虎、张耀峰、张志刚、朱艳敏、蔡黎:《基于长短期记忆模型的入室盗窃犯罪预测研究》,载《统计与信息论坛》2019 年第 11 期,第 107 – 115 页。
② 参见侯苗苗、胡啸峰:《基于时间序列模型 SARIMA 的犯罪预测研究》,载《中国人民公安大学学报(自然科学版)》2021 年第 2 期,第 67 – 73 页。
③ 参见翟圣昌、韩晓红、王莉、吴永飞、王俊严:《基于 BP 神经网络非线性组合的 SARIMA-GRU 犯罪预测模型》,载《太原理工大学学报》2023 年第 4 期,第 525 – 533 页。

件对相关研究区内 1123 起盗窃案件进行犯罪制图,证实了街面犯罪的聚集分布特性。在此基础上,对基于犯罪聚集分布的防控模式进行反思,指出开展空间防控面临的挑战。① 单勇基于 GIS 制图,提出针对犯罪热点、融合多元策略、坚守道德立场的城市中心区防卫空间设计。② 孙明、岳亮基于环境设计预防犯罪理论分别从城市总体规划、建筑设计、景观设计等方面提出犯罪防控对策。③ 刘仁文、单勇指出,城市犯罪空间盲区治理包括将犯罪预防理念纳入城市规划、改造热点空间、引导社区多元主体参与热点治理、在细节上完善环境设计预防犯罪方案等举措。④ 孙道萃借鉴防卫空间思想和环境预防理论,从适当监控、环境维护、和谐人性化文化等方面提出提升校园环境安全度建议。⑤ 周书稔分析了情境犯罪预防在大学校园安全管理中的应用策略,包括针对建筑物等硬件设施进行改造和安全校园环境软件方面的建设。⑥ 谭少波以河北工程大学新校区校园社区环境设计为例,提出基于 CPTED 理论的社区环境设计策略,建议以景观隔离的方式对校园社区的空间进行层次划分,并对边界类型进行分类。⑦

此外,在基于时空因素的警务模式方面,我国的相关研究还处于起步阶段,研究成果以国外理论述评居多。少数学者结合我国现状提出较为可行的犯罪防控警务策略。吕雪梅以美国兰德公司发布的《预测警务》报告为视角,解析了美国犯罪情报预测分析的方法、层级和技术指标,为提升我国犯罪情报预测分析水平

---

① 参见单勇、阮重骏:《城市街面犯罪的聚集分布与空间防控——基于地理信息系统的犯罪制图分析》,载《法制与社会发展》2013 年第 6 期,第 88 – 100 页。

② 参见单勇:《城市中心区犯罪热点制图与防卫空间设计》,载《吉林大学社会科学学报》2014 年第 2 期,第 87 – 99 页。

③ 参见孙明、岳亮:《基于 CPTED 理论的城市防控犯罪规划体系》,载《现代城市研究》2015 第 10 期,第 31 – 35 页。

④ 参见刘仁文、单勇:《中国城市更新中的空间盲区治理》,载《辽宁大学学报(哲学社会科学版)》2016 年第 4 期,第 1 – 9 页。

⑤ 参见孙道萃:《以 CPTED 理论构筑校园被害预防体系》,载《中国大学生就业》2012 年第 16 期,第 54 – 59 页。

⑥ 参见周书稔:《情境犯罪预防在大学校园安全管理中的应用探析》,载《中国高等教育》2020 年第 19 期,第 56 – 58 页。

⑦ 参见谭少波:《CPTED 理论在大学校园社区环境设计中的应用——以河北工程大学新校园为例》,载《河北工程大学学报(社会科学版)》2020 年第 3 期,第 36 – 40 页。

提供参考借鉴。① 王军明、商雨探讨了美国地点警务的概念、研究现状、自身优势、经验以及对我国犯罪防控的启示。② 杨学锋介绍了热点警务的犯罪学理论基础和实践效果评估状况,指出将其与我国的社区警务战略加以整合,尚需深刻的警务理念转变和本土化的试点及评估。③ 厉翔宇、郭伟以热点警务、情报主导警务及预测警务为例,对比分析了三者的发展历程、异同点以及国内应用现状。④ 柳林、吴雨菡、宋广文等从不同类型犯罪防控警务策略特点、犯罪防控实验及其防控效益评估三个方面,综述国内外研究进展,探讨了我国警务策略可深入研究的方向。⑤ 王超飞建议公安机关从改变对巡逻勤务的定位和认识、对接网络化巡逻和社会面巡逻、完善公安指挥与控制系统、优化巡逻队伍管理和加强巡逻考核与监督机制五个方面构建全时空巡逻体系。⑥

当前,我国基于时空分布的犯罪防控对策研究仍然是环境犯罪学研究领域的薄弱之处。这主要体现在以下三个方面:(1)专门的犯罪防控对策研究成果数量较少,且多发表于级别较低的刊物。由于成果发表的载体大多是非核心期刊,影响因子相对较小,致使研究成果的学术和社会影响力明显不足。(2)在此类研究成果中,犯罪时空分布的规律研究、预测模型研究与防控对策研究之间存在明显割裂,掌握先进技术、重视定量研究的学者在对策研究领域出现严重断层。(3)相关研究仅提出较为宏观、粗放的对策建议,而较少对其进行实践检验,忽视研究设计方案的落实、评估、优化等后续环节。上述研究现状表明,我国关于犯罪时空

---

① 参见吕雪梅:《美国犯罪情报预测分析技术的特点——基于兰德报告〈预测警务〉的视角》,载《情报杂志》2016 年第 7 期,第 7 – 12 页。

② 参见王军明、商雨:《地点警务:美国的经验与启示》,载《山东警察学院学报》2016 年第 6 期,第5 – 11 页。

③ 参见杨学锋:《热点警务的犯罪学理论基础及实践评估》,载《中国人民公安大学学报(社会科学版)》2018 年第 3 期,第 33 – 39 页。

④ 参见厉翔宇、郭伟:《域外警务模式比较研究——以热点警务、情报主导警务及预测警务为例》,载《公安教育》2020 第 9 期,第 72 – 78 页。

⑤ 参见柳林、吴雨菡、宋广文、肖露子:《犯罪防控警务策略及其时空效益评估研究进展》,载《地球信息科学学报》2021 年第 1 期,第 29 – 42 页。

⑥ 参见王超飞:《基于犯罪时空理论的全时空巡逻体系建设研究》,载《北京警察学院学报》2016 年第 5 期,第 46 – 51 页。

分布规律研究的理论成果在向应用成果转化的过程中,或许还有很长的一段路要走,可谓是任重而道远。此外,还需要明确的是,我们要在犯罪学的主导下,以预防犯罪为出发点和落脚点,借助多学科的理论与研究方法开展犯罪时空分布规律的各项相关性研究,同时还要重视对罪因的分析和对防控对策的探索,从而避免将该领域的研究异化为自说自话的"数字游戏"。

三、研究的主要内容

除导论部分外,本书共分为七章,具体研究内容如下:

第一章为"中美城市青少年暴力犯罪的时空分布与防范对策"。本章通过采用数据比较、案例分析、实证调查等方法,发现中美两国城市青少年暴力犯罪存在以下时空分布特征:美国此类犯罪高发于放学时间前后,多出现在学校及周边、学生上下学沿途。我国此类犯罪高发时间则是放学后的傍晚和深夜,高发地点为网吧、KTV 等娱乐场所和学校附近。此外,针对城市青少年暴力犯罪的防范研究以及相关防范对策的制定与实施,美国学者在这一领域研究成果丰硕,实务部门防控措施成效明显,其中在家庭预防、学校预防和社会机构预防等领域值得我国借鉴。在对中美城市青少年暴力犯罪时空分布与防范对策进行比较后,可从预防和惩治层面提出完善我国城市青少年暴力犯罪防控措施的对策建议。预防措施包括定时定点巡逻、三方联合时空预防、加强被害人时空预防教育等时空预防措施;惩治手段包括在监狱和未成年犯管教所进行有效矫治、不断扩大缓刑适用率,积极采用青少年训练营、家庭监禁、佩戴电子监禁设施等刑罚替代措施。

第二章为"中美城市青少年性犯罪的时空分布与防范对策"。本章指出,中美城市青少年性犯罪均呈现低龄化、团伙性和手段复合化、残忍化的特点。青少年性犯罪者在犯罪对象和犯罪时空的选择上有其特点。就犯罪对象而言,被告人倾向于对具有亲友关系的低龄儿童实施侵害且地点多在被害人或其亲友家中,就时间分布而言,深夜和凌晨是其最容易选择的时段。在校青少年实施性犯罪的时空特点与其学校作息和校园环境关联紧密,无业青少年则更偏向于在一些娱乐场所和公共场所实施性犯罪。青少年频繁参与和实施性犯罪,与其生理的过早成熟、不良文化环境的刺激以及早期童年经历和现下生活状态有关。结合青少年性犯罪的时空分布,制定贴合主体特征和国情的防范对策,是治理青少年性犯罪的重点。美国在防范青少年性犯罪中采取的家庭治疗项目、学校课外活动、社区活动中心和生物药理学研发等措施有其可取之处。治理青少年性犯罪,需要国家法律、社会扶持、家庭教育、学校管理和医学治疗的共同配合。

第三章为“中美城市青少年财产犯罪的时空分布与防范对策”。本章在充分借鉴中美城市青少年财产犯罪理论研究资料和实证调研项目经验的基础上,运用比较研究方法,对其时空分布规律进行总结,并提出针对性的防范对策。概言之,在时间分布方面,青少年财产犯罪高发于傍晚与凌晨,季节性色彩不强;在空间分布方面,偏远省份、城市内部的娱乐场所、公共区域以及城市近郊区是此类犯罪的高发地。同时,美国针对青少年犯罪的研究历史悠久,其以恢复性司法为核心,反对重刑主义的基本原则,以及立法、教育、家庭和社会方面各具特色的防治措施对我国有着重要的启示和借鉴意义。例如,多元主体共同预防、增强青少年对司法机构的信赖、设置个性化的事前预防项目以及以惩罚替代措施的积极应用等。

第四章为“中美城市青少年网络犯罪的时空分布与防范对策”。本章指出,中美城市青少年网络犯罪时空分布具有一定规律性。在中观层面,此类犯罪随时间发展日益严峻,整体呈现出从沿海地区向内陆地区、从经济发达地区向落后地区递减的趋势。在微观层面,该类犯罪通常具有持续性和稳定性,少数具有择时性,呈现出线上聚集、线下分散、选择空间规训盲点等特点。在预防城市青少年网络犯罪方面,中美两国针对青少年网络犯罪均采取多样化的具体防控举措,积极实现多元主体参与,取得较为显著的犯罪治理效果。当前,我国在防范青少年网络欺凌行为方面缺乏有效举措,校园网络伦理道德教育尚未纳入现有教育教学内容体系之中,少年警务工作方兴未艾,仍需进一步发展完善。此外,我国需要紧密结合网络犯罪时空分布规律,对该类犯罪传统防范措施加以改进。即通过整合社会资源探索公共治理方式,建立预警机制,畅通发现渠道;调动多元主体加强对青少年的社会控制,强化青少年与社会主流文化的联系;引导青少年以正当途径实现自身需求,不断提高自我控制能力,以内驱力预防网络犯罪。

第五章为“中美城市青少年毒品犯罪的时空分布与防范对策”。本章通过采用数据比较、案例分析、实证调查等方法,发现中美两国城市青少年毒品犯罪具有以下时空分布规律:美国此类犯罪高发于节假日期间,多出现在学校及其他青少年常聚集的地点。我国此类犯罪高发时间也集中在寒暑假,尤以春节为主,高发地点为酒吧、迪厅等娱乐场所以及宾馆、日租房等住宿场所。美国学者针对城市青少年毒品犯罪的防范研究成果丰硕,政府各部门制定有详细的防范对策,实务部门防控措施实施成效明显,特别是在家庭预防、学校预防和社会机构预防等领域均有其鲜明特色和成功经验。美国青少年毒品犯罪的预防对策对我国有借鉴意义,主要包括严格控制毒品来源、定时定点缉毒巡逻、三方联合时空预防共同推进;美国青少年毒品犯罪的矫治措施对我国的借鉴意义包括戒毒所和社区进行有效戒毒、从严打击、慎用死刑等。

第六章为"中美城市青少年有组织犯罪的时空分布与防范对策"。本章指出,中美城市青少年有组织犯罪的时空分布具有一定规律性。时间分布方面,青少年日间选择的作案时间与上下学时间高度相关,15岁左右是青少年加入帮派或犯罪团伙的高峰期。空间分布方面,此类犯罪多见于边缘化地区、学校及其周边区域,同时出现向网络空间转移的新趋势。中美两国采取的防范对策均有较强的综合性,注重多元主体的相互配合,情景预防在其中占据重要地位。比较而言,我国预防此类犯罪的学校教育缺少实用技能类课程,授课方式较为单一,家庭教育覆盖主体不全面,忽视家庭互动模式,进而我国的防范对策还需强化"专门性"、提高"专业性"。此外,需要以此类犯罪的时空分布为基础,借鉴美国的有益经验完善相应防范措施。即根据此类犯罪的具体时空分布强化直接社会控制进行情景预防;把握此类犯罪在个人生命历程中的发展轨迹进而以家庭、学校、社区为主要阵地开展早期预防;分析此类犯罪在宏观空间分布中呈现的"边缘性"特征,将流动青少年等群体作为重点预防对象。

第七章为"中美城市女性青少年犯罪的时空分布与防范对策"。本章指出,近年来我国和美国的城市女性青少年犯罪均呈现不同程度的增长趋势,并集中在性犯罪、财产犯罪等领域,参与暴力犯罪亦不少见。在犯罪空间的选择上,女性青少年偏向于在与其生活、学习、工作等地点联系密切的场所实施犯罪,跨地区跨地域的犯罪情况罕见;在实施犯罪的模式上,女性青少年更偏向于采用网络霸凌、网络诈骗等较为隐匿的手法,通过网络空间开展犯罪活动;在犯罪的时间分布特点上,女性青少年犯罪具有较为明显的策划性和持续性,激情式、突发式犯罪不多。预防和治理女性青少年犯罪应结合其犯罪时空分布特点,关注女性青少年自身的生理和心理特征、家庭和学校教育方式以及社会媒体不良影响等内容,制定贴合女性青少年犯心理需求和犯罪特点的防范对策。借鉴美国针对女性青少年犯罪的治理措施,我国可以采用优化家庭功能结构、发挥学校监管职能、完善青少年司法系统等方式有效控制女性青少年犯罪。

四、主要观点及对策建议

第一,我国城市青少年犯罪无论是时间还是地点的选择都有显著特征。而情境预防理论强调犯罪受时空、机会和条件影响,以分析犯罪人最可能犯罪的情境为前提,从而在环境上减少犯罪机会。因此,有必要根据我国青少年犯罪在时间、空间的分布规律,参照情境预防的思维方式,采取相应的防范对策。其中,"三方联合时空预防"措施适用于我国多种类型的青少年犯罪预防。具体而言,家庭、学校、社会三方,需要根据不同预防等级、相互配合做好青少年的管理和教育工作。以城市青少年暴力犯罪为例,对于没有表现出犯罪倾向的青少年,学校和家庭应主要对其进行安全教育,提高防范被害的意识;对于有实施违法行为可能的青少年,家庭和学校应及时引导,实行早期干预;对于已经实施不当行为或犯罪的青少年、被判处缓刑或监禁刑的青少年,家庭主要做好管理工作,包括夜晚少外出、不和行为异常者接触等,社区和公安部门在犯罪高发时段对该类青少年的行为要进行及时信息传递,预防再次犯罪。

第二,直接控制与情境预防的核心理念相契合,都是通过外部力量强化对潜在犯罪人的控制,令其有所顾忌,进而放弃实施犯罪行为。因此,建议以各类犯罪的高发的时间、空间为基础,增强危险情境中的社会控制力量,其中包括正式和非正式的社会控制,以实现此类犯罪的情境预防。强化面向青少年犯罪的直接控制主要从以下三个方面着手:首先,通过正式的社会控制,重点关注公安机关的警力布控问题。公安机关应当在有组织犯罪高发的重点区域、重点时段,部署警力进行巡逻,能够在震慑潜在犯罪分子的同时,及时发现和处理早期的青少年有组织犯罪行为。其次,要强化青少年有组织犯罪热点空间的半正式社会控制。具体而言,社会工作者、社区安保人员、教育工作者应当在自己的工作范围内尽可能地关注青少年的非正常聚集、青少年之间的严重冲突,以及其违法犯罪行为,并及时向公安机关报告以便尽快采取措施。最后,通过青少年的人际关系强化非正式的社会控制。父母需要适当监督和了解青少年的交友情况、日常活动类型与地点等,社区则需要加强居民之间的互动,增强邻里之间的信任,让社区中的成年居民成为监控青少年不良行为的重要力量。

第三,在社会生活中被边缘化和被孤立的青少年更容易实施犯罪行为。虽然我国没有外国移民和种族隔离的问题,但是外来务工人口在务工城市、农村人口在城市中,都有被边缘化的可能,他们聚居的城乡结合部、城中村等社区也正是犯罪猖獗之处。边缘化地区通常具有人口复杂、经济落后、秩序混乱、社区管理能力弱、缺乏社会控制等特征,本地人的排外与歧视使当地青少年更易形成反社会心理,社区监管力量薄弱为青少年不良行为向犯罪行为的发展留下可乘之机。因此,建议重点关注在居住地域、经济、文化、社会交往等方面容易被边缘化的流动青少年及其家庭,采取相应措施帮助其更好地融入所在社区。首先,我国需要逐渐完善外来务工人员的社会保障体系,深化户籍制度改革,消除城乡户籍壁垒,削弱增强居民身份平等感。其次,建议社区完善流动人口管理系统,为流动青少年及其家庭建立有效的社会支持网络。最后,在学校中,建议教育工作者重点关注班级中的流动青少年,或被其他群体孤立的青少年,了解其面临的困境,通过教育引导消除学生之间的隔阂与偏见。

第四,对于大部分网络犯罪而言,其在微观的时间、空间选择上具有随意性。因此,通过行为主体的内在驱动力抑制其犯罪欲望是较为理想的防范措施。因此,可以通过提高青少年的自我控制能力,引导其通过合理途径实现自身需求,从而预防青少年网络犯罪。具体而言,政府、学校或者其他机构可以举办青少年计算机竞赛、网络技术竞赛等活动,为热爱网络技术的青少年提供展示自我的平台,对能力出众的青少年给予精神和物质上的鼓励,避免其为了满足虚荣心、炫耀网络技术而实施黑客行为;学校和父母要选择适当的年龄阶段和场合,通过适当方式给青少年普及性知识。恰当的性教育可以引导青少年以正确的方式应对自己的生理需求,而不是利用网络寻求刺激;学校、家庭和社会应当宣传正确的价值观、合理的消费观,引导青少年通过合理的方式满足自身适度的物质需求;多组织春游、夏令营、体育竞赛等有益的课外实践活动,及时了解或者纾解青少年的交友需求,避免其因自身孤独感而在网络中寻找慰藉。

五、成果的学术价值、实践意义和学术创新

（一）成果的学术价值

本课题研究能够进一步丰富和深化我国青少年犯罪理论和犯罪地理学理论,进而为我国的青少年犯罪防治工作提供理论支撑。具体而言,本课题研究成果或具有以下两个方面的学术价值。第一,在一定程度上可以弥补我国青少年犯罪时空分布理论研究薄弱的缺憾。从国内外犯罪学既有研究文献来看,从时空维度分析犯罪现象是犯罪地理学研究的主要内容。我国的犯罪地理学研究虽然起步较晚,但发展速度较快,国内学者们近年来在该领域的研究能力和研究水平都有很大提升,相继在较高级别的专业期刊上发表了一系列高质量研究成果。然而,不无遗憾的是,该领域的研究学者,其研究的犯罪类型也多集中于财产犯罪,他们极少会关注到青少年这一特殊群体的犯罪现象。由此造成我国青少年犯罪时空分布的理论研究成果数量极少,且具有显著的"重整体研究,轻类型化研究;重思辨研究,轻实证研究;重定量研究,轻质性分析"等特征。本著作通过对多种类型青少年犯罪的时空分布与防范对策进行研究,既能弥补青少年犯罪理论研究的薄弱之处,也能提高青少年时空分布理论研究的类型化水平和精细化程度。第二,从比较研究的视野出发,积极探索西方国家青少年犯罪时空分布理论的本土化路径。如上所述,我国从事犯罪地理学研究的学者较少关注青少年这一特殊群体,而美国等西方国家的犯罪学研究则正好相反。正如吴宗宪教授所言:"在西方国家,随着犯罪学研究的深入……其与少年犯罪的关系也日益密切,直至20世纪中期,很多犯罪学理论完全以少年犯罪为基础发展起来。"①在笔者看来,西方的犯罪地理学研究亦是如此,该领域积累了诸多适用于青少年群体的理论研究成果。当前,我国对青少年犯罪时空分布的研究正处于起步阶段,梳理和分析国外的理论研究成果仍具有十分重要的意义和价值。本著作在对美国青少年犯罪时空分布的最新研究成果进行分析的基础上,结合我国的青少年犯罪发展现状和社会背景,研判其研究成果的优劣之处,深入探索将西方青少年犯罪时空分布理论合理融入我国青少年犯罪理论研究与实践运用中的可行路径。

(二)成果的实践意义

本课题密切关注社会现实,结合我国预防青少年犯罪中的主要实践问题展开深入探索,因而具有重要的实践意义。

第一,揭示青少年犯罪的时空分布规律,为预防青少年犯罪工作的开展提供数据支撑和理论指导。本著作通过个案分析、类案统计、问卷调查等实证研究方法,总结出我国不同类型的青少年犯罪在宏观与微观层面的时空分布规律,有利于明确预防青少年犯罪工作的重要时段、重点区域,进而优化社会司法资源配置,提高预防效益。

第二,精准面向当前青少年犯罪防治工作需求,提出相关行之有效的对策建议。近年来,青少年极端暴力犯罪引起社会舆论广泛关注,青少年网络犯罪高发多发,青少年有组织犯罪形势严峻。本课题选取青少年暴力犯罪、性犯罪、财产犯罪、网络犯罪、毒品犯罪、有组织犯罪、女性青少年犯罪七个青少年犯罪类型进行研究,并结合国内外青少年犯罪时空分布的相关理论,分析其深层次的犯罪原因,从多个纬度提出可行的预防与治理对策,从而使得本著作在注重研究的系统性、全面性之余,也兼顾上述实务界关注的重点犯罪类型,能够较好地满足我国预防各类青少年犯罪的实践需求。

第三,青少年违法犯罪问题并非为某个特殊时期、某个国家特有,比较研究中美两国的青少年犯罪的防范对策,有利于突破我国青少年犯罪预防工作的现实瓶

---

① 参见吴宗宪:《西方少年犯罪理论》,商务印书馆 2021 年版,第 39 页。

颈。本课题充分运用比较研究的方法,考察美国的青少年犯罪预防对策,发现其防范策略更加精细,且针对性更强。同时,美国多数预防青少年犯罪的项目,在开发阶段是基于既有研究成果得出的相关影响因素,同时在项目实施中、项目实施后还有相应的跟踪评估和后续改进。本著作对此加以合理借鉴,并结合我国青少年犯罪预防工作中存在的重点和难点问题,提出进一步强化我国城市青少年犯罪防范对策"专门性"与"专业性"建议。

(三)成果的学术创新

研究的创新点包括两个方面:第一,研究范式创新。本研究在充分运用比较研究方法的基础上,对于中美城市青少年犯罪分别从时间和空间分布、从犯罪主体和犯罪类型两个层面进行了较深入的分析。首先,本课题研究就中美城市青少年犯罪防控的相关犯罪学理论进行述评。其次,针对中美城市青少年特定犯罪主体、犯罪类型,就中美城市青少年犯罪时空分布特征与防范对策进行比较与分析。最后,在比较研究的基础上,提出美国城市青少年犯罪防范对策对于我国面临的相同问题的启示和借鉴。第二,观点创新。通过比较分析和调研发现,美国城市青少年犯罪的预防实践及防范对策"在帮派活动的预防和控制、青少年司法系统对女性青少年犯的特殊处置、重视警察在预防青少年犯罪中的作用、发挥志愿者在预防青少年犯罪中的作用、通过威慑方法进行青少年犯罪预防、创新青少年犯罪预防的警务模式、运用情境预防理论消除环境中的致罪因素"等诸多方面对我国具有重要的启示和借鉴意义。本课题在考察特殊类型、特殊主体的中美城市青少年犯罪的时空分布规律与防范对策的基础上,借鉴美国的经验与教训,结合我国的实际国情,提出综合性、多元化的防控我国城市青少年犯罪的切实可行的对策建议。

六、研究展望

第一,需要进一步加强对于中美城市青少年犯罪防控理论的学习和研究。需要重点论述社会控制理论及其对城市青少年犯罪防范以及社会支持理论及其对城市青少年群体犯罪预防的指导作用。同时,还应当分别对犯罪学理论中的社会失范理论、日常活动理论、学习理论、紧张理论以及整合理论等其他预防青少年犯罪的主要理论进行较为深入的述评。在此基础上,力求发掘出这些理论对于美国城市青少年犯罪防范的指导意义和对于我国城市青少年犯罪防控的借鉴价值。

第二,需要进一步加强对于美国城市青少年犯罪防范对策对我国的启示和借鉴的综合分析并开展相关研究。在充分结合本项目既有的比较研究后,可以发现美国城市青少年犯罪预防实践及防范对策在帮派活动的预防和控制、青少年司法系统对女性青少年犯的特殊处置、重视警察在预防青少年犯罪中的作用、发挥志愿者在预防青少年犯罪中的作用、通过威慑方法进行青少年犯罪预防等诸多方面对我国具有重要的启示和借鉴作用。

第三,需要继续加强对中美城市青少年犯罪的时空分布与防范对策的比较研究。主要包括:可以通过发掘更多的新的青少年犯罪类型以及青少年犯罪主体,提升本项目研究的广度;通过开展相关实证调查,加强数据统计和典型案例分析,提升本项目研究的深度。

第一章

中美城市青少年暴力犯罪的时空分布与防范对策

　　青少年的整体素质和精神面貌关系到整个国家和社会的发展。城市青少年犯罪作为当前一项突出的社会问题,全世界犯罪学界和犯罪防控实务界对此都给予极大关注。① 相关统计数据表明,2010 年以来我国青少年犯罪案件数量在持续减少。② 但是,犯罪数量的变化并不能表明我国青少年犯罪问题已经彻底解决。长期以来,我国的青少年犯罪基数较大,并且由青少年实施的严重恶性暴力犯罪案件极易引起社会各界的广泛关注,再经过个别媒体的不当甚至不实报道,其所产生的各种负面影响不容小觑。此外,在我国青少年司法实践中,检察机关依据附条件不起诉制度将大部分未成年人犯罪案件化解处理,移送至法院的青少年犯罪案件数量在审判阶段大幅减少,由此导致当前"实际"的青少年犯罪形势依然严峻。③ 我国犯罪学界的共识是将青少年的年龄界定为 12—25 周岁。而关于暴力犯罪的界定,目前各国并未形成统一认识。从犯罪学角度考察,代表性的观点认为暴力犯罪是为满足某种利益或某种欲求而对他人施行的人身暴力侵害,主要

---

　　① 青少年犯罪研究在全世界的犯罪学研究中长期居于重要地位。美国犯罪学家马汶·沃尔夫冈(Marvin E. Wolfgang)曾指出,美国犯罪学研究力量的 90% 是在研究青少年犯罪。国内青少年犯罪与少年司法研究者姚建龙教授也提出过"犯罪学研究最核心、最主体的部分是研究青少年犯罪"的学术论断。参见于阳:《城市青少年犯罪防控比较研究——基于英美国家的理论和实践》,天津社会科学院出版社 2015 年版,第 1 页。

　　② 近五年未成年犯罪人数下降幅度很大,平均降幅超过 12% ,2016 年降幅达到 18.47%。资料源于《最高法司法数据分析报告显示我国未成年人犯罪量连续九年下降》,http://www.legaldaily.com.cn/index_article/content/2018/06/02/content_7560594.htm,最后访问日期:2024 年 8 月 30 日。

　　③ 笔者于 2019 年 11 月 26 日带领天津大学法学院刑事法律研究中心硕士研究生赴天津市高级人民法院开展未成年人刑事案件审判(青少年犯罪与少年司法)相关调研活动,从事未成年人审判的高级法官(少年庭审判长)指出,未成年人刑事案件主要工作在检察院,实践中起诉到法院的未成年人刑事案件已大为减少。亦可参见何挺:《附条件不起诉适用对象的争议问题:基于观察发现的理论反思》,载《当代法学》2019 年第 1 期。

包括故意杀人、故意伤害、强奸、抢劫以及其他使用暴力手段的行为。① 对于青少年暴力犯罪问题，北京师范大学刑事法律科学研究院张远煌教授课题组调查发现，青少年的犯罪结构已由盗窃型转化为暴力型，其中抢劫、故意伤害、强奸、故意杀人这四种暴力犯罪占青少年犯罪总数的 80% 以上。由此可见，青少年犯罪的暴力化日趋严重。② 近年来，国内犯罪学界关于青少年犯罪规律的研究主要集中在共同犯罪特征鲜明、犯罪手段野蛮化、犯罪行为成人化以及犯罪动机单一化、犯罪目的荒诞化等与青少年犯罪主观方面联系密切的诸多层面，而关于青少年暴力犯罪时空分布等体现犯罪客观规律特点的研究成果则极为匮乏。相关研究成果表明，青少年暴力犯罪在时间和空间分布上都体现出较强的规律性。因而揭示城市青少年暴力犯罪的时空分布特征，不仅有助于深刻认识青少年暴力犯罪的客观规律、挖掘此类犯罪的主客观原因，而且有助于预防与控制该类犯罪。目前，世界上绝大多数国家（或地区）都在致力于研究预防和惩治青少年犯罪问题，同时积极开展各类预防青少年犯罪试验项目。例如，美国曾进行过"芝加哥区域试验"（由社区自行处理与犯罪青少年有关的问题）和"波多黎各试验"（为青少年提供职业培训）等预防青少年犯罪的试验项目；日本为此专门设立"青少年对策部"，由专业的预防青少年违法犯罪的地区组织、儿童商谈所等专门机构和相关福利机构负责青少年犯罪预防和矫治工作；德国则采用将青少年与存在危险因素的公共场所分离、阻止青少年与危险信息接触等措施预防青少年暴力犯罪。总体而言，美国对青少年犯罪问题的研究较为系统和全面，其研究思路和方法对世界各国的青少年犯罪防控研究具有较大参考价值。美国少年司法和犯罪预防办公室（Office of Juvenile Justice and Delinquency Prevent, OJJDP）建立了相对完整的青少年犯罪数据模型，积累了丰富的犯罪时空特征统计分析成果，能够为政策制定者、媒体和公众提供当前少年司法系统中青少年违法犯罪的相关统计数据和分析报告。美国政府相关部门和犯罪学者根据这些数据和分析报告相继提出的"青年发展计

---

① 叶高峰：《暴力犯罪论》，河南人民出版社 1994 年版，第 25 页。
② 张远煌、姚兵：《未成年人犯罪的主要特征及变化趋势》，载《青少年犯罪问题》2009 年第 5 期。

划""青少年俱乐部""大哥哥大姐姐计划"等有针对性的预防对策也较为有效。在笔者看来,尽管中美两国城市青少年暴力犯罪时空分布规律有较大差异,但美国根据城市青少年犯罪时空特征提出的一些重要的防范措施对我国当前的青少年犯罪防控工作而言,具有十分重要的启示和借鉴价值。

第一节　中美城市青少年暴力犯罪的时间分布

　　研究表明,中美城市青少年暴力犯罪的发案时间呈现出较强的规律性。这种时间分布规律不仅体现在一天 24 小时内的不同时段上,也体现在季节变换与交替中,同时受到多种因素的影响。具体而言,青少年暴力犯罪在一日之内的时间分布情况与学校的上下学时间安排、城市经济发展水平等因素高度相关;此类犯罪在一年之中的分布规律则与学校的学期制度、节假日分布等社会客观因素,以及当地的气候、温度等自然因素有较强的关联性。此外,青少年暴力犯罪是集合性的犯罪概念,其中包含多种犯罪类型,而不同的犯罪类型对于青少年犯罪时间的选择也具有不可忽视的作用。虽然青少年暴力犯罪时间分布的影响因素较为复杂,中美两国的城市青少年暴力犯罪时间分布特点也因此存在诸多差异,但二者之间仍具有较多共通的规律。这也说明,对中美两国的防范对策展开比较研究具有一定的现实基础。正因如此,分析中美城市青少年暴力犯罪的时间分布规律,能够为我国制定此类犯罪的预防措施提供一条捷径。

一、中国城市青少年暴力犯罪的时间分布

　　从一天中各时段青少年犯罪发生率来看,根据中国司法大数据研究院的研究报告,我国未成年人犯罪案件中,案发时间主要集中在晚上 9 点至凌晨 3 点。研究数据表明,我国 72.6% 的青少年犯罪发生在夜晚。夜晚有利于犯罪人逃脱和隐匿。笔者经调查和采访发现,青少年暴力犯罪时间分布特点还与其所在城市的经济发展水平相关。经济发展滞后、消费水平不高的小城市中,夜间营业的场所不多,青少年的夜间活动较少,大多数暴力犯罪都发生在放学后的几个小时内,即青少年暴力犯罪集中在傍晚时分;而深夜和凌晨时大多数青少年居于家中或学

校,犯罪较少。经济发展快的大城市中夜间营业的娱乐场所多,夜间活动较为丰富,青少年休息时间也比小城市晚,暴力犯罪高发于深夜和凌晨。另外,青少年犯罪时间受年龄、犯罪类型等因素的影响也表现出差异性。其中,抢劫罪和伤害类犯罪发生率最高的时间是晚上 9 点,强奸罪高发的时间是晚上 10 点。①

从青少年犯罪高发的季节和月份来看,在关于青少年暴力犯罪时间特征的统计分析中,3 月、4 月、7 月、8 月、10 月,即春季、夏季和深秋是中国青少年暴力犯罪的高发时间,青少年在这几个月份暴力犯罪的比重近 60%。青少年犯罪自冬季开始减少,冬季末(2 月)出现青少年暴力犯罪的最低点,而自初春又出现增长迹象。② 春季和夏季的每月初多是假期,如清明节、劳动节,7 月与 8 月则在暑假期间,因此,假期与青少年犯罪的分布有一定内在联系。笔者采访的基层警察也指出,其负责的片区中青少年暴力犯罪高发期在寒暑假,且以聚众斗殴、寻衅滋事和抢劫罪为主。在天气炎热的夏季,青少年夜晚外出的频率比其他季节高,在外逗留的时间也比其他季节长。这些因素间接提高了故意伤害、强奸等暴力犯罪发生的概率。在寒冷的冬季,青少年在户外活动的频率低、时间短,发生暴力犯罪的几率也大大降低。

二、美国城市青少年暴力犯罪的时间分布

在美国,青少年犯罪始终是一项重大社会问题。21 世纪初期,美国青少年犯罪数量有所减少,一部分学者认为青少年犯罪研究已经不再紧迫。③ 然而,全国青少年司法中心(National Center of Juvenile Justice,NCJJ)的研究报告显示,1985 年后只有财产类犯罪案件数量呈下降趋势,人身犯罪、毒品犯罪、违反社会秩序犯罪数量均相对增加,美国青少年犯罪仍表现出较为严重的暴力化特征。④ (参见

---

① 张宝义:《青少年犯罪的日时点分布特征及分析——以天津市为背景的研究》,载《中国青年研究》2007 年第 7 期。
② 高从善、王志强:《青少年犯罪预防学引论》,长安出版社 2002 年版,第 192 - 195 页。
③ [美]玛格丽特·K. 罗森海姆:《少年司法的一个世纪》,高维俭译,商务印书馆 2008 年版,第 29 - 246 页。
④ See OJJDP, "Arrests of Juveniles in 2018 Reached the Lowest Level in Nearly 4 Decades", Accessed August 10,2021. https://www.ncjj.org/news/20-01-06/NCJJ_Releases_New_Data_Snapshot_Documenting_the_Decline.

图1-1)美国的青少年暴力犯罪可以大致概括为杀人罪、抢劫罪、性犯罪、加重攻击罪、一般攻击罪等。[1] 最新数据显示,大多数被捕的青少年犯罪人所犯的罪行为抢劫罪和加重攻击罪。1980 年到 1995 年,美国青少年暴力犯罪率持续增长,1995 年后才开始下降,直到 2000 年左右才恢复稳定,2008 年又迎来了青少年犯罪数量的大幅下降。[2] 2019 年,美国青少年犯罪总量已经比最高点 1995 年的 2,500,000 起减少了将近 2,000,000 起,逮捕率达到近四十年最低。[3]

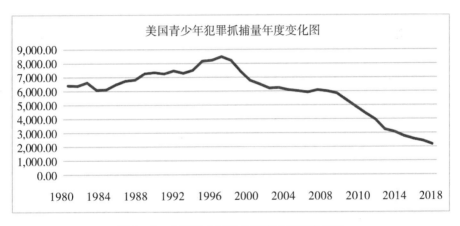

图1-1 美国青少年犯罪抓捕量年度变化图

数据来源:OJJDP,"Arrests of Juveniles in 2018 Reached the Lowest Level in Nearly 4 Decades".

美国司法部青少年司法与犯罪预防办公室(Office of Juvenile Justice and Delinquency Prevention,OJJDP)研究人员对 1980 年至 2018 年犯罪的 1000 名青少年进行提问和调查,统计了一天中各时段发生的犯罪数,从中分析青少年犯罪的时间规律(参见图1-2)。调查发现,美国城市青少年暴力犯罪时间分布特点与学

---

① 张鸿巍、闫晓玥、江勇等译:《美国未成年人法译评》,中国民主法制出版社 2018 年版,第 17-20 页。

② See OJJDP,"Statistical Briefing Book",Accessed August 10,2021. https://www. ojjdp. gov/ojstatbb/offenders/qa03201. asp? qaDate =2016. Released on October 22,2018.

③ See Chyrl Jones,"OJJDP Acting Administrator·Jennifer Scherer, NIJ Acting Director, Juvenile Justice Statistics National Report Series Bulltin",Accessed August 10,2021. https://ojjdp. ojp. gov/library. Released in May,2021.

期制度有关。犯罪发生率在教学日和非教学日区别较大。大多数青少年犯罪都发生在教学日,且越接近学校放学时间,青少年犯罪的频率越高。在教学日,下午3点至5点犯罪的青少年占比最高,约占一天中犯罪青少年总数的18%;而在非教学日,晚上8点左右青少年犯罪率为一日最高,约占13%。此外,统计数据表明,不同类型的青少年暴力犯罪的高发时间也略有不同:抢劫罪的高发时段为教学日的下午3点和晚上8点,非教学日的晚上9点;加重攻击罪多爆发于教学日的下午3点左右,非教学日则分布较为均匀,在下午3点到晚上9点发生频率略高于其他时段;性犯罪则集中在教学日的早上8点、中午12点和下午2点,以及非教学日的上午8点和中午12点。①

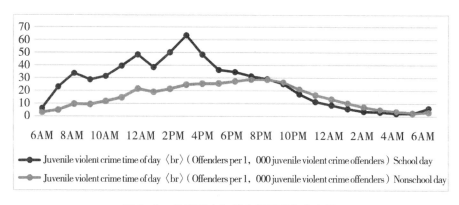

图1-2 美国青少年暴力犯罪时点分布图

数据来源:OJJDP,"Statistical Briefing Book".

三、中美城市青少年暴力犯罪的时间分布规律分析

中美两国青少年因生活习惯、学期制度不同,在犯罪时间的选择上有较大差异。美国高校采用学期制或学季制,中学则有二学期制和三学期制之分②。中国

---

① See OJJDP, "Statistical Briefing Book", Accessed August 10,2021. https://www. ojjdp. gov/ojstatbb/offenders/qa03302. asp? qaDate = 2016. Released on October 22,2018.

② 有些中学采取二学期制,即秋季学期9月至12月、春季学期1月至5月,12月和1月期间有三至四周的假期,每年的6月、7月、8月是暑假。有的中学采取三学期制,即秋季9月至12月、冬季1月至3月、春季4月至5月或6月。参见赵贵玉、赵玲:《中美高校学期制度比较分析》,载《科技创新导报》2016年第10期。

高校和中学大多采用两学期制。从数据中发现,中国城市青少年暴力犯罪多发于暑假及气候温暖时的法定节假日,美国则集中在上学期间。中美两国学校的学期制度稍有差别,发生青少年暴力犯罪的月份分布上也有所不同。具体而言,有些暴力犯罪的发生时间除了与是否假期有关,还与季节有关。例如,强奸罪就是典型的季节性犯罪。已故的天津社会科学院周路研究员当年通过实证研究发现强奸罪多发生于夏季的 5 月、6 月和 7 月,冬季则在低谷徘徊,证实了强奸罪是季节性较强的犯罪,国外也得出过类似的结论。① 夏季天气燥热,影响人的生理和心理状态。青少年受气候影响,容易血管扩张、心情烦躁、自控能力下降。女性在夏季衣着清凉,性特征显露,对犯罪人产生视觉刺激,这也是青少年实施性犯罪的诱因之一。青少年在夏季的户外活动时间更长,被害人与青少年犯罪人的接触几率更大,发生性犯罪的可能性更高。

在教学日,两国青少年犯罪在一天中的高发时段均与放学时间关联紧密。美国中学生放学时间较早②,下午 3 点左右(美国初高中放学时间)为美国青少年暴力犯罪高发点。中国中学生放学时间普遍比美国晚③,傍晚和深夜(中国初高中放学时间)为中国青少年暴力犯罪高发点。在假期,美国青少年犯罪相对教学日有所减少,傍晚 6 点到夜晚 10 点是青少年暴力犯罪的高峰;中国青少年犯罪相对教学日增多,暴力犯罪也高发于深夜和凌晨。犯罪是一件危险的事情,对于青少年来说尤甚。选择适宜的时间犯罪会降低犯罪青少年的被捕风险,提高犯罪成功率,为其实现犯罪目的提供保障。在学校的严管之下,青少年暴力犯罪发生率相对较低。在脱离学校监督,也无家长监护的情形下,青少年极易在放学后以暴力形式解决因琐事而起的矛盾和摩擦,走上犯罪的不归路。

---

① 周路:《犯罪调查十年——统计与分析》,天津社会科学院出版社 2001 年版,第 299 - 305 页。
② 美国大多数小学在下午 2:30 放学,初中生下午 3:45 放学,走读高中生下午 3:15 放学。
③ 中国各省市初高中的放学时间都有差异,即便是同一个城市的中学放学时间也不相同。一般集中在下午 5 点到晚上 10 点间,有些中学在下午课程结束后还会安排晚自习,学生的课外时间短。

第二节　中美城市青少年暴力犯罪的空间分布

中美城市青少年暴力犯罪不仅在犯罪时间方面呈现出较强的规律性,其犯罪地点的分布也具有明显的空间聚集性。犯罪空间是指发生犯罪的空间,本文仅讨论青少年暴力犯罪的微观犯罪空间,即此类犯罪发生的具体地点。实践中,青少年一般选择自己较为熟悉的区域作为犯罪空间,犯罪地点距其居住地、日常活动区域较近。此类地点能够为青少年犯罪人提供一定的心理安全感,也便于其寻找作案目标、降低作案成本,从而有利于其实现犯罪目的、获取犯罪收益。这一规律在青少年团伙实施暴力犯罪的场合体现得尤为明显。此外,青少年由于身心发育尚未成熟,结伙实施暴力犯罪的情形较为常见而不良青少年群体通常具有其"领地"或固定的活动空间,此类地点也会成为其选择的作案地点。基于此,结合青少年的日常活动地点、城市空间规训盲点等分析青少年暴力犯罪高发地点(即犯罪热点),总结中美城市青少年暴力犯罪的空间分布规律有利于我国有针对性地开展此类犯罪的预防工作,进而提升犯罪预防效果。

一、中国城市青少年暴力犯罪的空间分布

根据中国司法大数据研究院的资料,从地域案件分布看,近年来中国青少年犯罪案件多发生在中部和西南部地区,如云南、贵州、河南,百万人口发案数量较多的省份分别为贵州、新疆、云南、宁夏和青海。从以上统计可以看出,西部经济发展较落后的地区未成年人犯罪活动更为频繁。从暴力犯罪类别上看,中西部地区青少年抢劫罪的发案率比东部地区高,西部地区青少年故意伤害罪的发案率比东部和中部地区高,东部地区青少年强奸罪的发案率比中西部地区略高。

最近几年全国法院审结的青少年犯罪案件中,犯罪发生率最高的三个地点分别为网吧、KTV、酒吧等娱乐场所。总结各类青少年暴力犯罪发生的空间,根据各类场所发生的青少年犯罪暴力等级的差异,可以将犯罪场所分为暴力程度十分严重的场所、暴力程度较为严重的场所、暴力程度较为一般的场所。暴力程度十分严重的场所分别是公共交通工具、电影院及游戏厅、酒店、宾馆及餐馆。这些场所都是公共场所,人员流动性强。暴力程度较为严重的场所包括居民住宅、街头、车站等,这类场所多数非公共场所,人员流动性较弱,且熟悉程度高。在暴力程度较为一般的场所,暴力犯罪所占比例相对较小,如封闭性较强的党政机关、学校、工厂以及人流量较大的商业街、金融圈等场所。这些场所都对内部安全重视程度高,监视器、安保人员配备齐全,对减少暴力犯罪起到了一定的制约作用。[1] 中国的校园暴力案件近几年呈现出逐年下降的趋势,其中未成年犯罪人占比也在逐年下降。中国司法案例网收录的青少年犯罪案例中,大部分犯罪的青少年均选择熟悉的学校及周边实施犯罪,尤其是这些地点的监控盲区,为青少年实施暴力提供了绝佳条件。大多数学校为加强管理,在校园各处安装监控设备。但很难避免监控漏洞的存在。统计表明,校园暴力案件犯罪发生地主要集中在宿舍、教室、洗手间等场所,其中宿舍为校园暴力案件中涉及故意杀人罪的高频场所(参见图1-3)。[2] 在监控盲点,青少年实施犯罪时更有安全感。2016年5月19日,北京市昌平区某外语学校16岁女生姚某惨遭同级男同学王某先奸后杀,事发地点601教室是全校唯一没有监控的教室。

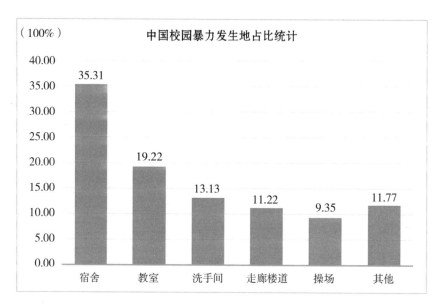

图 1-3　中国校园暴力发生地占比统计图

数据来源:《司法大数据专题报告之校园暴力》,载中国司法大数据服务网。

二、美国城市青少年暴力犯罪的空间分布

在 20 世纪最初的十年中,学校内以及周边地区的暴力是人们关注的焦点。青少年经常在特定时间、特定地点出现,比如学校就为青少年的行动线提供了强有力的连系。潜在的青少年犯罪人和受害人在学校及其他青少年活动的区域,如电影院和商场,产生密切关联。青少年犯罪人和受害人的日常活动也受到上下学路线的影响。青少年很可能等候在固定的公交车站,或特定的小路。很多潜在的青少年暴力犯罪就发生在这些上学、放学的必经之处。① 在西雅图城市青少年犯罪空间的研究中,研究人员按照青少年犯罪的不同行动轨迹将犯罪青少年分为八组。综合八组数据来看,青少年在大街小巷等公共场所犯罪率最高,约 54%;其次是学校、青年中心、商场、餐馆、酒吧、私人住宅等地。在学校、青年中心、商场、

---

① See Richard Fabrikant, The Distribution of Criminal Offenses in an Urban Environment: A Spatial Analysis of Criminal Spillovers and of Juvenile Offenders, *American Journal of Economics and Sociology*, 1979, 38 (1), pp. 31-47.

餐馆发生的青少年暴力犯罪的逮捕率最高,而在私人住宅和街道上的犯罪逮捕率较低。这些数据为"青少年犯罪集中在青少年频繁活动的区域"的假设提供了有力支持。这意味着青少年聚集的地方是青少年暴力犯罪发生的热点地区,即学校和学校周边、商场、餐馆是青少年暴力犯罪高发区。此外,美国学者吉塞拉·比奇勒(Gisela Bichler)等的研究表明,由于社区的流动性增强,那些公众可以进入的私有中心设施也是青少年暴力犯罪高发区。[①] 酒吧、俱乐部和酒馆发生的青少年抓捕案件很少,而这些地方恰恰是成年人暴力犯罪的热点。[②] 西雅图的青少年犯罪率为美国城市青少年平均犯罪率的1.4倍,以其为样本,可以大致推测美国城市青少年犯罪空间分布的特点。

发生在学校的暴力犯罪——校园暴力,是美国一项严重社会问题,校园枪击案件更是无数美国学生和家长的噩梦。2006年美国发生校园枪击案件59起,2018年高达94起,是1970年以来的巅峰。2007年,美国弗吉尼亚理工大学发生"4·16"校园枪击案,23岁的韩国学生开枪射杀了包括自己在内的33人,射伤20余人。2012年,美国桑迪·胡克小学26名师生被射杀,凶手为22岁的青年亚当·兰扎。2016年,18岁的索马里难民阿卜杜勒·拉扎克·阿里·阿尔坦在其就读的俄亥俄州立大学袭击学生,砍伤11人。这些犯罪青少年出于仇富、报复社会等极端心理原因,随意伤害校园中来不及反抗的无辜生命。[③] 美国枪支泛滥易得,对青少年枪支使用的管控也并不严格。很多青少年都表示,如果与人产生矛盾,为"处理问题"而弄到枪支的现实可能性较大。除枪支泛滥外,美国的社会传统暴力文化也是校园暴力性质恶劣、屡禁不止的重要原因。

三、中美城市青少年暴力犯罪的空间分布规律分析

青少年的行为往往与种族、文化、所在地的经济发展状态密不可分,青少年在

---

① See Bichler, G. , Malm, A. , & Enriquez, J. , Magnetic Facilities: Identifying the Convergence Settings of Juvenile Delinquents, *Crime & Delinquency*, 2014, 60(7), p. 973.

② See Weisburd D, Morris N A, Groff E R. Hot spots of juvenile crime: A longitudinal study of arrest incidents at street segments in Seattle, Washington, *Journal of quantitative criminology*, 2009, 25(4), pp. 443 – 467.

③ 靳高风、李易尚:《中美校园暴力袭击犯罪比较研究——基于94起典型案件的调查分析》,载《中国人民公安大学学报(社会科学版)》2017年第6期。

犯罪地点的选择上也体现出地域差异。综合上述数据资料,中美两国青少年暴力犯罪的空间分布特点既有相同之处,也有较大差异。

首先,街头犯罪在两国青少年暴力犯罪中占比最高。"街头文化"是美国青少年街头暴力犯罪频发的罪魁祸首之一。美国学者以利亚·安德森(Elijah Anderson)提出的关于"亚文化暴力"的当代解释认为,在美国许多经济落后的地区,人们饱受暴力文化的威胁,通常不能指望警察的保护。青少年在这种环境中成为暴力的潜在受害者,不得不遵守街头的"守则"来保护自己。① 此外,美国青少年活动范围规律性强也是街头巷尾成为最受欢迎的青少年犯罪地的重要原因之一。青少年日常生活主要围绕学校和家庭,结合美国青少年上学日犯罪的时间规律,学生在放学后既脱离学校的管理,又没有家长的监督,极易在街头巷尾、公交车站等公共场所斗殴、抢劫、攻击他人。这一因素同样是中国青少年选择在街头实施暴力犯罪的原因之一。笔者在采访基层公安民警时了解到,当地初高中生在放学回家的路上实施抢劫、故意伤害等暴力犯罪的频率较高,在人少的小径、公园隐蔽之处最容易发生聚众斗殴。

其次,美国青少年在酒吧、俱乐部等娱乐场所的暴力犯罪率很低。与美国不同的是,网吧、KTV、酒吧等娱乐场所为近几年中国青少年暴力犯罪率最高的地点。尽管法律已明文规定②,有些网吧经营者仍利欲熏心、无视法律,允许未成年人进入,并向其提供暴力、色情的信息。自控力不强的青少年易受诱导,将接触到的暴力暗示付诸实践。青少年与一部分进入网吧的社会闲散人员长期共处一室,交往之中染上恶习,容易团伙作案。很多青少年被限制零用钱,没有经济来源,为解决在网吧的花销,"就地"盗窃、敲诈、抢劫。一般的网吧均通宵经营,且深夜和凌晨的价格也低于其他时间段,手头不宽裕的青少年多选择这个时间段去网吧,使得深夜和凌晨在网吧发生的犯罪比例较高。相比我国而言,美国网吧数量少且

---

① 李杨:《暴力亚文化对青少年犯罪的影响——以美国"街头守则"为视角》,载《犯罪研究》2018 年第 4 期。

② 《互联网上网服务营业场所管理条例》第二十一条:"互联网上网服务营业场所经营单位不得接纳未成年人进入营业场所。"

收费高。按照美国法律,网吧是特种经营行业,申请营业执照较困难。而且在美国用手机和手提电脑上网的费用比网吧低,青少年几乎不会去网吧上网,因此网吧的暴力犯罪发生率也极低。中国的 KTV、酒吧等地与网吧有相似特征,比如夜间营业、凌晨收费较低、环境幽闭等,也易成为青少年暴力犯罪的温床。

最后,美国的校园暴力发生率比中国高,各司法机构对国内校园暴力的统计和研究也十分重视。美国的校园暴力袭击案件以使用枪支为主,中国的该类案件则以使用管制刀具为主。中国严格的枪支管制有效预防了校园枪杀血案的发生,但持刀砍杀等其他形式的校园暴力仍会造成重大社会影响。中美校园暴力犯罪的共同特征之一是均会造成严重的犯罪后果和社会影响。[1] 在校园内及周边实施暴力袭击的青少年,往往有一定心理障碍,因"报复社会"等扭曲原因袭击不特定的老师和同学。2015—2017 年,我国发生的校园暴力案件总数的 57.5% 为故意伤害案件,其次是抢劫、聚众斗殴、寻衅滋事。全国各级法院一审审结的校园暴力案件每年都有近千起,校园暴力对我国青少年的安全造成巨大威胁,也易引起社会各界舆论。

第三节　中美城市青少年暴力犯罪的防范对策

青少年暴力犯罪往往具有手段残酷野蛮、持续反复等特征,不仅为社会带来较大的安全隐患,也给青少年自身和家庭造成无法弥补的伤害。因此,有效预防青少年暴力犯罪是维持社会稳定的一项重要任务。中美两国在预防青少年暴力犯罪问题上均有多年探索,先后出台了一系列防控对策和具体措施,也总结出较为丰富的防控经验。21 世纪以来,美国的青少年暴力犯罪发案数总体较为平稳,但由于犯罪基数较大,因而预防青少年暴力犯罪问题仍需重点关注。有鉴于此,美国政府专门构建了由各级政府主导的、执法主体与非执法主体共同参与的青少

---

① 井世洁、周健明:《我国校园暴力研究(1990—2019)的回顾与展望——基于 CiteSpace 的可视化分析》,载《青少年犯罪问题》2019 年第 6 期。

年暴力犯罪预防体系,并且在家庭、学校和社会各单元开展了有针对性的预防青少年犯罪活动,取得了较为显著的预防效果。而我国当前的青少年暴力犯罪预防措施也是由家庭、学校和社会主导,这点与美国有些相似。但我国的家庭预防不受政府干预,仅由家长自发地对青少年进行思想教育;学校预防亦大多由学校主导,预防形式和内容也"因校而异",政府和社会机构对学校预防的影响极其有限;社会预防的针对性不强,以普及教育为主。上述这些情况又与美国有所不同。整体而言,我国的防范措施与青少年犯罪的时空分布特征关联性不强。本部分旨在研究中美城市青少年暴力犯罪的预防措施并进行比较,试图发掘出我国在预防青少年暴力犯罪工作中存在的一些缺陷和不足,同时兼顾此类犯罪的时空分布规律,逐步丰富并完善各类犯罪防范措施,着力构建适合我国的城市青少年暴力犯罪预防模型。

一、中国城市青少年暴力犯罪的防范对策

(一)家庭的预防措施

首先,家庭是预防青少年犯罪的首道防线。从时间角度,家庭占据青少年生活的极大部分,在青少年较短的人生经历中,家人扮演着十分重要的角色。从教育角度,家庭比学校和社区都能更灵活地教育青少年,因材施教地对青少年开展法制及道德教育,为其灌输正确的价值观念。家长对青少年的教育针对性更强,比学校老师、社区工作者都更了解自己的孩子,父母对孩子的教育是建立在充分了解和信任的基础上的。有学者提出让社工提供增强依恋关系服务,旨在改善家庭关系,革新家庭教育方式,传授亲子沟通技巧,矫正家长教育方法。[①] 其次,家庭结构的完整性与青少年是否走上犯罪道路有一定关系。在一项针对 2000 多名犯罪青少年的调查中发现,在结构完整的家庭成长的青少年犯罪的可能性比在结构残缺家庭长大的青少年低。[②] 单亲家庭的孩子不能得到父母完整的爱和教育,极易出现心理创伤。和睦的家庭关系会让青少年形成乐观、阳光的性格。[③] 相

① 冯承才:《涉黑演化:街角青年犯罪新趋势》,载《当代青年研究》2021 年第 1 期。
② 赵霞:《青少年犯罪家庭因素的类型化及防范对策》,载《预防青少年犯罪研究》2017 年第 5 期。
③ 冯源:《儿童监护模式的现代转型与民法典的妥当安置》,载《东方法学》2019 年第 4 期。

反,勃豀的家庭氛围更有可能使青少年形成狭隘、偏执的人格。再次,父母对孩子的亲身教育对青少年价值观的形成也有很大影响。① 一部分流动儿童尽管跟随进城务工的父母生活,但实际上却同父母关系生疏,沟通上存在问题。② 这些父母平日工作繁忙,或出于其他原因,很少花费时间和精力在孩子的培养教育上,使部分流动儿童境况与留守儿童相似,难以获得来自家庭的情感关怀和教育指导。最后,父母的言行对青少年的成长有潜移默化的影响。自身素质和教养好的父母与自身品行较差的父母教育出来的孩子有一定差距。犯罪生物学认为,犯罪的基因可以遗传。尽管犯罪生物学的说法不尽准确,但父母素质对孩子的影响的确很大,有研究表明,有过犯罪经历的人的下一代犯罪的可能性较高。③

(二)学校的预防措施

学校的管理措施在青少年犯罪预防上作用较大。九年义务教育的推行保障了青少年受教育权,在一定程度上防止了青少年过早进入社会。很多青少年犯罪时还是在校学生,即使是已经从学校毕业的青少年,离开学校的时间也不长,学校的教育和环境仍与青少年是否走上犯罪道路密切相关。学校的预防措施主要体现在两个方面:首先,学校要重视学生的道德教育。北京大学吴谢宇弑母案、复旦大学林森浩投毒案、中国传媒大学李斯达杀人案,一桩桩高才生暴力犯罪案件反映出学校只重视学习、不重视德育的教育方式已然出现问题。④ 在中考、高考制度的牵动下,很多学校和老师过于重视学生学习成绩,忽略品德教育,违背了"学生要德智体美劳全面发展"的教育初衷。学校压缩对学生进行道德教育的时间,导致青少年融入社会能力差,视法律与道德约束为无物,实施暴力行为时鲜少有愧疚感。其次,学校要重视对学生的心理疏导。心理因素是促使青少年犯罪的一

---

① 于阳:《留守儿童犯罪防治与被害预防实证研究》,载《中国人民公安大学学报(社会科学版)》2018年第5期。

② 郭一祺、包涵:《家庭功能失衡背景下的青少年犯罪问题——以留守儿童、流动儿童为视角》,载《广西警察学院学报》2019年第6期。

③ 张鸿巍:《犯罪生物学视野下的青少年犯罪研究述评》,载《山东警察学院学报》2013年第1期。

④ 佚名:《北大学子弑母案:教育必须培养人格健全的人》,载《检察日报》2019年12月26日,第5版。

大罪魁祸首。面对繁重的课业负担,很多青少年压力极大,甚至出现抑郁、焦虑等心理疾病。学校和老师应针对青少年的心理发展规律和状态,运用科学、专业的知识和技术手段帮助学生解决心理问题。现阶段很多学校在学生的心理辅导方面经验丰富,开展的心理诊疗等活动对学生的身心发展多有裨益,也对提升学习效率有一定帮助。但也有些学校不顾教育宗旨和学生意愿,抢占心理课程时间完成主科任务,或在心理课上死板教学、照本宣科,重理论、轻实践,更易催生负面效应。为预防青少年因心理负担走上极端,阻止暴力犯罪的发生,学校应主动采取有针对性的心理辅导,积极开导心理压力大的学生,与学生家长紧密联系,合作解决青少年心理问题。此外,学校还应关注青少年的同辈群体关系,既要避免其寻求社会不良关系,又要防止青少年因交友等感情问题产生暴力冲动。

（三）社会机构的预防措施

社区等社会机构预防是青少年犯罪预防的重要组成部分。社区居民委员会在预防青少年犯罪的工作上承担很大责任。多年实践证明,社区在预防青少年违法犯罪上起到了积极作用。自青少年犯罪的社区预防在全国各地开展试点工作以来,我国很多城市都成立了致力于青少年犯罪社会预防和矫治的组织机构,在一定程度上有效预防了青少年暴力犯罪①。例如,天津市河西区东海街自从成为社区预防的全国试点以来,始终坚持贯彻中共中央关于青少年思想道德教育的指导原则,社区工作取得了很大成功。再如,武汉市由于地理位置特殊,青少年人员构成复杂,对青少年犯罪问题十分重视,积极研究青少年犯罪社区预防。还有些社区建设青少年文化广场、科技展馆、活动中心、图书阅览室、青少年服务站等有益于青少年身心健康发展的活动场所,定期请老师给青少年讲述卫生常识、法律知识、急救办法等。此外,尽管青少年犯罪社区预防多地试点比较成功,但由于财政、人员等硬件方面较难达标,社区建设与青少年教育不能同步等,社区预防的潜

---

① 例如,青少年犯罪预防工作领导小组、下设的由综治办和团工委等部门挑选出的工作人员组成的办公室、各居委会建立的青少年犯罪预防工作联席会议制度;由街道团工委和居委会负责人、社区民警及小区楼管组长组成的工作队伍;社区志愿者组成"一帮一"帮教小组对犯罪青少年进行有针对性的教育;聘请青年就业援助员,对青少年进行思想和就业等方面的帮助等。

力尚未充分发挥。我国青少年人数庞大,社区等社会机构犯罪预防的对象比较分散,预防工作难以得到全面落实。青少年犯罪社区预防渠道不完善,缺乏宣传。社会机构预防需要对青少年进行矫治和教育,需要进行潜移默化的熏陶,因而见效时间跨度较长。

二、美国城市青少年暴力犯罪的防范对策

20 世纪 90 年代美国的青少年暴力犯罪一度十分严重,青少年司法与犯罪预防办公室(OJJDP)总结了自 1980 年以来的青少年犯罪案件,发现无论是杀人类还是伤害类犯罪都在 1985—1993 年呈爆发式增长,在 1992—1994 年出现峰值,进入 21 世纪才稳定在一个较低水平。在青少年犯罪情况严峻的几年,甚至有学者提出"超级猎食者"的预言。青少年司法系统也进行过一次失败的改革,曾经预设的"一大波青少年暴力犯罪浪潮"并没有出现,过重的刑罚也让无数个体和家庭陷入痛苦。美国的司法工作人员不懈探寻控制青少年暴力犯罪的办法,尝试多种不同的预防措施。2000 年以后,美国青少年犯罪总数趋于平稳,除了受宏观经济发展改善和惩罚措施严厉的影响外,有效防范对策的制定和实施也是一个重要因素。

(一)家庭的预防犯罪措施

美国犯罪学家谢尔顿·格鲁克夫妇(Sheldon Glueck and Eleanor Glueck)经过调查研究,提出了青少年犯罪五项预测指标,分别为父亲的教育、母亲的监督、父子感情、母女感情、家人间团结情况。由此可见,家庭在引发青少年犯罪的因素中占比很高。在美国城市社会中,失业、贫困、过度拥挤、恶劣的住房条件或无家可归、健康状况很差等因素都有可能使青少年走上犯罪道路。父母都忙于工作,缺少空闲时间,使得孩子疏于照料和管理,增大了其受不良影响而进行各种犯罪活动的几率。[①] 家庭是预防青少年犯罪的首要单元。很多西方国家认为,全体公民都应对下一代的成长负责,因为下一代的能力及社会发展水平与每个公民的利益

---

① 孙宏愿、孙怀君:《教育合力对预防青少年犯罪的影响——基于美国 FCIK 组织的研究》,载《外国青年研究》2011 年第 5 期。

相关,因而包括美国政府在内的一些西方国家政府对青少年及其家庭给予全方位的帮扶。从青少年处在婴儿阶段时起,家庭会受到来自社会的各种无偿帮助。从母亲孕期到少年发育期,从家长行为的规范到家庭环境的创造,国家都采取了积极的策略,主要包括:婴儿出生以前及儿童早期的健康照管;早期认定将来有可能犯罪的少年,并在家庭中进行有效干预;综合的家庭策略保证青少年和其所在家庭获得需要的服务;问题少年的家庭治疗,帮助家庭摆脱贫困处境,改善父母子女关系;针对父母的培训,改善家庭教育方法。

(二)学校的预防犯罪措施

美国学生一年中有9个月以上的时间在学校上课,放学后这段时间(下午3点后)的犯罪占美国青少年犯罪的50%。在此时段内,学生离开学校且脱离父母监护,大部分青少年无人管理。美国一些学校,特别是市中心的学校,大多数学生家庭环境不好。这些学生在家庭中不能得到很好的照顾和教育,引导青少年价值观的重担全都落在了学校身上。学校将预防青少年犯罪的方式划分为四级,即初级预防、预防、矫正治疗和改过自新,分别针对所有儿童、有实施违法行为可能的儿童、已经实施不当行为或实行犯罪的青少年、被判处缓刑或监禁刑的犯罪青少年。[①]

美国校园暴力频发,学校在预防发生在学校内部的暴力事件中承担不可推卸的责任。一项由司法政策机构进行的研究发现,美国校园暴力的防范对策主要包括:停止课外活动;派警察到学校巡逻;紧固校门,不允许校外人员在没有通行证的情况下进入学校,也不允许学生在午饭时间外出;校园内出现暴力或威胁时停课或疏散学生;严禁携带枪支或者其他武器进入校园。这些政策显示出学校对学生在校园内的安全十分重视,竭力避免校外人员为学生带来暴力伤害。然而美国校园暴力袭击案件的多数犯罪人是在校学生,降低学生实施暴力的几率才应是校园暴力预防工作的重点。另外,"停止课外活动"这一项政策实属因噎废食。课

---

① 于阳:《城市青少年犯罪防控比较研究——基于英美国家的理论和实践》,天津社会科学院出版社2015年版,第223页。

外活动对学生身心发展大有裨益,不仅不该停止,反而应当适当增加有益的课外活动。很多美国城市的学校根据青少年暴力犯罪的时间分布特点,在犯罪高发的上学日的放学时间之后,即下午3点至7点安排丰富的课外活动,在周末、假期也适当安排校内活动。学校开展的一些课堂项目在预防青少年暴力犯罪上也有良好效果。例如"状态"(STATUS)项目,该项目主要内容包括为期一年的语言和社会技能学习课程,旨在改善学校的校风,减少青少年犯罪和辍学的几率。评估发现,接受过该项目训练的美国青少年的犯罪率较低,学习成绩和社会化程度均显著提升。[1]

(三)社会机构和社会团体的预防犯罪措施

为了预防青少年犯罪,美国的社会机构和团体开展了多种活动,以帮助青少年约束自己,培养他们树立正向的价值观。其中防止校园内欺凌弱者的项目、为青少年配置志愿者的"大哥哥大姐姐计划"(Big Brothers Big Sisters of America, BBBSA)、提升有烟瘾、酒瘾、毒瘾青少年的生活技能训练项目、美国中西部的预防措施、针对离家的犯罪青少年的家庭功能性治疗(Functional Family Therapy, FFT)等,对青少年的教育、引导和保护都有显著成效。[2] 20世纪70年代,美国底层青少年暴力犯罪十分严重。企业家多萝西·斯通曼(Dorothy Stoneman)于1978年针对社区中贫困家庭16—24岁的青少年创设了"青年发展计划"。[3] 社区里的青少年学员被安排翻修街区废弃大楼,从而获得劳动机会,学习合作精神,增强社会责任感。这一计划旨在使底层出身的贫困青少年学习文化、摆脱贫困,为社区培养未来的领导者。多萝西·斯通曼的"青年发展计划"是美国青少年暴力犯罪社区预防的成功案例。自创设以来,"青年发展计划"已经完成了从社区性到全国性的转型。每年参加这一项目的青少年都在万人以上。该项目帮扶的青少年数

---

① See Greenwood P, Prevention and Intervention Programs for Juvenile Offenders, *The Future of Children*, 2008, 18(2), p. 197.

② See Webster-Stratton C, Hammond M. Treating children with early-onset conduct problems: a comparison of child and parent training interventions, *Journal of consulting and clinical psychology*, 1997, 65(1), p. 65.

③ 刘艳:《论美国社会底层青少年暴力犯罪预防社区干预》,载《当代青年研究》2015年第7期。

量虽小,但社会价值极大。

此外,美国犯罪学界关于青少年暴力犯罪预防有两种不同观点。其一,由警察、法院等司法机关构成消极预防体系,该体系以政府加大惩罚力度为特点,开销极大;其二,由社区等社会机构构成积极预防体系,该体系致力于社区多层次干预,取得效果良好。美国的社会组织发展较为全面和前卫,其中防止校园内欺凌弱者的项目等,对青少年的教育、引导和保护都有显著的成果。在各州成立的青少年俱乐部①(Boys & Girls Club)在这方面也卓有成效。调查发现,该俱乐部在青少年行为规范及课外引导等方面的效果良好。没有参加该俱乐部的青少年的蓄意破坏行为发生率要比参与的青少年高出 50% 。②

三、中美城市青少年暴力犯罪的防范对策比较

中美两国青少年犯罪预防的主要方式均包含家庭预防、学校预防和社会预防。家庭、学校和社区几乎涵盖青少年的成长生活范围,由这三方合作可以较为全面地实现青少年暴力犯罪的事前预防。美国的青少年暴力犯罪积极预防颇有成效,有些方案值得我国借鉴学习。

首先,美国青少年犯罪的家庭预防系统性较强。政府从孩子未出生时起就对家庭给予帮扶。国家和社会对儿童进行早期干预,保证孩子身体健康。有证据证明,儿童时期与家庭关系恶劣的青少年将来出现反社会行为的可能性更大。相关研究表明,对有可能犯罪的青少年进行早期认定,并利用家庭实现有效干预,能降低青少年犯罪的可能性。有些父母忙于生计,不能看顾好孩子。在此现实条件基础上,美国有些学者提出家庭综合治理,保障青少年所在整个家庭都能够获得需要的服务。政府还有针对父母的培训,帮助父母改善教育方法。我国青少年犯罪家庭预防主要依靠父母自觉提高素质,缺乏体系化的指导。在没有政府干预的情况下,传统的文化土壤和教育观念使大部分中国家长依然发自本能地重视青少年

---

① 青少年俱乐部为青少年提供安全且有指导意义的课外环境,使其有足够的活动可以参加,学到团队合作的技能,突破学校和邻里的局限来扩大交往人群。

② See Webster-Stratton C, Hammond M. Treating children with early-onset conduct problems: a comparison of child and parent training interventions, *Journal of consulting and clinical psychology*, 1997, 65(1), p. 65.

的成长和教育。对于留守儿童和流动儿童,尤其是随父母进城的流动儿童,家庭或许不能为青少年提供足够的教育和保护。在这种情况下,如果没有政府、学校和社区帮扶,缺乏父母关怀的青少年容易受到诱惑,走上犯罪道路。因而对流动青少年的家庭来说,政府干预极为重要。

其次,美国也很重视青少年犯罪的学校预防。相比我国而言,美国学校提供的文体活动更多,花费在青少年陶冶情操和体育锻炼的时间和精力更甚。从对在学校就可能(或已经)犯罪的青少年的防范等级来看,美国学者将其划分为四级,即初级预防、预防、矫正治疗和改过自新。包括了青少年从儿童成长期到犯罪后改过自新的全过程。这四级措施针对的对象分别是所有儿童、有实施违法行为可能的儿童、已经实施不当行为或实行犯罪的青少年、被判处缓刑或监禁刑的犯罪青少年。我国大部分中学看重升学率,很少开展文体活动,对学生的心理教育也不够重视。尽管校园暴力现象比美国少很多,但学生如果在青春期出现心理问题的端倪,可能在离开校园后产生严重后果。国内有些学校在教学之余也重视开展文体活动和对学生进行心理疏导,尤其在经济发达、教育理念先进的城市。而在经济发展落后,仍挣扎于"知识改变命运"的地区,中学的办学重点落于成绩,不利于青少年犯罪的早期预防。

再次,两国的社区预防各有特色。美国的社区预防措施大多针对性强,中国的社区预防则致力于普及教育。美国社区为青少年提供工作机会,如著名的"青年发展计划"解决了出身贫困家庭青少年的工作问题,旨在培养青少年工作能力。此举既能消耗掉青少年在街头巷尾闲逛的时间,减少"街角犯罪",也能让青少年学习一技之长,有安身立命之本。美国有很多社区预防项目与家庭预防和学校预防联动,由两方或三方共同对问题青少年进行有针对性的预防和诊疗,如 FFT 和 STATUS 项目。现阶段我国的社区预防大多停留在开展专题讲座,参观社区展馆等活动上,青少年对此兴趣不大。在社区预防工作上可以参考美国的"青年发展计划",让青少年参与社区实践;也可以参考 FFT 和 STATUS 项目,由社区为家庭和学校提供帮助。实际上,我国的社会机构也提供一些有针对性的项目,比如社区志愿者的一对一帮扶、青少年思想和就业指导,有些社区内的青少年犯罪率下降趋势显著。例如,上海市借鉴了美国的 BBBS 项目,由高校学生为来沪流动人口子女提供长期服务。多数接受该项目的流动青少年的沟通能力和学业进步明显,与长辈和同辈关系改善。① 但就目前情况来看,试验社区的人、财投入尚不能全国推行。社区还应创新预防方法,比如为社区内青少年开设青少年俱乐部,举办寓教于乐的活动;请社区里与问题青少年年龄相差不大的优秀青年与其交流沟通。

第四节　完善我国城市青少年暴力犯罪防控措施的对策

总体而言,美国各大城市根据青少年暴力犯罪时空分布的规律和特点,分别设置了家庭、学校、社区(包括社会机构和社会团体)的各种预防犯罪措施,并且在学校周边和街角附近积极构建各具特色的警察巡逻制度。上述这些有针对性的防范对策对于我国城市开展预防青少年犯罪工作具有十分重要的启示和借鉴意义。此外,美国针对城市青少年犯罪后多样化的刑罚替代措施,也对我国矫治城市青少年犯罪具有十分重要的参考价值。当前,可以参照美国根据时空分布规律和特点设置的犯罪预防的各种举措以及各州制定的各种刑罚替代措施,再结合我国目前的青少年犯罪惩治手段和举措,制定我国预防青少年暴力犯罪的防控措施。在下文中,笔者提出如下完善城市青少年暴力犯罪防控措施的相关对策建议,希望对进一步降低我国城市此类犯罪的发生率和发案数有所助益。

一、提升我国城市青少年暴力犯罪的预防措施

近年来,司法预防和社会预防在我国犯罪预防体系占据核心地位,而情境预防作为一种新兴的预防理论,收获的评价褒贬不一。情境预防理论强调犯罪受时空、机会和条件影响,以分析犯罪人最可能犯罪的情境为前提,从环境上减少犯罪

---

① 郭娟、韩晓燕:《流动人口子女及其服务者的增能:以"大哥哥大姐姐计划"为例》,载《华东理工大学学报(社会科学版)》2017 年第 3 期。

机会。前文已具体比较分析了中美两国城市青少年暴力犯罪时空分布特点,分别从时间和空间的角度绘制了青少年犯罪图纸。中国城市青少年犯罪无论是时间还是地点的选择都有显著特征。根据青少年暴力犯罪在时间和空间的分布规律,参照情境预防的思维方式,笔者提出以下三点防范对策。

（一）定时定点治安巡逻

治安巡逻是控制时空的一种重要措施。大多数青少年不敢在警察在场的情况下实施暴力活动。警察的威慑能有效预防青少年违法犯罪。中国城市青少年暴力犯罪大多发生于放学后的傍晚、深夜和凌晨的学校附近、网吧、游戏厅等娱乐场所。各市各区的巡逻警察应在当地学校的放学时间,着重在学校周边的胡同小巷安排治安巡逻,预防青少年抢劫、敲诈勒索、聚众斗殴等犯罪行为的发生。警方还应加强在网吧的巡逻检查,尤其是开在学校附近且发生抢劫、勒索、斗殴等恶性事件频率较高的网吧。此外,在娱乐产业发达的大城市中,KTV、酒吧等娱乐场所也是青少年的休闲聚集地,这些场所的巡逻工作同样不可忽视。可以通过强化在特殊时间和地点的治安巡逻,客观上对青少年产生威慑效果,从而预防城市青少年暴力犯罪。鉴于傍晚在工业区和商业区附近经常发生青少年抢劫或抢夺犯罪,以及中午时分在学校周边经常发生青少年故意伤害犯罪,应当于傍晚时分在工业区和商业区附近、中午在学校周边加强巡逻排查力度。然而由于现实中警力有限,即使只在特定的时间和地点安排治安巡逻,也可能出现警力不够的情况。因此在青少年犯罪发生率高的地方,如学校、网吧、KTV 等娱乐场所、商业区及小区,可以聘请保安代替警察在青少年犯罪高发时间在其负责的片区内巡逻检查,给潜在犯罪人以威慑。

（二）三方联合时空预防

除警察定时定点治安巡逻外,家庭、学校和社区三方也应在城市青少年暴力犯罪的高发时间做好青少年的管理和教育工作。我国可以参照美国学校预防的防范方式,将青少年犯罪预防等级根据青少年实际情况进行划分。针对没有犯罪倾向的青少年、有实施违法行为可能的青少年、已经实施不当行为或犯罪的青少年、被宣告缓刑或判处监禁刑的犯罪青少年分别进行预防。

首先,对没有表现出犯罪倾向的青少年,学校和家庭应主要对其进行安全教育,提高防范被害的意识。未成年人身心发育不成熟,且无论在时间还是空间上都与犯罪青少年关系密切,是有暴力倾向的青少年实施犯罪时首当其冲的犯罪对象。学校和家庭应在平时教学和生活中为青少年灌输防范意识,提醒青少年放学后及时回家,严格把控宵禁时间,尽量避免其独自在夜间行走。告诫青少年少去网吧、酒吧、KTV 等娱乐场所,防止沾染不良习惯。在寒暑假等青少年犯罪高发时期,家长更要看顾好放假在家的青少年,与孩子保持紧密联系。其次,对于有实施违法行为可能的青少年,家庭和学校应及时引导,实行早期干预。至于发生在宿舍、洗手间等监控死角内校园暴力的预防,学校老师和家长应密切关注青少年的心理状态和同辈群体关系,防止矛盾激化。同时,还应关注校园暴力受害者心理健康,帮助其增强自信心、提升其情绪管理和与他人沟通的能力。家庭和学校须提供完善的社会化环境,为其融入社会提供条件,修复该类青少年的心理创伤。在家校衔接的时间注意青少年动向,尽量避免其处于无人看顾的状态。再次,对于已经实施不当行为或犯罪的青少年、被判处缓刑或监禁刑的青少年,家庭主要做好管理工作,包括夜晚少外出、不和行为异常者接触等。社区和公安部门在犯罪高发时段对该类青少年的行为要及时进行信息传递,预防再次犯罪。公安机关对于夜晚青少年活动密度大、犯罪频率高的场所(如网吧、酒店、电影院、KTV 等),需要进行重点控制。娱乐场所工作人员应严格执行"未成年人不得入内"的规定。除了增加在娱乐场所附近的监控力度、深夜时加强治安巡逻外,还可借鉴香港的深宵外展服务对问题青少年提供帮助①。

(三)加强被害人时空预防教育

被害人与犯罪人之间存在某种联系,被害人之所以受到侵害,一定与其被害时所处的时空环境、其和犯罪人之间的联系相关。犯罪人与被害人之间的互动情

---

① 香港深宵外展服务工作者在夜晚 11 时至次日凌晨 6 时,对流连在街头的 12—25 岁的青少年提供危机介入及现场辅导。开展深宵外展服务的社会工作者将主动认识易受不良影响的青少年,服务期间,了解他们深夜不归的原因,进行友好的规劝,并给他们提供一些力所能及的帮助。张波:《和谐社会建设与青少年社会服务——香港深宵外展服务对我们的启示》,载《山西青年管理干部学院学报》2008 年第 2 期。

境对双方的心理均有影响,情境可能导致犯罪心理的产生。美国犯罪学家科恩和费尔森(Cohen & Felson)提出了日常活动理论,该理论指出如果潜在被害人防备意识薄弱,则很可能成为犯罪分子的目标。日常活动理论强调特定时空情境中合适的犯罪目标、缺乏有能力的监护人和有动机的罪犯的聚合对解释犯罪形成的重要性,也就是说,如果一个人的日常生活轨迹与潜在犯罪人频繁重合,则其被害的几率就会大大增加。

《周易·系辞上》有云,"慢藏诲盗,冶容诲淫",被害人的行为可能引起施暴者实施侵害。因此,被害人应尽量避免其法益暴露在易受暴力侵害的环境中。①社区应提醒社会公众尤其是易受害的未成年人在青少年暴力犯罪的高发时间提高防范意识,增强抵御犯罪的能力,从被害人角度减少青少年犯罪的几率。大多数情况下,青少年犯罪人的犯罪手段并不高明,能实现犯罪目的很大程度上是由于被害人缺乏防范意识。潜在未成年被害人在放学回家路上最好由家长接送或与同学结伴而行,降低在学校附近发生青少年暴力犯罪的可能性。潜在被害人应尽量不在深夜和凌晨光顾网吧、KTV、酒吧等,减少发生在娱乐场所的暴力犯罪。潜在被害人需特别注意在上学和放学途中加强自我保护,降低发生在受害人住所附近的被害风险。对于发生在犯罪青少年居住地附近的暴力犯罪,则可通过加强青少年犯罪社区预防,让社区居民共同参与青少年犯罪防控。在青少年暴力犯罪频繁的假期、性犯罪频发的夏季,潜在被害人更要加强防范意识。

二、强化我国城市青少年暴力犯罪的惩治手段

青少年有特殊的生理和心理特征,单纯地强调惩治和打击不甚妥当。我国很早就有对青少年从宽处罚、保护为主的刑罚理念。从立法和执法的指导思想上树立对青少年犯的惩罚立足于矫正、教育的观念,遵守刑罚人道化、轻缓化的原则。我国对犯罪青少年一般处以较轻的刑罚,包括监禁刑、缓刑、非刑罚处置措施等。美国的少年司法系统已经建立一百余年,在帮助青少年再社会化和降低青少年再犯可能性等方面都有丰富经验。笔者根据我国目前的青少年犯罪惩治办法,借鉴

---

① 李丹丹:《被害情境下的被害人与个人预防》,载《犯罪研究》2017 年第 5 期。

美国各州刑罚替代措施,提出以下三点青少年暴力犯罪的事后惩治手段。

(一)在监狱和未成年犯管教所进行有效矫治

自由刑是各国对犯罪人的通用惩治方法。与成年犯相似,我国为青少年犯也制定了监禁措施,包括监狱及未成年犯管教所①。监禁部门的刑罚执行内容主要包括对自由的剥夺和对青少年犯的教育改造。② 监狱虽实现了对罪犯的特殊预防,但对于青少年犯有不可忽视的风险。青少年犯若身处监狱,长期与外界隔离,就会与社会脱节。而且监狱里鱼龙混杂,极易出现"交叉感染"。出狱后也会身负犯罪人标签,再社会化过程困难,再犯可能性大。③ 未成年犯管教所作为有监禁性质的服刑场所,与监狱有相同的弊病。为尽量改善监狱和未成年犯管教所的关押环境,降低青少年犯的再犯可能性,目前可以开展以下工作:

首先是要保障未成年犯的九年义务教育权利。未成年犯罪人中未完成义务教育的人数占比很高。根据美国1950年的一项调查,近85%的少年犯在学业上落后于同龄人,且有研究表明,学业成就与未成年人再犯率的下降有关。④ 未成年犯管教所应重视对未成年人的基础教育,开展符合未成年犯管教所特点的文化教育课堂。通过对未成年人进行文化素质教育,帮助其养成良好品格。其次,需要做好青少年犯隔离改造工作。为避免青少年犯与其他犯罪人交流犯罪经验,应减少其私下单独接触的机会,在保障人权的基础上阻止犯罪经验和手段的传播。最后,需要着力帮助青少年犯重新融入社会。监狱和未成年犯管教所应帮助犯罪青少年完成再社会化,既要对其进行职业教育,更要对其进行生活技能培训。改

---

① 《监狱法》第六章为"对未成年犯的教育改造"。其中,第七十四条:"对未成年犯应当在未成年犯管教所执行刑罚。"第七十五条:"对未成年犯执行刑罚应当以教育改造为主。未成年犯的劳动,应当符合未成年人特点,以学习文化和生产技能为主。监狱应当配合国家、社会、学校等教育机构,为未成年犯接受义务教育提供必要的条件。"第七十六条:"未成年犯年满十八周岁时,剩余刑期不超过二年的,仍可以留在未成年犯管教所执行剩余刑期。"第七十七条:"对未成年犯的管理和教育改造,本章未作规定的,适用本法的有关规定。"

② 吴宗宪:《论未成年犯罪人矫正的主要模式》,载《预防青少年犯罪研究》2012年第1期。

③ 江西未成年犯管教所课题组:《未成年服刑人员教育改造探索与思考——以江西省未成年犯管教所为例》,载《中国司法》2013年第6期。

④ See K. C. Thompson, R. J. Morris, *Juvenile Delinquency and Disability*, *Advancing Responsible Adolescent Development*, Springer Press, 2016, pp. 31 – 39.

造机构应使青少年犯形成正确的劳动观念,让青少年犯至少学会一项技能,养成劳动习惯。

(二)扩大缓刑适用率

"能适用缓刑的就不适用实刑"是我国未成年犯审判实践的指导思想。对罪行较轻,判处三年以下有期徒刑、拘役的未成年人首先要考虑适用缓刑,不能适用缓刑的再适用实刑。从教育改造和预防再犯的角度分析,对已经成年的青少年犯按照未成年犯的标准适用缓刑比直接对其适用监禁刑的效果更好,且能避免监狱亚文化带来的不良影响。一般而言,暴力程度较轻、社会危害性较小的青少年犯极有可能被判处短期自由刑,与其将其送入监狱(或未成年犯管教所)服刑,不如对其适用缓刑。这样既能节约监狱资源,避免交叉感染,又能保障犯罪青少年早日实现"再社会化"。当今社会,已经成年的青少年犯罪人心理上并不比未成年人成熟,尤其是还在接受教育的青少年犯。对符合法定条件的青少年犯适用缓刑有利于消除其对司法机关的抵抗情绪,感受国家和社会的宽容胸怀,从而认真接受教育监督。

人民法院依据青少年犯的犯罪事实、悔罪表现、家庭经济状况、亲子关系等作出宣告缓刑判决后,由公安机关主导执行,犯罪人所在单位或基层组织予以配合。青少年犯如果还在接受教育,所在学校也应承担起缓刑期间的监管责任,保证其在校期间的受教育权,并降低再犯风险。在缓刑期间,应保证家庭监护和社会监督两者必有其一。青少年犯在被判处缓刑之后如果处于无人监管状态或不能身处良好的社会环境,不仅不利于青少年合法权益的保护,也不能避免再犯发生。被判处缓刑的青少年的夜间活动时间应比其他青少年更严格。除特殊情况外,青少年犯在缓刑期间放学应立即回家,并禁止其深夜和凌晨进行外间活动,去网吧、KTV 等娱乐场所也应受到限制。青少年犯的监护人应起到实际监护作用。如果没有直系亲属监护人,应指定其他适宜监护人在缓刑期间履行监护责任。社会监督是指青少年被告人如果被适用缓刑,派出所、街道办等社会机构应对其进行教育。负责青少年缓刑执行的社区工作者还应帮助青少年构建一个包括家庭、学校或工作单位、朋友、社区在内的交际圈,保证其正常人际交往。家庭、学校和社区应避免正接受缓刑的青少年接触暴力、色情等不良信息,为其创造良好的再社会化环境,预防再犯。为防止青少年犯因服刑而"去社会化",在设有专门缓刑执行机关、缓刑监督机制完善的情况下,尽可能对暴力犯罪不严重的青少年犯适用缓刑,并准许其继续在学校学习、接受教育,定期进行考察。

(三)积极采用新的刑罚替代措施

为降低青少年犯罪人再犯、累犯比例,达到犯罪预防效果,应将工作重点放在教育改造上,不能只采取强硬的刑罚措施。我国目前的青少年非刑罚处置措施以监禁令、社区矫正、社区服务令为主,形式比较单一。"为重构彰显惩罚功能的社区矫正约束机制,有必要加强中间制裁的法理研究和实践探索。"①可以在司法系统指导的基础上,结合家庭、学校和社会机构为犯罪青少年设计更有针对性、更加人性化的刑罚替代措施,帮助青少年早日融入社会。主要包括以下刑罚替代措施:

第一,设置青少年犯训练营。② 区别于未成年犯管教所,青少年犯训练营不仅是军事化管理和劳动改造,它更关注青少年犯罪的原因。引起青少年犯罪的因素不同,教育改造的方法也应有所区别。训练营中的青少年不应被视作一个群体,而应被有针对性地区别教育,这需要大量专业人员对犯罪青少年进行心理诊疗。为青少年量身定做惩罚措施,能更有效帮助青少年树立正确人生观,降低再犯风险。当然,就目前开展青少年犯训练营的现实情况而言,开营后可能取得很好效果,但前期人财物投入太大,同时对法官和训练营工作人员的专业知识、综合素质要求很高,且缺乏相应法律依据作参考,无法保证公平。因此,将来技术成熟、有大批高素质青少年犯罪研究人员加入时,青少年犯训练营或将成为非刑罚处置措施的中流砥柱。

第二,设计青少年犯家庭监禁模式。在缓刑与监禁刑之间设置一个中间刑,对社会危害性既不适合缓刑也未达到监禁刑的青少年判处家庭监禁。要求犯罪

---

① 刘政:《社区矫正的惩罚功能重塑与惩罚机制重构》,载《法学论坛》2019 年第 6 期。
② 李琴:《美国青少年犯刑罚替代措施》,载《中国刑事法杂志》2012 年第 5 期。

青少年在家庭中服刑,受监护人和社会的监督,并为社区提供无偿服务。社区工作者要持续与犯罪青少年接触,保证其一直在家中服刑。对于还在接受教育的青少年,应在家中安排其利用网络学习,且学习时应有监护人陪同,防止其接触网上不良信息。对于不再接受教育的青少年,有工作的应帮助其继续工作,未参加工作的应帮助其掌握一项工作技能。家庭监禁所需费用较低,能节约监狱和未成年犯管教所的资源。这种刑罚制裁措施可避免青少年犯罪人受到实质监禁刑的标签化影响,也可有效预防再犯。

第三,让青少年犯佩戴电子监控设备。电子监控设备是现代科技在刑罚中的体现,可以普遍使用我国有自主知识产权的北斗卫星定位技术,建立社区矫正电子监控体系。① 佩戴电子设施的青少年犯应保持设施全天处于开机状态,让公安机关了解其实时动态。电子监控设备应小巧轻便、便于隐藏,防止犯罪青少年被贴上负面标签。电子监禁设备原则上并不限制佩戴者的日常出行,青少年可以去上学、工作。但鉴于青少年暴力犯罪的时空特征显著,在放学后应通过响铃、震动、闪灯等形式提醒佩戴者及时回家,当检测到青少年在网吧、KTV、酒吧等娱乐场所时也应采取提醒措施或通知附近巡逻警察前往现场。

最后,需要明确的是,对青少年犯采取强硬的刑罚措施往往事与愿违,刑罚的矫治效果也未必尽如人意。与此形成鲜明的对比,刑罚替代措施能使青少年犯受到惩罚,让其认识到要为自己的犯罪行为负责,从而在内心深处深刻地认识到自己的行为是一种罪错,进而产生悔意并在实际的各种刑罚替代措施的矫治活动中确有悔改表现。之后,再通过对青少年犯开展各种教育和改造活动,使其有机会顺利复归社会,重新获得社会各方的认可和接纳,从而实现刑罚替代措施矫治青少年犯"事半功倍"的独特功效。此外,各种刑罚替代措施的广泛适用,还能防止监狱、未成年犯管教所等监禁场所带来的罪犯之间的"交叉感染",从而大大降低再犯可能性,达到并实现打击犯罪、预防犯罪和保护青少年犯的多重目的。

---

① 刘政:《社区矫正的惩罚功能重塑与惩罚机制重构》,载《法学论坛》2019 年第 6 期。

结　语

当前,就中美城市青少年暴力犯罪的时空分布特征进行比较分析对于我国青少年犯罪研究具有十分重要的理论意义和司法实践价值。中美两国城市青少年暴力犯罪均体现出较强的时空性,尽管两国间就此问题有较多差异,但也有相似之处。例如,校园暴力在两国均是有严重影响的青少年犯罪问题,学校周边和街头巷尾皆为青少年暴力犯罪频发之地。不同的是,美国青少年暴力犯罪多发生于下午,而我国则多在深夜和凌晨。美国青少年暴力犯罪多发于上学日,我国青少年暴力犯罪多发于假期。美国的网吧、酒吧等娱乐场所青少年犯罪率较低,而我国在该类场所的青少年犯罪率较高。总体而言,美国根据青少年暴力犯罪的时空分布特征设置的家庭预防、学校预防、社会预防以及学校周边和街角的警察巡逻制度等有针对性的防范对策,对于我国开展预防青少年暴力犯罪工作具有重要的启示和借鉴意义。同时,美国对青少年犯罪后多样化的刑事制裁措施对我国也有一定的参照价值。当然,我们在借鉴美国青少年犯罪防范对策和惩治措施时,也要避免盲目的"拿来主义"。应当根据我国少年司法的实践状况,综合考虑两国不同的青少年教育、社会人情、经济发展状态,设置适合中国国情的青少年的犯罪预防对策和事后惩治手段。此外,青少年暴力犯罪的时空特征也并非十分稳定。随着城市经济、社会、文化生活的不断发展,青少年暴力犯罪时空分布将会呈现出一些新变化和新特点。各个城市中的犯罪防控实践还应关注本地城市青少年犯罪的时空变化规律,通过联合学校和社区,及时调整防范对策,力争做到灵活预防和有效预防的有机结合。最后,当前我国司法大数据研究领域快速发展,开展城市青少年犯罪防控的司法实践工作还应充分利用大数据带来的各种便利条件,积极开展大数据侦查和证据审查并认真分析研判青少年犯罪的各种参数。①

---

① 王燃:《大数据侦查》,清华大学出版社 2017 年版,第 6 - 7 页。

第二章
中美城市青少年性犯罪的时空分布与防范对策

　　自 20 世纪 90 年代犯罪低潮过去后,我国青少年犯罪数量开始逐年攀升。资料显示,2017 年我国法院审判的由 25 周岁以下主体实施的犯罪共计 183471 起,其中侵犯公民人身权利、民主权利犯罪 29308 起。① 在青少年所实施的犯罪中,性犯罪一直为刑事法理论和实务界关注。根据司法部大数据服务网的统计数据,自 2016 年 1 月 1 日至 2017 年 12 月 31 日,由未成年人实施的强奸案件多达 2000余起,抢劫罪、故意伤害罪和强奸罪是 14—15 周岁的未成年人最容易触犯的三个罪名。② 此外,在校园暴力案件中,施暴者也频频触及强奸罪、强迫卖淫罪等罪名。与此相对应,美国的青少年犯罪形势也不容乐观,其中特别是青少年性犯罪。自 20 世纪 80 年代以来,美国青少年性犯罪数量持续增长,这种趋势一直延续到了今日。③ 美国犯罪学研究表明,近年来,美国实施性犯罪行为的青少年数量已占据所有性犯罪者总数的三分之一。④ 更有学者指出,美国青少年的性侵犯行为已经达到了流行病的程度。⑤ 不断增长的青少年性犯罪案件与当前不健康文化环境熏染下青少年生理和心理的过早成熟有很大关系,也与青少年早期所接受的

---

　　① 参见伍晓梅主编:《2017 年全国罪犯情况统计表》,载中国法律年鉴编辑部编辑:《中国法律年鉴(2018)》,中国法律年鉴社 2018 年版,第 1185 页。

　　② 资料源于《从司法大数据看我国未成年人权益司法保护和未成年人犯罪特点及其预防》,载中国司法大数据研究院官网:http://www.court.gov.cn/zixun-xiangqing-99402.html,最后访问日期:2024 年 8 月 6日。

　　③ See Malin H M,Saleh F M,Grudzinskas A J. Recent research related to juvenile sex offending:findings and directions for further research,*Current psychiatry reports*,2014,16(4),pp. 1 –7.

　　④ [美]拉里·J. 西格尔、布兰登·C. 韦尔什:《迷途的羔羊——青少年犯罪案例分析及心理预防》(第 12 版),丁树亭、李晓静译,电子工业出版社 2019 年版,第 34 页。

　　⑤ See Gerardin P, Thibaut F. Epidemiology and treatment of juvenile sexual offending,*Pediatric Drugs*,2004,6(2),p. 80.

家庭和学校教育以及童年早期经历有所关联。青少年时期是一个人成长和发展的关键时期,在此期间所养成的生活习惯、行事方式和价值态度将对其之后的生活幸福感和个人成就度产生深刻影响。青少年时期的性犯罪经历对其身心健康发展极为不利。为了遏制当前青少年性犯罪的增长趋势,有必要基于青少年性犯罪的现状、特点以及罪因,对相应群体制定恰当合适的防范对策。本章将结合中美城市青少年性犯罪的时空分布特点及规律,分析两国青少年性犯罪持续增长的深层次原因,同时在充分借鉴美国针对此类犯罪所采取的防范对策和有效方案的基础上,为我国预防城市青少年性犯罪提供一些参考和借鉴。

第一节　中美城市青少年性犯罪的现状

一、中国城市青少年性犯罪的现状

性犯罪不是专门的法律概念,在犯罪学学理研究中有广义和狭义之分。广义的性犯罪是指一切法律、道德、风尚、习惯等社会规范所禁止、谴责的性行为。[①]狭义的性犯罪是指国家刑法所禁止的,具有严重社会危害性并应受刑罚处罚的侵害他人性权利的行为。[②] 本章采取狭义的性犯罪概念,重点研究由 25 岁以下青少年所实施的性犯罪,包括强奸罪、强制猥亵妇女罪、猥亵儿童罪、介绍卖淫罪、强迫卖淫罪、引诱未成年人卖淫罪,等等。

在我国青少年所实施的犯罪案件中,性犯罪一直占据较大比例。有研究表明,我国 2000 年以来每年发生的刑事案件在 450 万件左右,由青少年所实施或者参与其中的就占据 60%—80% ,而在其中青少年性犯罪又占到约 30% ,行为人年龄多集中于 14—20 岁。[③] 2014 年北京青少年法律援助与研究中心的《未成年人遭受性侵害案件统计分析报告》表明,未成年人实施的性侵案件占这类案件总数

① 孙雪芸、刘旭刚、徐杏元:《青少年性犯罪的原因及矫治对策》,载《中国性科学》2010 年第 7 期。
② 郭开元:《青少年犯罪预防的理论与实务研究》,中国人民公安大学出版社 2014 年版,第 176 页。
③ 任伟伟:《青少年性犯罪的亚文化分析》,载《武汉公安干部学院学报》2009 年第 4 期。

的 12.4%,施暴者多以同学、恋人关系接触受害者然后将其强奸甚至是轮奸。①
广东省的一项关于未成年犯罪的研究中,在 1807 份未成年犯管教所调查报告中
有 203 人实施的罪名为强奸罪,占所有案件 11.23%。② 根据司法部大数据服务
网站的统计信息显示,2015—2016 年由青少年实施的强奸罪有 2500 起。在 14—
15 岁和 16—17 岁青少年实施的犯罪中,强奸罪的数量分别排在第 3 位和第 6 位,
是 14—17 岁青少年最容易实施的犯罪行为之一。③ 而在近年来,青少年所广泛
涉及的校园暴力案件中,强奸罪和强迫卖淫罪也是其经常触犯的罪名。

在青少年性犯罪案件居高不下的同时,实施性犯罪的青少年也呈现出明显的
低龄化特征。在 2004 年发生在浙江的青少年性犯罪案件中,不满 16 周岁的青少
年为 81 人,占比 47.4%,2005 年上半年为 98 人,占比上升至 56%。这些青少年
性犯罪者多集中于 14—16 周岁之间。④ 根据一项调查显示,以往的青少年性犯
罪主体以无业青年、留守青年为主,但近年来,初中生、高中生、大学生性犯罪者逐
渐增多。⑤ 我们在中国裁判文书网以"强奸罪""强制猥亵他人罪""卖淫"和
"1996—2004 年出生"作为关键词,随机检索到近几年涉嫌性犯罪的青少年被告
人有 49 人,其中 20 岁以下的青少年性犯罪被告人有 25 人,15 岁和 16 岁的青少
年被告人有 5 人。由此可见,在青少年所实施的性犯罪中,年龄层次偏低人群占
有较大比例。此外,青少年性犯罪还体现出一些特征显著的变化发展趋势。例
如,团伙性、暴力性犯罪案件增多;在强迫卖淫罪、介绍卖淫罪等性犯罪案件中,女
性青少年被告人数量在不断增加;青少年性犯罪耻辱感在逐渐淡化,以网络直播、
视频聊天等方式实施性犯罪的现象频发;青少年性犯罪的手段残忍化、与其他犯

---

① 袁翠清:《我国中小学生在校性行为法律问题研究——以美国相关立法为对比》,载《预防青少年
犯罪研究》2017 年第 3 期。
② 李福芹、孙玉波、饶恩明:《未成年犯罪人实证研究——以广东省未成年犯管教所 1807 份调查报告
为样本》,载《预防青少年犯罪研究》2017 年第 2 期。
③ 资料源于《司法大数据专题报告之未成年人犯罪》,载中国司法大数据研究院官网:http://
www.court.gov.cn/zixun-xiangqing-99402.html,最后访问日期:2024 年 8 月 6 日。
④ 孙雪芸、刘旭刚、徐杏元:《青少年性犯罪的原因及矫治对策》,载《中国性科学》2010 年第 7 期。
⑤ 罗嘉亮:《论色情文化视角下的青少年性犯罪》,载《学理论》2015 年第 10 期。

罪的复合化,等等。青少年性犯罪案件所发生的一系列变化引起了刑事法理论界和实务界的广泛关注。

二、美国城市青少年性犯罪的现状

在美国,性犯罪指的是强奸、乱伦和猥亵三类违法犯罪行为。[①] 青少年性犯罪者是违反受害人意志,以侵犯、剥削或者威胁的方式与任何年龄段的人发生性行为的青少年。[②] 近些年来,随着一些犯罪概念和研究方法的更新,一些青少年犯罪学研究者逐渐将非暴力强奸、卖淫等内容纳入青少年性犯罪的研究范畴。

根据美国少年司法网站的数据统计,2012 年由 25 岁以下犯罪人实施的暴力强奸案有 7490 起,占全年龄段暴力强奸案件总数的 42%;由青少年所实施的除暴力强奸和卖淫以外的性犯罪 26800 起,占全年龄段此类案件总数的 39%。2018年青少年从事的卖淫及其他商业化恶习的案件数量达到 8790 件,占全年龄段该类案件的 28%。[③] 有学者指出,美国每年发生的强奸案中的三分之一,以及猥亵儿童案件中的一半是青少年所为,这与上述统计数据基本吻合。[④] 粗略估计,美国各大城市卖淫青少年数量高达 100 万人。男孩和女孩都参与其中,其中女性占到 70% 以上。[⑤]

美国的青少年性犯罪同样呈现出低龄化趋势。在美国一项调查青少年性侵犯发生率的研究报告中,41% 的针对 10—16 岁儿童的性侵犯是由 11—14 岁的儿童实施的。[⑥] 针对儿童的性侵行为中,被害者通常是 6—9 岁的儿童,年纪最小的

---

① 李立丰:《美国青少年性犯罪若干重要理论问题简析》,载《青少年犯罪问题》2008 年第 4 期。

② See Gerardin P, Thibaut F. Epidemiology and treatment of juvenile sexual offending, *Pediatric Drugs*, 2004,6(2),p. 79.

③ See OJJDP, "Arrest trends by offense, age, and gender", Accessed August 6, 2021. www. ojjdp. gov/ojstat-bb/crime/ucr_trend. asp? table_in = 1&selOffenses = 18&rdoGroups = 3&rdoDataType = 1。

④ See John A. Hunter, Robert R. Hazelwood, David Slesinger, Juvenile-Perpetrated Sex Crimes: Patterns of Offending and Predictors of Violence, *Journal of Family Violence*, 2000,15(1),p. 81.

⑤ 于阳、郝晓敏:《英美国家与我国青少年性犯罪的分析与比较》,载《预防青少年犯罪研究》2015 年第 6 期。

⑥ 唐娜:《青少年性犯罪侦防研究》,甘肃政法学院 2019 届硕士学位论文,第 11 页。

可以低至 3—4 岁。① 在媒体报道的一起案例中,13 岁的少年在家中地下室对两个年幼的外甥女实施了长期的性侵和性虐待。② 另有美国中学校园中普遍存在的青少年将自身或者他人的裸照或者性行为视频上传至社交媒体网站被登记为性犯罪者并遭到逮捕的案例。

美国比较特别的青少年性犯罪是约会暴力和帮派内部的性剥削。根据美国青少年司法网站的数据统计和分析,从 2013 年至 2017 年,青少年经历约会性暴力的概率分别为 10.4%(2013 年)、10.6%(2015 年)、6.9%(2017 年)。常见的约会性暴力包括违背当事人意愿下的强迫接吻、强制身体接触和强迫性交。③ 约会暴力不是一种传统意义上的性犯罪,却是很多青少年成为性犯罪施暴者或者受害者的重要原因。另外一个值得关注的现象是,美国街头帮派中对参会青少年特别是女性青少年的性暴力和性剥削。在帮派中往往流行着一种强奸神话,认为强奸是人类男子气概的体现,因而得到帮派成员的拥护,使得帮派中的女孩常常沦落为男性帮派成员性侵犯的对象。在帮派内部会有强制性的集体淫乱行为,女孩参与性行为的过程会被制作成图片和视频以成为其他成员对其继续进行性剥削的威胁工具。④

三、中美城市青少年性犯罪的现状比较

由上述研究和统计数据可知,青少年性犯罪在中美两国同样普遍并呈现出一些共同的发展趋势和特征。

首先是青少年参与性犯罪的案件总数在某一时期呈现快速增长的状态,在近些年基本保持稳定。这与两国的社会发展具有较大关联。20 世纪 90 年代后期

---

① See Gerardin P, Thibaut F. Epidemiology and treatment of juvenile sexual offending, *Pediatric Drugs*, 2004,6(2),p. 81.

② See Bethea-Jackson G, Brissett-Chapman S. The juvenile sexual offender: Challenges to assessment for outpatient intervention, *Child and Adolescent Social Work Journal*, 1989,6(2), p. 132.

③ See OJJDP, "Dating Violence Reported by High School Students, 2017, Analysis of the Centers for Disease Control and Prevention(CDC), 1991—2017 High School Youth Risk Behavior Survey Data", Accessed August 6, 2021. https://nccd. cdc. gov/youthonline.

④ [美]詹姆斯·丹斯利:《街头帮派中的性暴力和性剥削》,倪铁译,载《青少年犯罪问题》2016 年第 3 期。

以及 21 世纪初,正是我国人民生活发生巨大变化的时期。在经历了 1989 年"严打"刑事政策所带来的犯罪低潮期后,紧随其后的各类犯罪的增加属于社会政策更迭过程中的正常现象。近几年,随着我国司法机关对青少年犯罪特别是未成年人犯罪更加关注,以及采取有效的措施对未成年人犯罪进行防控,创造了我国未成年人犯罪数量连续 9 年持续下降的奇迹。① 美国的青少年性犯罪案件在 20 世纪经历了一个迅速增长的时期。20 世纪 40 年代中期的美国正值二战结束、经济大萧条,社会变动巨大,各类犯罪的增长也随之而来。无人看管和流浪街头的青少年得不到父母的看护和学校的教育,更容易从事违法犯罪活动。而如今,随着社会的稳定发展和各方面教育福利政策的有序推进,各种犯罪数量逐渐呈现出稳定态势。

其次是两国青少年性犯罪者低龄化趋势明显。这与当下儿童和青少年所摄取的营养成分较以往更为丰富和世界范围内青少年性成熟期普遍提前有所关联。美国犯罪学学者詹姆斯·丹斯利(James Dansley)调查发现,如今美国女孩平均在 12.5 岁开始经历青春期,而在 150 年前,女孩性成熟的年龄是 16 岁。② 受到"计划生育"政策的影响,我国拥有独生子女的家庭偏多,因而父母更加注重孩子日常饮食的营养搭配和能量补充,这导致儿童的身体发育出现了不同程度的早熟现象。据统计,在近 50 年,我国青少年的成熟年龄提前了至少两岁。③ 青少年性成熟期的提前,除了与其摄入营养更加丰富所导致的生理早熟有关外,也与其接触的相关不良信息有很大关系。当下科技发展,两国青少年在成长过程中更容易接触到不良信息诱发青少年实施性犯罪行为。

再次是青少年性犯罪的团伙性趋势和手段的复合化、残忍化。在我们检索到

---

① 资料源于《从司法大数据看我国未成年人权益司法保护和未成年人犯罪特点及其预防》,载中国司法大数据研究院官网:http://www.court.gov.cn/zixun-xiangqing-99402.html,最后访问日期:2024 年 8 月 6 日。

② [美]詹姆斯·丹斯利:《街头帮派中的性暴力和性剥削》,倪铁译,载《青少年犯罪问题》2016 年第 3 期。

③ 王丹:《根据性心理发展阶段理论分析相关社会问题——以青少年性犯罪及恋童癖为例》,载《神州》2020 年第 13 期。

的 49 个青少年性犯罪被告人中,有 21 人通过 2 人以上的犯罪团伙实施强奸、强迫卖淫等性犯罪行为,其中有涉及数十人以上、大规模、有组织的团伙作案模式,参与人皆为 20 岁左右的青少年。① 与我国相比,美国的少年帮派则是青少年犯罪更为成熟和稳定的一种组织。在作案过程中,青少年实施性犯罪的手段有时也相当残忍,常会有抢劫、故意伤害等犯罪行为伴随性侵犯的复合犯罪模式。如在青少年强迫卖淫团伙中,为逼迫受害少女就范,被告人常会采取脱衣、殴打等残忍的方式。美国两名青少年男性莱昂内尔·孔特雷拉斯(Lionel Contreras)和威廉姆·罗格里戈(William Rogriguez)在居民区绿化带内绑架了两名 15—16 岁的少女,并在圣地亚哥公园对她们实施了十分恶劣的强奸行为。

最后,青少年性犯罪者倾向于对低年龄段并且与他们存在亲戚、邻居或者同学等密切关系的人实施性犯罪。在贾某引诱、介绍卖淫一案中,作案时年仅 17 岁的被告人贾某在 2015 年 3 月到 5 月期间通过其初中、高中的同学和朋友寻找目标受害女生,为一中年男性嫖客寻找多名女学生从事卖淫活动。② 上海市某区 15 岁少年一次无意中看到父母的性行为后,就以其 13 岁的亲生妹妹作为试验品对其实施了奸淫行为。美国一黑人少年男性曾在家中地下室对两个年幼外甥女实施了长期的性虐待行为。③ 由于青少年的社会生活阅历有限,生活交际圈较小,因而在寻找犯罪目标、实施犯罪过程中他们经常会瞄准身边的亲属、朋友或者同学。尤其是在强奸、猥亵儿童等性犯罪活动过程中,年幼的亲属往往成为其实施犯罪的最佳作案目标。

第二节　中美城市青少年性犯罪的时空分布

青少年犯罪一直是世界各国所普遍关注的社会问题。通过分析青少年犯罪

---

① 参见周雄、陈云霓、聂助涛、陈逸龙犯强迫卖淫罪一案,湖南省常德市武陵区人民法院(2019)湘 0702 刑初 532 号刑事判决书。

② 参见贾某介绍卖淫案,陕西省兴平市人民法院(2016)陕 0481 刑初 2 号刑事判决书。

③ See Bethea-Jackson G, Brissett-Chapman S. The juvenile sexual offender: Challenges to assessment for outpatient intervention, *Child and Adolescent Social Work Journal*, 1989, 6(2), p. 132.

案例,有学者发现青少年犯罪与其所处的时间和空间具有很大关联。① 在此基础上,基于时空社会学这一非主流社会学理论对青少年犯罪的特点和防控对策进行研究就很有意义。场所和时机为青少年性犯罪的实施提供了诱因和便利。对青少年性犯罪时空分布特点的研究,有利于我们理解青少年性犯罪的触发原因和实施契机,也有利于我们结合其时空分布规律制定更为有效的防范措施。联合国在《综合性预防犯罪措施汇编》中就曾提出包括减少犯罪机会、增加察觉风险等预防犯罪的情境措施。② 有美国学者也指出,对青少年性犯罪地理特征的研究极具意义。③ 因此,有必要分析中美两国城市青少年性犯罪的时空分布特点,以对其防范治理提供一些启示和借鉴。

一、中国城市青少年性犯罪的时空分布

(一)中国城市青少年性犯罪的时间分布

根据有关调查和研究,时间因素与青少年性犯罪的发案率有直接关联。首先,在季节的分布规律上,青少年性犯罪多集中于春、夏、秋季节,在冬天实施性犯罪的比例一直不是很高。这一类性犯罪主要是指针对陌生人的强奸、强制猥亵等行为。例如,2019 年 9 月底 10 月初,作案时 21 岁的无业青年张某刚在马路上闲逛时,两次对街上独行女子进行摸胸等猥亵行为以及抢劫行为④;2020 年 5 月 10 日、5 月 19 日,作案时 22 岁的外卖送餐员周某屹于工作时路过被害人居住仓库,利用被害人身体残疾行动不便对其实施了两次强制猥亵行为⑤;2017 年 5 月 15 日,作案时 20 岁的无业青年张某尾随被害人房某进入公共厕所将其强奸。⑥ 一方面,天气炎热会引起血管扩张、新陈代谢增强、醛固酮分泌增加等一系列生理反应,这些生理反应会直接导致性需求和性冲动的增加;另一方面,夏季炎热,人体

---

① 常进锋:《时空犯罪学:青少年犯罪成因的新视角》,载《中国青年社会科学》2020 年第 1 期。

② 郭开元:《青少年犯罪预防的理论与实务研究》,中国人民公安大学出版社 2014 年版,第 17 页。

③ See John A. Hunter, Robert R. Hazelwood, David Slesinger, Juvenile-Perpetrated Sex Crimes: Patterns of Offending and Predictors of Violence, *Journal of Family Violence*, 2000, 15(1), p. 91.

④ 参见张洪刚抢劫罪一案,广东省潮州市湘桥区人民法院(2020)粤 5102 刑初 37 号刑事判决书。

⑤ 参见周冠屹强制猥亵案,江西省分宜县人民法院(2020)赣 0521 刑初 122 号刑事判决书。

⑥ 参见张某某强奸案,江苏省兴化市人民法院(2017)苏 1281 刑初 435 号刑事判决书。

的穿着单薄,身体裸露部分增多,户外活动范围扩大,夜间活动时间延长,人与人接触频繁,这些变化使得青少年在夏季的性感觉、性刺激增强,从而易导致性犯罪活动的活跃。① 其次,青少年因对不满 14 周岁幼女实施奸淫行为从而构成强奸罪的,多集中于一年中的寒假、暑假以及周末等非上学日。通过在中国裁判文书网对青少年群体实施性犯罪案例的检索,本章选取的案例中青少年构成强奸罪的有 23 人,其中有 10 人都是因为与不满 14 周岁的幼女发生性关系而被定罪。在这类案件中,男性青少年多通过手机 QQ、微信等网络社交平台与一些小学高年级、初中在读的女生进行聊天、相互了解并逐步建立网络恋人或者现实恋人关系,进而与幼女发生性行为。这类案件不同于一般的针对妇女的强奸行为,性关系的发生多出于双方自愿,因而在时间的选择上更类似于一般的恋人约会时间,通常是在幼女脱离学校管控、拥有较多自由活动时间的假期和周末。最后,在时间的选择上,青少年性犯罪多集中于深夜和凌晨阶段。我们通过在中国裁判文书网检索以及资料阅读共收集到 49 名青少年性犯罪者,除少数判决文书中未写明具体犯罪时间的案例,有 19 份判决书明确写明被告人是在夜晚及凌晨实施的强奸、强制猥亵、强迫卖淫等性犯罪行为。据司法部大数据研究院针对未成年犯罪案件的统计报告显示,深夜和凌晨为未成年人犯罪的高发时间。2016 年 1 月 1 日至 2017 年 12 月 31 日全国法院审结的未成年人犯罪案件中,案发时间主要集中在晚上 9 时至次日的凌晨 3 时,这一时间段因而成为预防未成年人性犯罪的重要节点。②

（二）中国城市青少年性犯罪的空间分布

一些特殊场所为青少年犯罪提供了诱因和便利。青少年性犯罪总是集中在一定的热点地区。青少年性犯罪的热点区域之一是酒吧、网吧等娱乐场所。根据

---

① 林逢春:《就情境预防策略论青少年性犯罪预防之应对》,厦门大学 2009 届硕士学位论文,第 25 页。

② 资料源于《从司法大数据看我国未成年人权益司法保护和未成年人犯罪特点及其预防》,载中国司法大数据研究院官网:http://www. court. gov. cn/zixun-xiangqing-99402. html,最后访问日期:2024 年 8 月 6 日。

我国司法部大数据研究院的调查报告显示,在 2016 年 1 月 1 日至 2017 年 12 月 31 日全国法院审结的未成年人犯罪案件中,有约 6500 起案件发生在网吧、约 2000 起发生在 KTV、1000 余起发生在酒吧,网吧、KTV 和酒吧等娱乐场所成为青少年犯罪特别是未成年犯罪频发的地点。[①] 有学者在其针对青少年犯罪的调查中也专门指出,街头和娱乐场所是青少年犯罪的高发地点。[②] 在我们于中国裁判文书网检索到的被判决犯强奸罪(违背妇女意志,针对已满 14 周岁的女性)、强制猥亵罪、猥亵儿童罪的 20 名青少年被告人中,有 7 名青少年实施性犯罪的地点与网吧、KTV、洗浴中心等娱乐场所相关。如作案时 21 岁的被告人唐某辉在绍兴市柯桥区"K 秀 KTV"110 包厢通过语言威胁、按压等手段对年仅 15 岁的被害人牛某实施了奸淫行为;作案时 23 岁的被告人刘某明在酒吧将被害人用 K 粉迷昏后伙同他人将其抬至酒店实施了强奸行为。[③] 青少年性犯罪的热点区域之二是被害人、被告人及其亲属朋友的住所,包括在住宅内、出租房和员工宿舍等地。在强奸、强制猥亵、猥亵儿童等性犯罪行为实施过程中,作案青少年偏向于选择在住宅、宿舍等较为封闭和隐私的地点实施犯罪。特别是在实施针对不满十四周岁幼女的奸淫行为以及对儿童的猥亵行为时,青少年更偏向于选择在受害人家中进行。有调查统计表明,发生在被害人家中的青少年犯罪类型 49.6% 是盗窃罪、21.5% 是抢劫罪、7.7% 是强奸罪,强奸罪是发生在被害人家中的第三大犯罪类型。[④] 在我们所检索到的青少年性犯罪案例中,绝大多数的针对幼女和儿童的性侵犯行为会发生在被害人及其亲友家中。如作案时 21 岁的被告人李某楠明知被害人丁某是不满十四周岁的学生而与其谈恋爱,在 2017 年 1 月至 2017 年 3 月 14

---

① 资料源于《从司法大数据看我国未成年人权益司法保护和未成年人犯罪特点及其预防》,载中国司法大数据研究院官网:http://www. court. gov. cn/zixun-xiangqing-99402. html,最后访问日期:2024 年 8 月 6 日。

② 郭开元:《青少年犯罪预防的理论与实务研究》,中国人民公安大学出版社 2014 年版,第 16 页。

③ 参见唐晓辉强奸案,绍兴市柯桥区人民法院(2019)浙 0603 刑初 151 号刑事判决书;参见刘顺明强奸案,河池市金城江区人民法院(2018)桂 1202 刑初 197 号刑事判决书。

④ 张宝义:《青少年犯罪行为与场所空间关系的研究——以天津市为例》,载《青少年犯罪问题》2008 年第 5 期。

日期间,其与丁某在丁某家中、自己家中先后有过 6 次性行为;作案时 19 岁的王某与正在上小学六年级的女生滚某谈恋爱,与滚某在其家中、其朋友叔叔家中发生 4 次性行为。① 此外,人迹罕至的旷野、空巷、校园等场所内的隐秘角落和小轿车等交通工具内也会成为青少年实施性犯罪的便利场所。② 此外,在强迫卖淫罪、引诱、介绍卖淫罪等一些青少年所实施的性犯罪中,一些价格经济的快捷旅店成为其犯罪的主要阵地。微信群等畅通的网络通信渠道也为青少年性犯罪提供便利,多个由青少年组成的卖淫团伙都利用网上沟通,通过线下约至经济快捷酒店的方式实施长期违法犯罪活动。

二、美国城市青少年性犯罪的时空分布

(一)美国城市青少年性犯罪的时间分布

美国的调查研究显示,青少年的大部分违法犯罪行为都出现在 7—8 月。因为炎热的夏季天气会通过各种不同的方式影响犯罪行为。在 7 月份和 8 月份,青少年们不用上学,因而拥有更多的机会实施犯罪。天气的变化可能直接影响人们的行为,随着气温上升,青少年会变得更为暴力、草率和鲁莽。相较于一般犯罪,性犯罪体现在季节分布上的规律更为明显。一位法国学者早在 19 世纪就对气候变化与性犯罪的关系进行过深入研究,发现每年从 4 月份开始,强奸犯罪的发案率出现上升,至 8 月份一直处于攀升阶段,从 9 月份开始则趋于下降,其中发案率最高的情况集中在 7—8 月份。③ 在日内时间的统计上,青少年性犯罪的案发量也不是呈平均分布状态的。一般而言,性犯罪的高发时段在前半夜,即晚 7 点至午夜零点之间。而美国的一项统计资料显示,青少年所实施的性犯罪时间大多较一般的性犯罪时间更晚,大致在晚上 24 点至凌晨 1 点之间。与一般年龄段实施的性犯罪相比,青少年所实施的性犯罪更加凸显隐蔽性、暴力性、突然性和匿名性

---

① 参见李某楠强奸案,宁夏回族自治区高级人民法院(2018)宁刑再 3 号刑事裁定书;参见王凯强奸案,贵州省黎平县人民法院(2017)黔 2631 刑初 113 号刑事判决书。

② 张宝义:《析暴力犯罪的空间特征及形成原因》,载《福建公安高等专科学校学报——社会公共安全研究》1999 年第 6 期。

③ 张远煌:《犯罪学原理》,法律出版社 2001 年版,第 186 页。

等特征。① 美国青少年司法网站的一项调查显示,在上学日,早上 8 点、中午 12 点和下午 4 点成为青少年实施性犯罪的高峰时间段,非上学日则为早上 8 点和中午 12 点。② 这与美国学生的作息时间有关,另有原因之一是白天的性犯罪会被更多报案。此外,美国青少年实施性犯罪还有一个非常显著的时间特征,即青少年性侵犯者行为的重复性和持续性。在对青少年性犯罪者(Juvenile sex offenders, JSOS)的调查研究中,学者们发现典型的 JSOS 临床样本往往显示出相对较高的持久性。如一名叫格鲁斯(Groth)的学者在 1977 年利用在法医精神卫生机构评估的 JSOS 的一小部分样本,发现 60% 的青少年性侵犯者有前科。20 世纪 80 年代的早期研究基于选择性的性惯犯样本得出结论:青少年易进行持续性侵犯。③ 然而,在实施性犯罪的频率上,青少年与成年人相比并不会在较短的时间内更为频繁地冒犯他人,也只有少数人会将性侵犯的行为延续到成年之后。有研究表明,犯罪人实施性犯罪的双峰年龄是 13 岁和 30 多岁。④ 也有研究表明,青少年性犯罪的案发高峰在 14 岁左右。这些青少年性犯罪在发生年龄、季节和日内时间上的特征为我们防范青少年性犯罪提供了研究思路。

(二)美国城市青少年性犯罪的空间分布

从青少年犯罪宏观空间分布上,由于不同的文化价值观、人口构成和经济差异,在美国一直是南部和西部的未成年人犯罪率比中西部和东北部要高。⑤ 就青少年性犯罪者而言,除了在一定程度上符合这种宏观规律之外,亦有一些存在于

---

① 林逢春:《就情境预防策略论青少年性犯罪预防之应对》,厦门大学 2009 届硕士学位论文,第 25 页。

② See OJJDP, "Arrests of Juveniles in 2018 Reached the Lowest Level in Nearly 4 Decades", Accessed August 6, 2021. www. ojjdp. gov/ojstatbb/crime/ucr _ trend. asp? table _ in = 1&selOffenses = 18&rdoGroups = 3&rdoDataType = 1.

③ See Lussier P. Sex Offending and Developmental Criminology: A Research Agenda for the Description, Explanation, and Prediction of Juvenile Sex Offending, *The development of criminal and antisocial behavior*, 2015, pp. 418 – 421.

④ See Letourneau E J, Miner M H. Juvenile sex offenders: A case against the legal and clinical status quo, *Sexual abuse: a journal of research and treatment*, 2005, 17(3), p. 301.

⑤ [美]拉里·J. 西格尔、布兰登·C. 韦尔什:《迷途的羔羊——青少年犯罪案例分析及心理预防》(第 12 版),丁树亭、李晓静译,电子工业出版社 2019 年版,第 49 页。

该种犯罪内部的空间特征。美国各大城市青少年参与卖淫的数量高达100万。其中,男性青少年往往充当街头皮条客的角色,他们常常出现在一些城市的地铁站、长途汽车站等地,进行招募女性并组织、控制女性卖淫的违法犯罪活动。① 随着网络科技的发展和智能手机等通信设备的普及,网络空间亦成为青少年实施性犯罪的主要阵地。一名19岁的男孩安东尼·斯坦塞(Anthony Stancy)在社交软件上假扮成两个女孩,然后加了很多的高中男孩为好友并和他们确定了恋爱关系。他说服了至少31个男孩向他发了自己的裸照或者视频。最终警方在他的电脑里发现了超过300张十几岁男孩的裸照,其被指控犯有引诱儿童罪、性骚扰儿童罪和非法持有儿童色情信息罪等罪名。②

根据性侵犯实施者和受害者的不同,性犯罪发生地点也有差别。当犯罪实施者为男性青少年时,其更偏向于在街头、学校等外部场合实施犯罪。当犯罪实施者为女性青少年时,其则更喜欢在家庭环境中实施侵犯行为。③ 另有一些研究者从青少年性犯罪所针对的不同受害者群体的分类对青少年性侵犯行为的场域空间进行调查。在以同龄人或者成年人为侵害对象的性侵犯案件中,青少年犯罪者多会选择在一些公共场所内实施犯罪。这一类性侵犯主要针对一些女性和陌生人。据统计,美国有15%的青少年性侵犯案件发生在学校。在以儿童为侵害对象的性侵犯案件中,受害群体主要为与青少年有兄弟姐妹等亲属关系的7—8岁的男性儿童,且性侵害行为多发生于受害儿童的家中。④ 在1993年的相关统计中,青少年所实施的包括强奸在内的性犯罪有超过六成发生在受害人自己的家中或者受害人的亲友及邻居家。⑤ 有美国学者在另一项统计调查中发现,在青少年

---

① 于阳、郝晓敏:《英美国家与我国青少年性犯罪的分析与比较》,载《预防青少年犯罪研究》2015年第6期。

② [美]拉里·J. 西格尔、布兰登·C. 韦尔什:《迷途的羔羊——青少年犯罪案例分析及心理预防》(第12版),丁树亭、李晓静译,电子工业出版社2019年版,第16页。

③ [美]拉里·J. 西格尔、布兰登·C. 韦尔什:《迷途的羔羊——青少年犯罪案例分析及心理预防》(第12版),丁树亭、李晓静译,电子工业出版社2019年版,第35页。

④ See Gerardin P, Thibaut F. Epidemiology and treatment of juvenile sexual offending, *Pediatric Drugs*, 2004,6(2),p. 81.

⑤ 李立丰:《美国青少年性犯罪若干重要理论问题简析》,载《青少年犯罪问题》2008年第4期。

针对同龄人或者成年人的性侵犯案件中,有 45.3% 发生在受害人住所,28.3% 发生在公园;在青少年针对儿童所实施的性侵案件中,有 63.9% 发生在受害人住所,13.1% 发生在犯罪人住所,只有不到 10% 发生在公园、街头等公共场所。① 这一统计结果与前述两则调查报告内容基本一致。

三、中美城市青少年性犯罪时空分布比较

中美两国城市青少年性犯罪均呈现出一定的时间和空间分布特征。这种时空特征与两国青少年所处的文化经济环境、触发其犯罪的根源以及实施犯罪时的心理状态有很大关联。总体上看,两国青少年的性犯罪案件发生模式有其共同的规律。

首先,在针对儿童、幼女等年龄较小的受害群体的性犯罪中,被害人及其亲友的住宅是青少年性侵犯者较多选择的犯罪空间。一方面,这与猥亵儿童、奸淫幼女这类犯罪中受害人本身的特点有关。未达到性同意年龄的儿童均处于学龄期和家长的监护之下,除在校上学时间,一般均会在自己家中或亲友住宅。他们因为年幼多数时间在监护人的照看下,难以单独出现在住宅以外的公园、隐蔽街道、娱乐封闭场所等公共区域。另一方面,青少年犯罪群体尚未具有成年人一般的周密计划能力,实施性犯罪多是被便利环境刺激,为了一时之快。当青少年犯罪者在亲友家中获得与幼龄儿童的单独相处机会时,其本来就有的好奇心和性需求就可能被激发,进而引发其对身边毫无反抗能力的弱小者实施性侵犯行为。另外,熟悉的住宅环境可以在一定程度上缓解青少年因做出性侵犯行为而产生的恐惧、紧张、害怕被发现等情绪,使其更为顺畅地完成犯罪。因此,青少年实施性犯罪时也就偏向于选择此类环境。

其次,深夜和凌晨时间是青少年性犯罪最容易发生的时间段。一方面,人类性行为的进行通常在夜晚发生。性犯罪作为一种以实施性行为为主要内容的犯罪,其犯罪的实施时间具有天然的属性。作案时间集中在凌晨和夜晚,也符合一

---

① See John A. Hunter, Robert R. Hazelwood, David Slesinger, Juvenile-Perpetrated Sex Crimes: Patterns of Offending and Predictors of Violence, *Journal of Family Violence*, 2000, 15(1), p. 86.

般群体实施该类犯罪的时间分布特点。另一方面,黑夜人迹罕至、万物俱寂,这种静谧的氛围和隐秘的环境特点为本就不够老练、不够成熟的青少年犯罪实施者实施犯罪提供了天然屏障,能够减少他们的心理压力,弥补其在心理素质和犯罪经验上的劣势,激发其更大的犯罪欲望。在组织、强迫卖淫等犯罪活动中,嫖娼者和观看淫秽色情直播的网民倾向于在深夜无人时寻找不法资源,这使得从事淫秽色情行业的人员在深夜和凌晨实施犯罪。

此外,在校青少年实施性犯罪的时空特点与其学校作息和校园环境关联紧密,无业青少年则更偏向于在一些娱乐场所和公共场所实施性犯罪,且敛财目的更强。根据我国司法部大数据研究院的调查结果,校园内的宿舍、厕所、操场等地成为校园暴力频繁发生的地点。① 特别是女性青少年实施的强制猥亵等校园暴力频繁发生于学校宿舍。在美国,大学校园也成了性侵犯罪频繁发生的地点。随着寄宿制学校在国内外的普及,越来越多的青少年会在较小的年纪离开家庭,在近十年的接受教育过程中处于学校环境。寄宿制学校一般采取封闭式的管理方式,即使是没有课程安排,在校学生也很难远离学校及其周围环境。至于一些脱离了学校管理的无业青少年,则很容易频繁出入酒吧、网吧、KTV 等娱乐场所,并卷入一些大型卖淫团伙充当打手、皮条客等从犯的角色。这些娱乐场所本来就鱼龙混杂、人流量大、管理松散而违法犯罪活动频发。奢靡的生活和轻松的氛围吸引了大批无业青年的光顾,昏暗嘈杂的环境为青少年实施各类犯罪行为提供了屏障。年龄偏小、没有社会经验和防范能力的单身女性在深夜光顾酒吧、舞厅等场所很容易成为不良青少年的犯罪目标,酒吧等地作为监控盲点也很容易成为犯罪者选择的作案地点。

第三节　中美城市青少年性犯罪的原因剖析

通过阅读并检索中美两国有关青少年性犯罪的研究报告和论著,可以发现学

---

① 资料源于《司法大数据专题报告之校园暴力》,载中国司法大数据研究院官网:http://www. court. gov. cn/zixun-xiangqing-99402. html,最后访问日期:2024 年 8 月 6 日。

者们均注重从多角度、多方面对青少年实施性犯罪的原因进行揭示和分析。相关研究从青少年自身的生理和心理特征、家庭和学校教育、社会文化环境等内容入手,阐述了青少年实施性犯罪及其犯罪变动趋势的深层原因。在本部分,我们将结合上文对青少年性犯罪时空分布特点进行论述,对中美两国青少年性犯罪的原因进行梳理分析,为青少年性犯罪防范对策的制定与完善提供理论和实践基础。

一、青少年生理的提前成熟

青少年生理上的提前成熟是其频繁参与性犯罪的基础。通过查阅中美两国青少年相关资料,发现在近几十年两国青少年均出现了不同程度的性成熟年龄提前的现象。据调查研究,我国青少年性成熟的年龄普遍提前,近五十年间男女青少年性成熟的年龄提前了两岁。有关资料表明,我国少女月经初潮的平均年龄为13.38岁,男孩初次遗精的平均年龄为14.43岁。[①] 美国有资料表明,当下青少年女孩平均在12.5岁达到青春期,比150年前的性成熟年龄16岁提前了3到4岁。[②] 各国青少年普遍出现的生长发育速度加快和性成熟年龄提前的现象与现如今人们生活水平的提高有很大关联。一些父母急于给子女最好的营养补给却缺乏科学的养育知识,使得子女得到过度进补后出现营养过剩、生长发育提前等现象。一些餐饮行业广泛使用含有激素的食材,干扰了儿童正常的生长发育节奏。

与青少年生理成熟年龄提前相对应的是其心理发育的相对迟缓。作为尚未完全长大成人的青少年群体,普遍具有自我控制力弱、分析和判断能力低下、意志薄弱、感情易变和偏执冲动等心理特点。[③] 年龄的增长使他们对金钱和性渐渐产生了欲望,但见识和能力的欠缺又使他们中的一些人不能将自然的欲望和好奇通过正确的渠道进行排解。渴望金钱和独立的他们很容易卷入组织、强迫卖淫的团

---

① 孙雪芸、刘旭刚、徐杏元:《青少年性犯罪的原因及矫治对策》,载《中国性科学》2010年第7期。

② [美]拉里·J.西格尔、布兰登·C.韦尔什:《迷途的羔羊——青少年犯罪案例分析及心理预防》(第12版),丁树亭、李晓静译,电子工业出版社2019年版,第4页。

③ 陈柯龙:《青少年性犯罪的基本成因及预防对策》,载《吉林省经济管理干部学院学报》2016年第4期。

伙,对性知识的匮乏也使他们在黑暗中将欲望的魔爪伸向更为弱小的群体。性知识的匮乏是我国青少年性犯罪中普遍存在的一个问题。相较于美国较为开放的性观念和成熟的性教育课程体系,我国对儿童乃至青少年群体的性知识普及都是远远不够的。大多数中小学的性教育课程要么流于形式,要么所教授内容根本没有实践意义。据调查,多数在校中小学生并不反对性行为且多数认为过早的性行为不会给他们的身体造成不可康复的伤害。① 一些青少年甚至无法认识到自己的性权利遭到侵害或者自己的行为是一种性犯罪。

二、青少年受不良文化环境影响

充斥着不良信息的文化环境是引发青少年性犯罪的第二大原因。随着科技的迅速发展,网络成了青少年接触不良信息的主要渠道。有关调查显示,在所有接受调查的普通未成年人中,有21.4%在网上看过裸体图片,有20.2%看过性行为视频;在所有接受调查的未成年犯中,有32.4%看过裸体图片,有26.4%看过性行为视频。在对未成年接触网络色情信息的年龄阶段调查中,普通未成年人在小学阶段接触网络色情信息的占43.6%,初中阶段接触的占46.3%,未成年犯在小学阶段接触网络色情信息的占48.4%,初中阶段接触的占47.6%。② 以上调查数据主要反映了两个问题:一是总体上看,我国未成年人接触网络不良信息的比重大,且普遍首次接触年龄偏小;二是相比于普通未成年,未成年犯更容易浏览不良视频和图片且首次接触年龄段更早。与我国相比,美国青少年在18岁之前坐在电视机前的时间会比在教室的时间更长。他们每年会在电视上看到多达上千起强奸、谋杀和侵害事件,也会接触很多含有性元素和性暗示的歌曲和电影。③ 这些不良的影片和媒体内容,无疑给身心尚未发育成熟的青少年带来不良行为的诱导和示范。

---

① 袁翠清:《我国中小学生在校性行为法律问题研究——以美国相关立法为对比》,载《预防青少年犯罪研究》2017年第3期。

② 李守良:《论网络色情信息对未成年人的危害和治理对策》,载《预防青少年犯罪研究》2017年第4期。

③ 〔美〕拉里·J. 西格尔、布兰登·C. 韦尔什:《迷途的羔羊——青少年犯罪案例分析及心理预防》(第12版),丁树亭、李晓静译,电子工业出版社2019年版,第6页。

三、青少年早期生活经历和当下生活状态的影响

青少年的早期生活经历和现下生活状态也会对其行为模式产生重要影响。在美国一项以 182 个男性青少年性侵犯者为样本的调查中,研究者考察了青少年性侵犯者实施犯罪的心理根源。他们发现,青少年早期接触到的针对女性的暴力行为和以男性为榜样的反社会行为,容易促使其实施性犯罪。① 在虐待家庭和社区环境中长大的青少年具有很强的实施性犯罪的风险。另一项统计显示,青少年性侵犯者中有 36.9% 曾遭受性虐待,42.2% 曾遭受物理虐待,48.1% 曾遭受精神虐待和忽视。② 有学者比较了 67 名女孩性侵犯者和 70 名男孩性侵犯者,发现二者的童年经历类似且女孩有着更为严重的受害史。早期接触暴力、遭受虐待是美国青少年性侵犯者通常的经历。③ 而在计划生育的政策之下,我国青少年童年遭遇虐待和暴力的经历相比美国要少一些,但家庭结构的不稳定、家庭内部的关爱缺乏和忽视冷漠同样会给青少年时期的违法犯罪行为埋下根源。此外,随着近几十年我国经济结构的巨大变化,城乡人口的流动性大大增强。城市中很多外来务工人员的子女由于缺乏完善的升学体系和财政补助,常常面临辍学、无业和单身的窘境。根据国内一份针对 1807 个未成年犯罪人的实证研究报告,未成年犯在犯罪前的生活状态多是贫穷、辍学和缺乏正常的社会联系纽带。④ 有数据显示,我国 2009 年 24 岁以下结婚的人数已经下降到 37%,被一些专家评述为进入了"单身潮"。⑤

---

① See Hunter J A, Figueredo A J, Malamuth N M, et al. , Developmental pathways in youth sexual aggression and delinquency: Risk factors and mediators, *Journal of Family Violence*, 2004, 19(4), pp. 233 – 234.

② See Boonmann C, Grisso T, Guy L S, et al. , Childhood traumatic experiences and mental health problems in sexually offending and non-sexually offending juveniles, *Child and adolescent psychiatry and mental health*, 2016, 10(1), p. 45.

③ See Gerardin P, Thibaut F. Epidemiology and treatment of juvenile sexual offending, *Pediatric Drugs*, 2004, 6(2), p. 82.

④ 李福芹、孙玉波、饶恩明:《未成年犯罪人实证研究——以广东省未成年犯管教所 1807 份调查报告为样本》,载《预防青少年犯罪研究》2017 年第 2 期。

⑤ 侯林:《当前青少年性犯罪变动趋势及其社会影响因素分析》,载《兰州教学学院学报》2012 年第 6 期。

第四节　中美城市青少年性犯罪
防范对策的比较与借鉴

一、美国城市青少年性犯罪的防范对策

美国关于青少年犯罪的预防理论由来已久。美国犯罪学家沃尔特·雷克托斯(Walter Reckless)在1961年提出的遏制理论,特拉维斯·赫希(Travis Hirschi)在1969年提出了社会控制理论。[①]在这些理论的指引下,美国进行了一系列预防和治理青少年犯罪干预措施的尝试。在防范青少年性犯罪这个问题上,很多政策措施和治疗方案行之有效,也取得了显著的治理效果。主要包括:

(一)制定"以家庭为基础"的具体防范对策

家庭是青少年成长中接触到的第一个环境。正如上文所述,青少年早期的受害遭遇和长大后惨淡的生活状态是其在青少年阶段实施性侵、性虐待等犯罪行为的重要影响因素。美国在预防青少年性犯罪上十分重视与青少年家庭的合作。如在一份针对青少年性侵犯者治疗措施的研究报告中,研究者介绍了一种基于家庭的心理动力学治疗方法,即在对问题青少年的治疗和预防再犯中,重视对家庭动力的评估,对父母进行一定的教育,进而从外部控制孩子的行为。家庭治疗的目标是促进积极的养育行为,并使得一些已经犯罪的青少年重新融入家庭,控制其持续的变态行为。[②]从社会生态学的角度,家庭也是预防青少年犯罪非常关键的一环,一些项目为父母提供了管理家庭冲突、养育子女和处理儿童具体行为问

---

①　社会控制理论涵摄四个关键概念,具体包括:(1)依恋,指个人对他人或群体的感情联系;(2)奉献,指将时间、精力和努力用于传统的活动内容上;(3)卷入,指花费时间和精力参加传统的活动;(4)信念,指对共同的价值体系和道德观念的赞同、承认和相信。郭开元:《青少年犯罪预防的理论与实务研究》,中国人民公安大学出版社2014年版,第32−33页。

②　See Gerardin P, Thibaut F. Epidemiology and treatment of juvenile sexual offending, *Pediatric Drugs*, 2004,6(2),p.82.

题的指导和培训课程。[①] 美国目前有多个基于家庭的青少年犯罪治疗模型,如功能性家庭治疗(FFT)、多系统治疗(MST)、多维家庭治疗(MDFT)、俄勒冈州治疗寄养(TFCO,原为多维治疗寄养)。治理实践表明,将一些有心理问题或者行为不端的孩子放入寄宿或半寄宿的照顾中心,能在一定程度上缓解原生家庭对他们产生的不良影响。研究表明,重视与青少年家庭的合作,为问题青少年增加来自家庭的温暖和支持,能够改变其消极的同龄关系,促进其社会能力,从而达到预防青少年心理变态和降低其实施性犯罪的风险。[②]

(二)充分发挥学校的教育管理功能

校园性侵一直是美国高校一类比较严重的问题,为防止在校学生实施犯罪或者成为犯罪受害者,校方对性犯罪防范对策的探索由来已久。当前,美国绝大多数高校针对校园性侵问题已经在程序上和实体上建立起校内裁判处置机制。这里以加州大学为例,其采取的措施主要包括:第一,专岗专员专职化。在纵向层面,加州大学从学校层面到各个校区设置了性侵处置专职人员和性骚扰防治办公室,负责对案件的调查和处理以及对受害者的心理疏导和安全保护;在横向层面,各校区还设立了一个独立、保密的倡导办公室,关注性侵、约会暴力、家庭暴力和骚扰等问题。第二,校内激进式立法,目的是让校内每一个成员深刻意识到,违反校规的一切性暴力、性骚扰都会被快速、有效地应对和处理。第三,人性化惩戒措施。包括对性侵犯学生采取开除、休学、禁止进入校园或者校园公共区域、剥夺荣誉、禁止参与学校活动、赔偿、惩戒警告等处罚措施。对于嫌疑较大或者多次被举报但尚未有明确证据认定的嫌疑人,实施禁止接触令等保护和预防措施。第四,犯罪统计和预防宣传。建立校园犯罪日志、校园性侵案件统计与校园预警制度,通过宣传栏向学生普及报案和收集证据的方式。[③] 校园裁判及时有效地警示了

---

① See Scholte E M. Prevention and treatment of juvenile problem behavior: A proposal for a socio-ecological approach, *Journal of abnormal child psychology*, 1992, 20(3), p. 258.

② See Hunter J A, Figueredo A J, Malamuth N M, et al., Developmental pathways in youth sexual aggression and delinquency: Risk factors and mediators, *Journal of Family Violence*, 2004, 19(4), p. 240.

③ 胡裕岭:《美国高校性侵防治校园裁判立法的经验与启示》,载《青少年犯罪问题》2020 年第 1 期。

性侵作案者并保护了性侵受害者,为遏制校园内性侵犯案件的发生做出了卓有成效的努力,然而其非正式的准司法程序也在一定程度上造成了处罚不公平和放纵犯罪。除了校园裁判,美国一些学校也会定期针对精神失常和心理不健康的孩子进行个性化教学,学校会成立一些爱好俱乐部,通过让不同爱好的孩子在课余时间加入俱乐部增强自尊和自我决心,排解内心的焦虑和冲动。① 此外,在美国有一项被称为"放学之后计划"(After School Programs, ASP)的项目通过为青少年提供学业援助、毒品暴力预防、技术课程、娱乐课程和品格培训等内容使公立学校作为社区教育中心被运营。如上文所述,青少年性犯罪一直集中在寒暑假、周末等非上课时间,而 ASP 的开展则占用青少年的课余时间,为他们提供了一个获取信息和增进交流的机会,从而有效减少了青少年课下接触不良信息、从事不良行为的机会。1999 年,联邦政府拨款 2 亿美元给 21 世纪社区学习中心的发展所,2000年之后,此援助数额上升至每年 10 亿美元。统计显示,单就 2000 年一年,美国教育部就资助了 1400 多个社区、6800 多所学校,使它们成了青少年的社区学习中心。②

(三)推行"药物治疗和生理干预"方案

根据调查显示,青少年性犯罪与早期虐待经历、药物滥用、家庭功能欠缺有较大关联,多数青少年性犯罪者都经历着长期的心理创伤和性错态等精神疾病。在此基础上,美国十分重视对青少年性侵犯者的门诊治疗。1975 年美国有一个针对青少年性犯罪者的专门治疗项目,到 1994 年已经有 600 多个。③ 位于华盛顿特区的儿童医院医疗中心儿童保护司每年为大约 900 名儿童性虐待者提供服务。据估计,其中有近一半儿童受到过青少年的虐待。针对该中心在处理儿童受害者方面的工作中发现的青少年性侵犯率高的实际情况,医院多学科部于 1980 年设

①　See Scholte E M. Prevention and treatment of juvenile problem behavior: A proposal for a socio-ecological approach, *Journal of abnormal child psychology*, 1992, 20(3), p. 259.

②　See Gottfredson D C, Gerstenblith S A, Soulé D A, et al., Do after school programs reduce delinquency?, *Prevention science*, 2004, 5(4), pp. 253 – 263.

③　See Gerardin P, Thibaut F. Epidemiology and treatment of juvenile sexual offending, *Pediatric Drugs*, 2004, 6(2), p. 84.

立了"青少年虐待者治疗计划"（JATP）。截至目前，该计划已经发展成一个综合性的、儿科的、以医院为基础的门诊项目，主要为11—18岁的黑人青少年性侵犯者提供评估和长期的治疗。该项目由公共辩护律师、少年服务人员、公共和私人心理健康顾问、普通法律人员和有关家庭成员组成，采用区分原因、覆盖过去和现在的评估方式，为青少年确定适当的干预措施。JATP采取双重治疗方法，使每个被治疗者都接受一次单独的治疗过程以及结构性团体心理教育，目的是使青少年了解其性侵犯行为对受害者的影响、对其性侵犯行为承担责任、直面自己遭受虐待和忽视的经历并提高自身适应社会的情绪、心理和行为。[①] 青少年性犯罪治疗的重要目标是防止再犯，如帮助病人控制他们的变态行为，教导冲动控制，增加适当的社会交往，纠正对正常性行为的扭曲信念。配合家庭干预和认知行为治疗，对青少年性犯罪者采取一定的生物治疗就很有必要。研究表明，抗抑郁药对青少年性犯罪者有所帮助，能改善其恋物癖和性亢奋，有效减少其幻想性欲。此外，运用孕酮等抗雄激素能够控制成年人不正常的性欲，对青少年同样有所帮助。但不得不承认的是，无论是在欧洲还是美国，目前尚没有合法的药物用于治疗青少年性侵犯者，因此还有必要进行进一步的药理学研究以及更长时间的随访研究。[②]

（四）在司法层面制定具体的防范对策

美国在20世纪70年代对青少年犯罪采取相对宽松的刑事政策，减少和控制监禁刑的适用，在刑事执行上采取如上所述的"医疗模式"。但是随着社会秩序的恶化，美国的刑事政策开始有所调整和变化。1984年《综合犯罪控制法》的通过，标志着美国开始采取三层次的预防犯罪模式。第一层次是对各种孕育犯罪的环境和机会加以改善和控制，包括邻里照看、社区巡逻、公众教育和被害预防；第二层次是鉴别潜在的犯罪人和犯罪高发区域并进行社区、学校、家庭等早期预防；第三层次是预防已经犯罪的青少年再犯罪，包括行为矫治、心理矫治和剥夺再犯

[①] See Bethea-Jackson G, Brissett-Chapman S. The juvenile sexual offender: Challenges to assessment for outpatient intervention, *Child and Adolescent Social Work Journal*, 1989, 6(2), pp. 128 – 129.

[②] See Gerardin P, Thibaut F. Epidemiology and treatment of juvenile sexual offending, *Pediatric Drugs*, 2004, 6(2), pp. 85 – 89.

罪能力。① 在立法上,美国纽约州依据犯罪人和受害人的年龄及其他犯罪情节对刑法中的强奸罪进行了等级划分。若 11 岁以下的女孩被奸淫,则不考虑其他情节,犯罪人一律构成一级强奸罪,一级强奸罪处罚最重;若 14 岁以下女孩被奸淫,且行为人为 18 岁以上男子,则构成二级强奸罪;若被害女孩为 17 岁以上且行为人 21 岁以上则为三级强奸。美国的《儿童互联网保护法》要求涉及性的网站对使用者进行年龄审查,其采取政府补贴的方式促使公共图书馆等单位使用某种技术手段保证未成年人在上网时检索不到色情信息。② 在过去的几十年,美国倾向于对未成年性侵犯者采取更为严厉的法律制裁。例如,更长的刑期,延长性犯罪者社区登记和民事承诺程序,将青少年设为成年性惯犯进行干预等。③ 美国的《性罪犯登记和通知法案》(SORNA)要求未成年性罪犯登记。据美国司法部报告,截至 2013 年 1 月,已经有 16 个州、3 个地区和 36 个部落在实质上实施了该项法案。这一举措对于预防青少年性犯罪者再犯罪、减少青少年性犯罪起到显著效果。④

二、中美城市青少年性犯罪防范对策比较

我国为预防青少年性犯罪制定了一系列立法、司法和教育上的政策。在立法上,《刑法》第二百三十六条规定奸淫不满 14 周岁幼女的构成强奸罪;对儿童实施猥亵行为的,按照猥亵儿童的相关罪名从重处罚。《预防未成年人犯罪法》第十六条规定,中小学生的监护人、寄宿学校发现中小学生有夜不归宿情况的,要及时查找或向有关机关说明情况;中小学生在受监护的情况下,不得脱离父母独自在外居住。根据上述调查结果,在我国青少年所实施的强奸罪中,有很大部分的青少年犯罪者与不满 14 周岁的幼女保持恋人关系进而在网吧、酒吧、快捷酒店等地

① 郭开元:《青少年犯罪预防的理论与实务研究》,中国人民公安大学出版社 2014 年版,第 50 页。

② 袁翠清:《我国中小学生在校性行为法律问题研究——以美国相关立法为对比》,载《预防青少年犯罪研究》2017 年第 3 期。

③ See Letourneau E J, Miner M H. Juvenile sex offenders: A case against the legal and clinical status quo, *Sexual abuse: a journal of research and treatment*, 2005, 17(3), p. 293.

④ See Malin H M, Saleh F M, Grudzinskas A J. Recent research related to juvenile sex offending: findings and directions for further research, *Current psychiatry reports*, 2014, 16(4), p. 5.

对其实施奸淫行为。《刑法》取消嫖宿幼女罪,将与不满 14 周岁的幼女发生性行为一律定义为强奸罪,以及《预防未成年人犯罪法》中禁止中小学生夜不归宿的规定,在一定程度上起到了威慑青少年性犯罪实施者、减少中小学生成为性犯罪案件受害人的效果。在司法实践中,我国也在努力推进少年审判指导改革、加强少年法庭工作。目前,全国四级法院已建立起少年审判专门机构或者专人审理机制,共设立少年法庭 2253 个。21 世纪以来,我国预防未成年人犯罪工作机制不断完善,2017 年 4 月 13 日,我国《中长期青年发展规划(2016—2025 年)》发布,为青年发展和青少年犯罪预防明确了指导思想、根本遵循和总体目标,提出了一系列具体要求和关键措施。① 在学校教育层面,《中小学健康教育指导纲要》将性教育纳入健康教育,《中国儿童发展纲要(2011—2020 年)》将性与生殖健康纳入义务教育课程体系,从制度层面将性教育纳入青少年成长发育过程中的必修课。② 这在一定程度上向青少年普及了性常识,减少其出于好奇心而尝试不恰当性行为的可能。

尽管如此,我国在预防青少年性犯罪上所做出的努力还是远远不够的。相较于美国长期以来较为完善的预防青少年性犯罪体系,我国目前的防范对策存在一些问题。主要包括:第一,很多的政策性措施流于表面,在实践中并未真正得到执行。例如,《中国儿童发展纲要(2011—2020 年)》已经将性与生殖健康纳入义务教育课程体系,但在实际的教学活动中,各个大学、中小学没有配备相应的专业课程教师,在全国范围内,也没有一套编订科学、统一应用的教材。青少年面对日益激烈的升学和就业压力,不得不将全部的重心放在升学考试科目上,在学校、教师之间也盛行着唯成绩论、唯升学率论的倾向。第二,与引发青少年性犯罪息息相关的家庭、学校、文化环境以及青少年实施性犯罪的常见场所、时间等并未被妥当

---

① 资料源于《从司法大数据看我国未成年人权益司法保护和未成年人犯罪特点及其预防》,载中国司法大数据研究院官网:http://www.court.gov.cn/zixun-xiangqing-99402.html,最后访问日期:2024 年 8 月 6 日。

② 袁翠清:《我国中小学生在校性行为法律问题研究——以美国相关立法为对比》,载《预防青少年犯罪研究》2017 年第 3 期。

地纳入预防青少年性犯罪体系之中。应当指出,我国目前的青少年性犯罪防范体系还是较为初级和表面化的。由上述论述可知,青少年性犯罪与家庭、学校的培养模式相联系,受一定文化环境刺激,同时在空间、时间上呈现出一定的规律性。而我国目前的防范措施没有充分结合诱发青少年性犯罪的各类因素,没有触及到青少年性犯罪心理的本质问题。特别是在防范青少年性犯罪者再犯罪的问题上,我国欠缺结合医学临床研究和医疗干预措施,缺乏从药理学角度对青少年性偏差心理进行纠正的思路。

三、我国城市青少年性犯罪的防范进路与防治对策

通过对中美城市青少年性犯罪时空分布规律分析和防范对策比较,本部分在充分借鉴美国预防青少年性犯罪的防治策略的基础上,提出对我国预防青少年性犯罪防范对策的一些启示与借鉴。具体包括以下五个方面:

(一)发挥家庭在预防青少年性犯罪中的主导功能

家庭是青少年成长的第一座港湾。长久以来的经验和调研结果表明,良好的家庭氛围对一个人的成长成才至关重要,最能潜移默化地影响个人价值观形成和行为模式养成。多数青少年性犯罪者都没有成长在一个稳定的家庭环境中,且成年后多经历着贫穷、无业和流浪。预防青少年性犯罪,改善家庭功能结构是关键的一步。首先,要发挥家庭的教育功能,通过开展亲职教育提高父母教育子女的能力和技巧。在中国,任何职业都需要经过严格的培训和考取资格证,唯独为人父母却缺乏事先必要的训练和培养。在美国很多预防青少年犯罪的项目中,均开设了对问题父母的培训课程,这些项目邀请了专业的教育人士和社区工作者,对不良少年所处的家庭进行引导和纠偏,以提高父母教育技巧、促进家庭互动和提升家庭安全。[①] 从预防青少年性犯罪的角度,家长也应该摒弃传统的"谈性色变"观念,科学地向孩子讲述必要的性知识,及时与孩子沟通青春期的烦恼,鼓励青少年受到性侵犯时及时告发和求救,以减少青少年继续受害和出于对性的懵懂与好

---

① ［美］拉里·J. 西格尔、布兰登·C. 韦尔什:《迷途的羔羊——青少年犯罪案例分析及心理预防》(第12版),丁树亭、李晓静译,电子工业出版社2019年版,第159页。

奇而做出不恰当的性行为甚至触及法律底线。第二,落实家庭的监管职责,对不称职父母采取必要的警示或惩罚措施。尽管《预防未成年人犯罪法》中已经有禁止未成年人夜不归宿、脱离监护单独居住的规定。但我们在中国裁判文书网所检索到的青少年性犯罪案例中,一些青少年性犯罪实施者确是在单独居住或者夜不归宿期间实施犯罪的,多数受害的未成年少女也因为长时间脱离父母监控而遭遇不测。这些案例使我们意识到,父母对未成年人的监护职责在一些时候并未落到实处。对不称职并造成严重后果的父母进行必要的居住社区公示、工作单位警示和行政处罚,能进一步敦促家长落实监护职责。在今后,必要时可以仿照美国的寄养家庭项目,将青少年从极端恶劣的家庭环境中转移出来进行犯罪预防和矫治。

(二)学校教育职能和引导功能并重,不断促进青少年健康成长

我国当前的学校运作模式都是以提升学生课业成绩为主要内容,面对中小学巨大的升学压力,学生的生活习惯培养和心理健康维护往往被教育系统忽视。虽然《中小学健康教育指导纲要》和《中国儿童发展纲要(2011—2020 年)》已经将性教育和心理健康纳入学校教育的课程内容之中,但性教育普及在我国迟迟无法推行。主要原因包括以下两个层面:一是配套的专业教师数量严重不足。尤其是在一些县城中小学中,担任这些课程的老师往往是没有经过系统培训和缺乏必备专业知识的行政人员,学生根本不能从此类课程中获得多少有用的信息。二是学校过分关注升学率和开展应试教育,对这些课程重视不够,即使安排很少的课时也会被主要科目教师占用。为预防青少年不良性行为和性犯罪,学校势必需要扭转这种观念和局面,给予正在成长发育、对性行为充满好奇的青少年科学的性知识和心理健康辅导。对产生不端行为迹象的学生,依据其实施不良性行为的动机不同,分别制定不同的预防措施。例如,对情感型动机者进行断裂思维的填补,对冲动型动机者强化自我控制能力,帮助好胜型动机者释放挫折带来的痛苦。[1] 上

---

① 闫艳、李鹏:《青少年性犯罪的动机类型与针对性预防措施框架》,载《湖南公安高等专科学校学报》2009 年第 5 期。

文中多次提及的美国公立学校开展的"放学之后计划"(After school programs, ASP)对我国相关工作具有借鉴意义。该项目通过设立一系列的技能和爱好课程,将学校和社区联系到一起,使公立学校成了社区学习中心以供青少年们课余时间的交流和沟通。在我国一些寄宿制中小学,也可以开展类似的项目,将在平时教学活动中存在不良行为以及有恶劣同伴关系的学生定期集中在一起,聘请专门的老师进行指导,学习一门主课程之外的手艺和技能,同时增加其融入同龄集体的机会,减少其游手好闲、为非作歹的可能。

(三)进一步加强对青少年性犯罪频发地的监控

青少年性犯罪是一类空间分布极具特点的犯罪,特别是在未成年所实施的性犯罪中,网吧、酒吧、KTV 包房等相对封闭的娱乐场所是其实施犯罪的便利地点。在多起青少年奸淫不满 14 周岁幼女的案件中,行为人和被害人发生性关系的场所往往是一些网吧和 KTV 的包房以及小旅馆。根据我国《未成年人保护法》第三十六条第二款的规定:"营业性歌舞娱乐场所、互联网上网服务营业场所等不适宜未成年人活动的场所,不得允许未成年人进入。"多数正规酒店要求未成年人入住时必须有监护人陪同,但实践中频繁发生的未成年人在该类场合受到侵犯、青少年在该类场合实施性犯罪的案件却反映出这些规定尚未落到实处。由此可见,我国对于未成年人进出娱乐场所、入住酒店的管理有待进一步提升。对此,我们认为,应从以下两个方面出发:第一,落实现有的《互联网上网服务营业场所管理条例》①、《未成年人保护法》相关规定,禁止一定年龄以下的未成年人进入网吧、营业性歌舞厅等娱乐场所。解决现有相关法律法规存在冲突的问题,使处罚违规行业经营者有法可依。② 第二,出台未成年人入住酒店的实名登记制度及对随同人员关系强制审查的相关法规。随着《关于建立侵害未成年人案件强制报告制度的

---

① 《互联网上网服务营业场所管理条例》(2019 年修订)第二十一条:互联网上网服务营业场所经营单位不得接纳未成年人进入营业场所。互联网上网服务营业场所经营单位应当在营业场所入口处的显著位置悬挂未成年人禁入标志。

② 原《营业性歌舞娱乐场所管理办法》第十五条第(三)项:不得接待 18 岁以下未成年人,该法规已被《文化部关于废止部分规章和规范性文件的决定(2011)》废止,使《未成年人保护法》的相关规定无法落到实处。

意见(试行)》的出台,各省区市对未成年人入住旅店的登记管理予以重视,一些正规旅店不允许未成年人单独登记入住酒店。但我们通过对各省区市《旅馆业治安管理实施细则》的检索发现,明确对未成年人入住程序进行规定的几乎没有,这使得一些中小型旅店为了揽客盈利不对入住者身份审核的现象时有发生,造成了未成年人"开房"的监管漏洞。对此,有地方检察机关提出了强化旅馆酒店接待未成年人住宿报告义务的建议。① 我们认为,这一建议将有助于防范青少年实施性犯罪。

(四)加强对重点文化市场监管,抵制不良信息向青少年群体渗透

随着网络科技的发展和智能手机的普及,新一代青少年获取信息的渠道和速度已是今非昔比。与美国青少年面临的情况相似,无论是在电影、电视剧等影视领域还是歌曲、网络游戏等娱乐环节,暴力、血腥、色情等不良信息常常直击青少年稚嫩的内心。但性作为人类社会生活不可避免的话题,在一些艺术创作中的存在是很有必要的。当前我国广电总局一刀切的审核模式不利于影视行业的正常发展,也无法抵挡淫秽色情等不良信息向整个社会群体的渗透。我们认为,我国有必要实行电影、电视剧等影视作品分级制度以及网络分级和年龄审核体系,针对不同年龄层次的群体输出符合其心理状况的文化内容。在我国现阶段,实施网络分级尚存在理论和技术上的困难,但这一新型的网络管理模式能有效监控和遏制网络色情,因而具有迫切性、现实性和可行性需要。②

(五)筛选具有青少年性犯罪倾向者,制定医学干预措施

如上文所述,美国在采取生物措施治疗青少年性犯罪者的变态心理和不当性欲上的研究持续至今,虽然尚没有合法的药物专门用于对青少年性侵犯者的治疗,但在一些项目中,有关专家已经利用某些药物和激素完成了对心理变态青少年性错乱行为的控制。应该认识到,青少年所实施的不当性行为和性犯罪行为有

---

① 资料源于《旅馆民宿违规办理未成年人入住,监管漏洞如何堵》,载中国江苏网:https://baijiahao.baidu.com/s? id=1676429366314720159&wfr=spider&for=pc,访问日期:2024 年 8 月 6 日。

② 李守良:《论网络色情信息对未成年人的危害和治理对策》,载《预防青少年犯罪研究》2017 年第 4 期。

其生物学和病理学基础,从医学角度配合学校、司法部门等对未成年性犯罪者的管理和惩治很有必要。鉴于我国目前在这方面研究的不足,在现阶段,我们建议在各个大中型城市的公立医院中设置青少年心理矫治专门科室,这类科室可以发挥两个功能:一是对被学校心理咨询老师列为危险对象、无能力进行矫治的青少年进行心理状态的评估,必要时予以抗抑郁、抗焦虑药物治疗;二是对有关司法部门中一些已经实施过性犯罪的青少年进行定期的心理辅导和配套药物治疗,防止其刑满释放后继续出现该类犯罪行为。就现阶段而言,我国在对青少年性犯罪者及尚未触犯刑法的危险青少年进行专业治疗和矫治方面相对滞后,今后有很长的路要走,因而有向包括美国在内的世界范围内的先进国家(或地区)进一步学习其性犯罪防治举措的必要。

结　语

在中美城市青少年实施的各种类型的犯罪中,性犯罪一直是比较突出的重要问题。本章通过对中美城市青少年实施性犯罪的现状进行分析,发现中美两国青少年性犯罪案件数量均在早期一段时间持续走高,且在近期保持基本稳定的态势。近年来,两国的青少年性犯罪经历了低龄化、团伙性和手段复合化、残忍化的发展趋势,青少年性犯罪者也越来越倾向于对低年龄段的,以及与他们存在亲戚、邻居或者同学等密切关系的人实施犯罪。性犯罪作为一种以满足犯罪者性冲动或进行性行为为主要内容的特殊犯罪类型,在犯罪的实施空间和时间上均具有其特点和规律。城市青少年犯罪者因其群体的特殊性,在实施性犯罪的时空选择上的特点更为显著。总体而言,深夜和凌晨是中美两国城市青少年性犯罪高发的时间段。在空间分布上,中美两国城市青少年均倾向于在被害人及其亲友家中对儿童、不满14周岁的幼女等群体实施奸淫、虐待和猥亵等侵犯行为。我国城市青少年实施性犯罪偏好选择酒吧、网吧、KTV 和快捷酒店等场所。在校青少年实施性犯罪的时空特点与其学校作息和校园环境关联紧密,无业青少年则更偏向于在一些人迹罕至的公共场所实施性犯罪且敛财目的更强。身心尚未完全发展成熟、没有正式踏入社会的青少年频繁参与和实施性犯罪,与其生理在内外因刺激下的过早成熟、不良文化环境的诱惑和刺激以及早期童年经历和现在生活状态有关。结合青少年性犯罪的时空分布特点和犯罪深层原因，制定契合犯罪群体特征和具体国情的行之有效的犯罪防范对策，是我国当前乃至今后一段时期内治理青少年性犯罪的重中之重。

相比之下，美国在预防和治理青少年犯罪问题上提出的遏制理论和社会控制理论值得我们深入研究和学习借鉴。美国在干预和防范青少年性犯罪中所采取的家庭治疗项目、学校课外活动、社区活动中心和生物药理学研发等措施有其可取之处，应当结合我国国情加以借鉴和适用。总体而言，治理和防范青少年性犯罪需要国家法律、社会扶持、家庭教育、学校管理和医学治疗的共同配合。在信息化的时代，青少年群体面临铺天盖地的良莠不齐的信息，很容易在成长发育的关键时期走入迷途，也可能因为无知和幼稚做出既伤害他人也令自己悔恨终身的事。概言之，如何避免青少年受到不良文化信息的腐蚀，如何引导青少年直面心理和性格的阴暗面，如何通过科学的治疗方式和温暖的环境支持让出现不良行为的青少年及时踏入正途，这才是我国在制定青少年性犯罪防范对策时需要给予重点关注和认真思考的重要内容。

<h1 style="text-align:center">第三章</h1>

中美城市青少年财产犯罪的时空分布与防范对策

　　随着社会进入转型期,我国青少年犯罪数量逐年升高,青少年犯罪问题逐渐成为社会关注的热点。青少年财产犯罪主要是指16—25周岁的青少年实施的社会危害性、刑事违法性和应受惩罚性的反社会行为。根据司法部大数据研究院的统计数据,盗窃罪、抢劫罪位列未成年人犯罪类型的第一、二位。① 由此可见,青少年财产犯罪是当下我国青少年犯罪的主要类型。与此相对应,在少年司法体系较为成熟的美国,青少年犯罪形势也不容乐观。根据美国联邦调查局(FBI)发布的《统一犯罪报告》(Uniform Crime Reporting,UCR)统计,在因财产犯罪被捕的人当中,有30%未达到18岁。② 党和国家历来十分重视预防和治理青少年违法犯罪。党的十八大以来,中共中央通过成立预防青少年违法犯罪专项工作领导小组,学习贯彻习近平总书记关于促进青少年健康成长的一系列重要讲话精神,落实中央政法工作会议部署,切实把预防青少年违法犯罪作为平安中国建设的一项源头性、基础性工程,稳步推动各项工作。青少年财产犯罪的犯罪率居高不下与青少年所接受的家庭与学校教育有着十分密切的关系。青少年正处于价值观尚未成熟的特殊阶段,如不对其进行正确的教育引导和社会矫治,很可能对其之后的身心健康发展埋下隐患。青少年是国家的希望和未来,是各条战线的生力军和后备军。因此,基于青少年财产犯罪的现状和特点,分析犯罪原因,并制定针对性的犯罪防治措施是十分必要的。同时青少年心理不成熟,其端正的行为更多依

---

① 参见《从司法大数据看我国未成年人权益司法保护和未成年人犯罪特点及其预防》,载中国司法大数据研究院网:http://www. court. gov. cn/zixun-xiangqing-99402. html,最后访问日期:2024年8月24日。

② 于阳:《城市青少年犯罪防控比较研究——基于英美国家的理论和实践》,天津社会科学院出版社2015年版,第78页。

靠外力约束,只有探明城市青少年财产犯罪的时空分布,才能在适当的时间、适时的地点约束有犯罪意图的青少年。本章通过对中美两国城市青少年财产犯罪的时空分布规律总结和防范对策的比较,分析犯罪发生的深层原因,在结合本国国情的基础上借鉴美国防治措施,构建合理有效的防治体系。

第一节 中美城市青少年财产犯罪的时空分布

研究表明,一起有动机的犯罪,一个合适的目标,往往在时间和空间上具有趋同性。因此,想要了解中美城市青少年财产犯罪的时间分布,就需要结合时间与空间进行综合考量,从而探索归纳出其中的规律。

一、中国城市青少年财产犯罪的时空分布

(一)中国城市青少年财产犯罪的时间分布

根据有关调查和研究,时间因素与青少年财产犯罪的发案率有着密切联系。

首先,在季节的分布规律上,青少年财产犯罪多集中于气候适宜的春季以及暑假7、8月份,冬季的春节前后存在一个小高峰,但在冬天实施财产犯罪的总体比例较低。有关学者针对我国某省未成年犯管教所的调查显示,在春季作案的青少年犯罪人最多,占比37.6%。夏季次之,占比35.3%。[1] 在另一份广东省的青少年犯罪实证报告中,通过对3860名未成年人管教所在押服刑人员的具体调查,分析数据得出了7、8月份的犯罪频次最高,占比22.4%。[2] 此外,有学者针对10年内天津市青少年犯罪的数据进行分析,发现青少年犯罪率在春节前后猛增。[3] 出现这种季节规律主要是由于气候与青少年社会活动的双重作用,在3、4、5月份发生的财产犯罪主要是由于春季气候宜人,人们外出较多,同时伴有大量

---

① 李向健:《当前我国青少年犯罪规律研究——基于A省未成年犯管教所的调查》,安徽师范大学2012届硕士学位论文,第32页。

② 谢建杜、刘念、谢宇:《青少年犯罪的时空分析——来自广东省未成年人管教所的调查》,载《中国人口科学》2014年第3期。

③ 丛梅:《初读天津市青少年犯罪10年数据》,载《青年研究》2002年第12期。

流动人口流入或者流出，给予了青少年一定的犯罪机会，而夏季犯罪频发则是因为气候燥热，人们的心情容易烦躁，夜晚外出的时间与其他季节相比也较长，同时7、8月份青少年有暑假假期，来自父母与学校的监管减弱，给予了青少年充足的作案时间。相较于春夏季，冬季气温低，户外活动的人数较少，寒假时间与暑假相比也稍短，因此青少年既难以寻找到合适的犯罪目标，户外活动的时间和频率也受到了一定的限制，所以犯罪率不高，但在春节前后存在一个犯罪的小高潮，主要的原因在于城市的青少年流动人口出市回乡，在流动过程中存在一些"顺手牵羊"之举。

其次，在日内时间的选择上，王兴安在《犯罪时空分布与城市管理应对——以抢劫案为切入点的实证分析》一文中以2008年以来三亚市检察机关办理的抢劫犯罪案件为研究样本，归纳得出夜间是抢劫案的高发时段，以早上6点到晚上7点计算，夜间作案数量是白天的1.3倍。特别是从晚上10点到凌晨6点之间，其间发生的抢劫案件数量占全部的43.4%，接近半数。[①] 根据全国法院审结的未成年人犯罪案件数量时段统计图（2016年1月1日—2017年12月13日）统计数据显示，青少年犯罪的高峰值为晚上9点以后以及凌晨的1点至2点，可见夜晚和凌晨是青少年犯罪的高发期。[②]（参见图3-1:未成年人犯罪案发时间分布）同时也有学者统计，青少年财产犯罪的总体规律主要是上午发案率最低，中午和下午出现犯罪行为的危险性逐渐增大，夜晚与凌晨发案率最高。[③] 此外，不同类型的财产犯罪的时间规律也有着一定的差别。在盗窃案件中，犯罪的高峰集中于晚上9点至11点之间，这是由盗窃行为的隐蔽性特点决定的，在夜晚人体机能处于疲惫状态，因此防御能力降低，给予了与成年人相比体能较弱的青少年犯罪者有利的犯罪机会，同时夜间社会防范力量的减弱以及夜晚黑暗的掩护，也为犯罪人的

---

① 王兴安:《犯罪时空分布与城市管理应对——以抢劫案为切入点的实证分析》，载《海南师范大学学报》（社会科学版）2011年第1期。

② 参见《中国司法大数据网"案件分析研究"》，载中国司法大数据网:http://data.court.gov.cn/pages/index.html，最后访问日期:2024年8月14日。

③ 谢建杜、刘念、谢宇:《青少年犯罪的时空分析——来自广东省未成年人管教所的调查》，载《中国人口科学》2014年第3期。

隐藏和逃逸提供了更为优越的犯罪环境。如2019年6月21日2时许,作案时19岁的青年岩管到芒市广场旁路边,将被害人寸某某停放的白色贝某牌二轮摩托车盗走①;2019年7月15日3时许,作案时21岁的青年韦发强伙同他人骑自行车到莆田市城厢区原万邦电子厂1号楼被害人方某经营的小卖部盗窃了香烟若干以及现金3000元。② 以上两个案例的作案时间均为凌晨,该时间段街头人员较少,目击者少,人员警惕心疲软,作案的成功率较高。相较于盗窃犯罪,抢劫具有暴力性以及公开性的特点,因此在白天实施犯罪行为的犯罪人也达到了一定数量。而与抢劫和盗窃不同,由于当前网络技术的先进,诈骗犯罪多依托于互联网媒介进行,因此没有十分明显的时间规律。

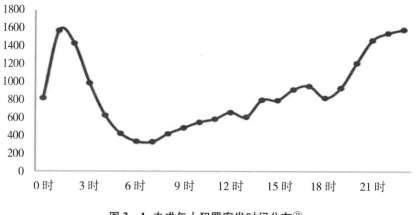

图3-1:未成年人犯罪案发时间分布③

图片来源:《中国司法大数据网"案件分析研究"》,载中国司法大数据网:http://data. court. gov. cn/pages/index. html,最后访问日期:2024 年 8 月 14 日。

---

① 《(2019)云3103 刑初306 号刑事判决书》,载中国裁判文书网:http://wenshu. court. gov. cn/,最后访问日期:2024 年 9 月 5 日。

② 《(2019)闽0302 刑初944 号刑事判决书》,载中国裁判文书网:http://wenshu. court. gov. cn/,最后访问日期:2024 年 9 月 5 日。

③ 《中国司法大数据网"案件分析研究"》,载中国司法大数据网:http://data. court. gov. cn/pages/index. html,最后访问日期:2024 年 9 月 14 日。

（二）中国城市青少年财产犯罪的空间分布

调研发现,娱乐场所会为青少年犯罪提供诱因和有利的犯罪条件。因此,青少年财产犯罪会集中形成一定的热点地区。我国司法部大数据研究院的调查报告显示,在 2016 年 1 月 1 日至 2017 年 12 月 31 日全国法院审结的未成年人犯罪案件中,有约 6500 起案件发生在网吧、约 2000 起发生在 KTV、1000 余起发生在酒吧,网吧、KTV 和酒吧等娱乐场所成了青少年犯罪特别是未成年犯罪频发的地点。[①] 同时,有学者在相关调查研究中指出,青少年犯罪有着一定的街头犯罪特征,在人员流动频繁的开放性空间如“街头里巷”,青少年犯罪率高达 20% 以上。[②] 就青少年财产犯罪而言,其犯罪热点区域也大体符合集中于网吧、商场等娱乐场所和公共场所的规律。

根据有关调查统计,有 29% 的青少年犯罪发生于娱乐场所附近,23.8% 发生于工业区附近。[③] 此外,学校周边、受害者家附近以及商业区附近也是青少年犯罪的高发区域,而在犯罪人自己家附近出现的犯罪行为比例最少。结合犯罪的时间规律,不同类型的青少年财产犯罪发生的热点场所也有一定的差别。青少年的盗窃犯罪多发生于深夜的商场、路边、娱乐场所以及被害人家中。商场、娱乐场所等公共场所多发生盗窃犯罪的主要原因是夜晚商场有一定的人流量,会提供充足的犯罪目标,娱乐场所人员构成复杂,且由于公共场所的治安管理较弱,容易给予犯罪人可乘之机。例如,2019 年 10 月 5 日 22 时许,作案时 20 岁的青年吕帅江到偃师市区商都路“白罡”老字号羊肉汤馆吃饭时,发现店中无人,遂将店主李某放在吧台上的一部黑色 OPPO R9 手机盗走。[④] 而发生于被害人家中的盗窃犯罪一

---

① 参见《从司法大数据看我国未成年人权益司法保护和未成年人犯罪特点及其预防》,载中国司法大数据研究院:http://www.court.gov.cn/zixun-xiangqing-99402.html,最后访问日期:2024 年 9 月 5 日。

② 张宝义:《青少年犯罪行为与场所空间关系的研究——以天津市为例》,载《犯罪研究》2018 年第 6 期。

③ 谢建杜、刘念、谢宇:《青少年犯罪的时空分析——来自广东省未成年人管教所的调查》,载《中国人口科学》2014 年第 3 期。

④ 参见(2020)豫 0381 刑初 60 号刑事判决书,载中国裁判文书网:http://wenshu.court.gov.cn/,最后访问日期:2024 年 9 月 5 日。

般为熟人趁被害人放松警惕时作案。例如,2019 年 5 月 13 日 4 时许,作案时 19 岁的青年牛彩宏在北京市通州区某镇某村某公寓某号暂住地,趁同住的室友何某睡觉之机,使用何某手机向自己的微信账户转账人民币 5200 元。[①] 相较于盗窃犯罪,下午和晚上发生的抢劫或抢夺犯罪的热点区域主要为商业区,这主要是由于傍晚时刻商业集中地带人们开始购物,客观上为抢劫或抢夺犯罪提供了目标。诈骗犯罪由于先进的技术并没有明确的犯罪热点区域,但是部分诈骗犯罪会发生在受害者家中,青少年犯罪者会编造家有急事、急需钱财等借口或使用一定的骗术作案。例如,2019 年 1 月 2 日至 3 月 20 日,青年植某某以做生意取钱需支付手续费、帮朋友交偷漏税罚款等为由,在被害人杜某于广州市天河区住处通过微信转账的方式骗取人民币 73188.8 元。[②]

二、美国城市青少年财产犯罪的时空分布

(一)美国城市青少年财产犯罪的时间分布

在犯罪的日内时间上,犯罪学研究者 Felson 曾在书中提到,在一天的过程中,学校活动的节奏和违法犯罪的时间之间存在着重要的关联。[③] 根据美国司法部"青少年司法与犯罪预防办公室"以及"美国肯塔基州联邦少年司法部"等网站的数据资料显示,美国青少年的财产犯罪时间在上学日与非上学日会有所不同,有 62% 的青少年抢劫犯罪是在上学日发生的,且通常会发生在他们离开学校的下午 3 时至 6 时;而在上学日的晚上 10 点至第二天凌晨 6 点,青少年的犯罪几率较小。(参见图 3-2:青少年抢劫罪案发时间分布)勒米厄(Lemieux)也在其 2010 发表的论文中提出过相似的观点,他通过逐小时地计算评估出青少年暴力犯罪受害的风险。与家庭活动相比,青少年在上下学时面临的暴力犯罪受害风险是前者的 20 倍。根据勒米厄的调查数据,我们可以发现,青少年每天在学校的时间约为 6

---

① 参见(2019)京 0112 刑初 742 号刑事判决书,载中国裁判文书网:http://wenshu.court.gov.cn/,最后访问日期:2024 年 9 月 5 日。

② 参见(2019)粤 0106 刑初 1462 号刑事判决书,载中国裁判文书网:http://wenshu.court.gov.cn/,最后访问日期:2024 年 9 月 5 日。

③ See Felson M,Eckert M A,*Crime and everyday life:a brief introduction*,Sage Publications,2015.

小时,在上下学途中的时间不到 1 小时,而这不到 1 小时的时间正是他们一天中最危险的时刻。在这段时间内他们缺少了成年人的监督,这不仅会导致其受到伤害,也会导致其实施侵犯他人的犯罪行为。① (参见图 3 - 3:与家庭活动相关行为的逐小时风险)此外有关数据显示,当成年人不在场时,青少年与同龄人在一起比他们单独相处时更容易犯罪,同龄人的存在使青少年做出危险决定的可能性增加了两倍,统计结果表明青少年在无组织的同伴活动中每千小时犯罪 57 起,但在与家人相处的相同时间里,只有 2 起犯罪。② (参见图 3 - 4:青少年在不同情境中每 10000 小时所犯下的罪行)这些数据也向我们佐证了青少年在上下学期间犯罪率较高的原因,首先就是成年监护人的不在场,其次是有同龄人的陪伴。

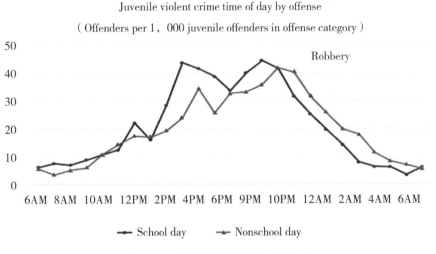

图 3 - 2　青少年抢劫罪案发时间分布

图片来源:Office of Juvenile Justice and Delinquency Prevention, Juvenile violent crime time of day by offense, Accessed September. 14,2020, https://ojjdp. ojp. gov/.

---

① See Felson M, Eckert M A, *Crime and everyday life:a brief introduction*, Sage Publications,2015.
② See Felson M, Eckert M A, *Crime and everyday life:a brief introduction*, Sage Publications,2015.

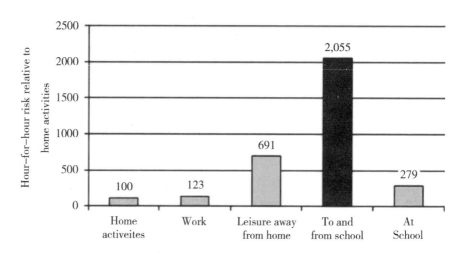

图 3 - 3　与家庭活动相关行为的逐小时风险

图片来源:Adapted from Lemieux(2011).

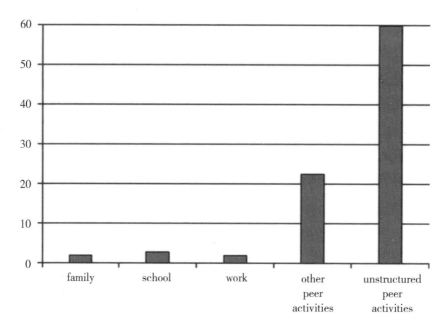

图 3 - 4　青少年在不同情境中每 10000 小时所犯下的罪行

图片来源:Created from data presented in Wikstrom,Oberwittler,Treiber,& Hardie(2012).

在一周内和假期中青少年的财产犯罪也有一定的时间规律。通过研究我们了解到青少年财产犯罪会在上学日的下午达到顶峰,而在周末的夜晚,即晚上6点至第二天早上6点的犯罪率却要明显高于白天的时间。斯蒂芬·费舍尔、丹尼尔·阿吉尔(Stefaine Fisher,Daniel Argyle)曾利用科罗拉多州执法机构对管辖范围内的学校中采用一周四天课制的学校进行调查,发现一周四天课制会对青少年犯罪模式产生几种影响。[1] 一方面,由于这项政策,上学日的犯罪率可能会下降。因为每周四天的上课日学生在学校的时间较长,因此这一时间的青少年犯罪率较低。假设家长工作的时间为上午9点至下午5点,那么青少年犯罪高峰期的无人监督时间在周一至周四内就会减少。另一方面,数据显示,当学生改为一周四天课制的时间表后,青少年的财产犯罪会在非上学日大大增加。因为学生每周会有一个完整的工作日休息,如果他们的父母需要工作的话,那这些青少年很可能就无人看管。他们可能会把周四晚上当作新的星期五晚上,从而获得另一个周末晚上实施犯罪。但这并不意味着非上学日,青少年的犯罪率就会有所增加。[2] 阿基·R. Q、霍利戴·TJ 和夸克·S(Akee R Q,Holiday TJ and Kwak S)曾通过研究瓦胡岛的夏威夷州地区青少年在非假期休学日的活动,以得出关于在校时间和青少年被捕之间的关系的结论。通过数据,其发现在美国能源部休假以及由此导致的青少年放假期间,青少年袭击和吸毒逮捕数据在统计上有显著影响,但对入室盗窃逮捕的影响不大。当青少年的放假时间与父母的休假时间相重合时,青少年的犯罪率会有所下降,这一现象在相对富裕的社区中效果更为显著。这表明在休假期间,父母对青少年的监管力度会有所增加,特别是在更富裕的家庭中,一些家长会更有能力充实孩子的课余生活,可能会更好地调整他们的时间表以适应休假。而对于季节性规律,兰道和弗里德曼(Landau and Fridman)发现,抢劫罪的数量

---

① See Fischer S, Argyle D, Juvenile Crime and the Four-Day School Week, *Economics of Education Review*, 2018, 64, pp. 31 – 39.

② See Akee R Q, Halliday T J, Kwak S., Investigating the effects of furloughing public school teachers on juvenile crime in Hawaii, *Economics of Education Review*, 2014, 42, pp. 1 – 11.

会在冬季达到高峰。① 例如,在英国的默西塞德郡,入室盗窃和抢劫在冬季达到高峰。但尽管如此,相比于暴力犯罪,财产犯罪在不同的季节并没有显著的差异。

(二)美国城市青少年财产犯罪的空间分布

从总体而言,根据联合国国际预防犯罪中心(The United Nations Center on Crime Prevention)于 1989 年 12 月提供的数据显示,美国的城市犯罪率高居前列,城市犯罪问题是美国社会稳定与发展的大型毒瘤——美国有四个城市位居犯罪率前十。但在 20 世纪 90 年代初之后,美国的城市犯罪状况出现了改善,综合犯罪率呈现出逐年下降的趋势。美国司法部《统一犯罪报告》(Uniform Crime Reporting,UCR)于 1997 年公布的统计数据显示,从 1993 年到 1997 年,全美 70 个主要大中城市的犯罪率平均下降了 32.3%,达到了近 30 年来的最低点;美国第一大城市纽约市的变化更为惊人,从 1993 年到 1997 年,纽约市的谋杀案发生率下降了 40%,抢劫案发生率下降了 30%,入室盗窃案发生率下降了 25%。1998 年,曾经长期背负"犯罪之都"恶名的纽约市更是出人意料地被美国摩根昆托出版机构评为全美"十大安全城市"之一。

美国司法部青少年司法与犯罪预防办公室的数据显示,至 2018 年为止,美国的青少年财产犯罪(其财产犯罪指数包括盗窃罪、盗窃罪、汽车盗窃罪和纵火罪)一直处于下降趋势,其中,2018 年的青少年财产犯罪指数逮捕率处于 1980 年以来的最低点。美国的政治体制为联邦制,各邦之间的区别较大,故对美国青少年财产犯罪研究以芝加哥为典型,并通过芝加哥学派的理论来进行进一步地分析。1925 年,芝加哥学派的代表人物欧内斯特·W. 伯吉斯和罗伯特·E. 帕克(Ernest W Burgess and Robert EPark)提出了城市功能分区的"同心圆"模型,把城市由内而外分为 5 个区域,其中位于第 2 区的过渡区由于流动性最大、受外界影响最大,往往聚集了更多的城市犯罪。为了验证模型的合理性,伯吉斯(Burgess)还绘制

---

① See Zhang Y,Zhao J,Ren L,et al. ,Space-time clustering of crime events and neighborhood characteristics in Houston,*Criminal Justice Review*,2015,40(3).

了1920年的芝加哥地图,并将"同心圆"模型覆盖至城区地图上。随后,同是芝加哥学派代表人物的克利福德·肖和亨利·麦凯(clifford shaw and Henry Mckay)进一步发展了该理论。他们在"同心圆"模型的基础上,一是研究了芝加哥市青少年犯罪的区域分布及其成因,发现不同城市区域的社会环境和经济文化等对青少年犯罪的重要影响;二是花费了数十年分析了芝加哥和其他城市所谓"过渡区"的范围,发现在芝加哥约有2英里宽,费城约有1.5英里宽。此外,基于"认知空间"的概念,其所设计的犯罪模型如下图所示。①（参见图3-5:美国青少年财产犯罪空间分布研究模型）

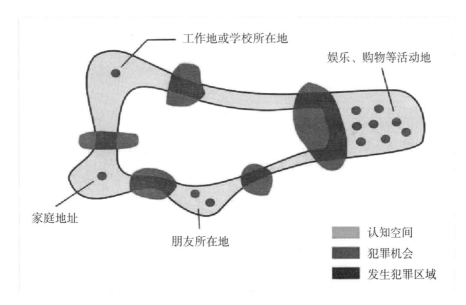

图3-5:美国青少年财产犯罪空间分布研究模型

图片来源:付逸飞、职国盛:《国外城市犯罪时空分布及其防控对策研究述评》,载《犯罪研究》2017年第3期。

此外,艾克(Erck)曾提出过犯罪三角区理论,中心的小三角形给出了每个犯罪问题具有的三个特征,即罪犯、犯罪对象和犯罪发生的地点。他指出,罪犯在犯

---

① 付逸飞、职国盛:《国外城市犯罪时空分布及其防控对策研究述评》,载《犯罪研究》2017年第3期。

罪时必须要找到一个地方,然后在其中寻找一个目标从而实施犯罪,因此犯罪时间和空间的融合尤为关键。① 当然,若罪犯想要顺利地实施犯罪,就必须要逃避大三角形的三种监督,即管理者、某地的经营者以及监护人。管理者可以监督潜在犯罪行为的发生,阻碍犯罪行为的进行。因此,一个合适的犯罪空间需要尽可能避免上述三种人的存在。

对于青年人来说,娱乐场所以及学校是他们经常活动的区域。在众多娱乐场所中,商店、酒店等地往往会存在较多的营业员和工作人员,他们会通过制定和执行相关规定对周边的环境进行监督管理,从而充当管理者的身份,影响犯罪的发生。而酒吧以及青少年可以避开家长控制的其他非正式场所,往往会成为他们犯罪的高发地。例如酒吧的老板通常对青少年的饮酒政策较为宽松,而青少年饮酒后的犯罪率会有所提升,这使得财产犯罪、暴力犯罪等在酒吧内或者周边地区更容易发生。在学校的场所,由于老师、校长等管理者的存在而使得青少年的犯罪率较低,但是一旦放学后脱离了这些管理者的视野和控制,犯罪率便急剧上升。丹尼斯·瑟克(Dennis Roncek)曾在其经典著作中提出:在中学附近,尤其是下午放学后会更容易产生犯罪;而在非上学日里,学校附近的犯罪率往往是最低的。

为了更好地了解城市青少年的犯罪活动空间,我们不妨了解下在城市化的进程中青少年的犯罪空间变化。1960 年前后,"城中村"逐渐兴起,一个城市内的村庄往往居住环境稳定,多数为三层以下的小房子,而且有较高的居住率以及狭窄的街道。这些老旧的城市村庄是相当安全的,它为人们创造了充满活力的街道生活以及安全感。然而不幸的是,之后的美国城市开始用推土机推平这些城市村庄,取而代之的是易产生较高犯罪率的高楼大厦。这些住房楼层较高且密集,周围有宽阔的高速公路,人口密度的增加会使得入室盗窃、抢劫等财产犯罪行为更容易发生。同时融合的城市也为公众提供了一些饮酒场所,以及管理不当的公园、街道和其他缺乏管理者或监护人的公共场所,这为城市青少年的犯罪提供了极好的机会。此外,汽车的使用也会大大增强青少年逃避父母控制的能力,这会

---

① 付逸飞、职国盛:《国外城市犯罪时空分布及其防控对策研究述评》,载《犯罪研究》2017 年第 3 期。

导致犯罪活动在更大范围内扩散,为非法袭击、抢夺提供了方便。

此外,通过对罪犯行动路径和方向的研究表明,某些活动地点对解释城市间和城市内犯罪过程具有重要的作用。① 例如,怀尔斯和科斯特洛(Wiles and Costello)发现,年龄在16—43岁的罪犯中,有超过50%的人会为了减刑而到其他与犯罪关系密切的城市去犯罪;具体而言,城市间的流动性与休闲娱乐场所有关。比克勒、克里斯蒂和梅拉尔(Bichler,christie and Merrall)还发现休闲和娱乐设施塑造了青少年的活动模式。查玛德(Charmade)在研究青少年犯罪时表示,一些社区是青少年犯罪的主要输出地,而其他社区是青少年犯罪的输入地,这表明社区水平的差异与青少年活动节点的不均匀分布密切相关。韦斯伯德、莫里斯和格罗夫(Weisburd,Morris and Groff)研究了14年(1989—2002)的青少年逮捕地点,发现犯罪率最高的街道段包含极具吸引力的青少年活动地点,如购物中心、学校、商店和餐馆。② 但值得注意的是,并不是所有的购物中心、电影院、学校等都对青少年犯罪有吸引力,而是每个高犯罪率街区都有特定的设施。

三、中美城市青少年财产犯罪的时空分布比较

中美两国的城市青少年财产犯罪呈现出一定的共同的时间和空间规律,但由于两国青少年所处的经济文化背景不同,因此在犯罪类型、组织性、性别分布以及犯罪年龄与种族上也存在着一定的差异。

在时间分布方面,中美两国在共性中存在着差异。第一,犯罪时间高峰值与两国学校作息制度有关。结合以上中美城市青少年财产犯罪的时间分布规律可以发现,在一天的时间中,美国的青少年财产犯罪的高峰值集中在上学日的下午3点至6点以及非上学日的夜晚。在美国,多数学校的放学时间多为下午3点左右。可见,许多美国的不良青少年会选择在下午放学后实施抢劫、盗窃等行为。而在中国,青少年财产犯罪的高峰值为凌晨的1点至两点,以及晚上9点以后。

---

① See Bichler G,Christie-Merrall J,Sechrest D. Examining juvenile delinquency within activity space:Building a context for offender travel patterns,*Journal of Research in Crime and Delinquency*,2011,48(3).

② See Bichler G,Christie-Merrall J,Sechrest D. Examining juvenile delinquency within activity space:Building a context for offender travel patterns,*Journal of Research in Crime and Delinquency*,2011,48(3).

因为国内学校放学时间普遍较晚,高年级学生还会有晚自习,再加上学校管理较为严格,外出犯罪的机会不多。这也反映出两国在学校上学制度方面的不同之处。第二,晚上9点至凌晨1点的犯罪率普遍较高,但具体时间存在差异。中美两国城市青少年财产犯罪都普遍在夜间达到高峰,一方面是因为作为青少年夜晚可以不受学校以及父母的拘束外出实施犯罪;另一方面,夜晚至凌晨街上人员稀少,使得目击者较少,更易于实施犯罪。因此,在晚上中美两国城市青少年财产犯罪发生率普遍较高。在国内,傍晚9点至凌晨1点这段时间往往是财产犯罪的高发期。而美国晚上10点至凌晨6点的这段时间,青少年财产犯罪实施发生率较小。这或许与美国实行的"宵禁"有密切联系。例如,在2014年的8月16日,美国密苏里州就宣布,该州上周发生黑人青少年被警方开枪击毙的圣路易斯郊区进入紧急状态。相关报道称,密苏里州州长尼克森宣布,位于圣路易斯的弗格森市从当地时间午夜起实施宵禁直到清晨5点。因此,在实施宵禁期间,凌晨这段时间禁止外出,青少年实施财产犯罪的几率也会大大降低。

在空间分布方面,中美青少年财产犯罪多发于娱乐场所以及公共区域,但在具体城市功能区分布上略有不同。首先,城市的建筑规划和功能区的分布是影响青少年进行财产犯罪的直接条件。在中国,城市的空间结构的多元化,人口与产业的集聚使城市生存空间的分配与利用方式越来越复杂,土地的超负荷承载迫使人们积极开发新的空间,盲目地向四周扩展从而造成城市地域的不合理组合,不合理地"见缝插针"亦造成城市功能分区的盲目混杂。① 在这样的环境下,既为财产犯罪提供足够的掩体和逃脱路线,也为财产犯罪提供了驱使其行为发生的最主要条件——充足的社会财富。故中国的城市青少年财产犯罪在空间上有集中在商业区、城市交通枢纽与重要干线和城市老居住区与中心街道的大致分布规律。而在美国,根据芝加哥项目研究可知,在芝加哥和许多其他城市,青少年犯罪区长期出现在中央商业区和与工业和生产相连接的地区,即贫民窟,故美国的城市青

---

① 王发曾:《城市犯罪成因的综合观》,载《河南大学学报(自然科学版)》1997年第1期。

少年财产犯罪在空间上表现出城市边缘化分布规律。① 其次,经济问题是城市犯罪现象产生和发展的基础。应当指出,贫困是青少年进行财产犯罪的主要原因。青少年群体,尤其是处于社会下层的青少年,其行为会表现出逃学率高、失业率高、犯罪率高等特征,青少年进而在街道上结成团体,进行团伙性的财产犯罪。故在这一点上,中美两国的城市青少年财产犯罪在空间上都呈现出贫困地区指数高的分布规律。再次,城市化水平的提高是城市犯罪问题不断发展的内在因素之一。在中国,随着城市化和城镇化的不断发展,大批人口和生产要素涌入发展中的城市,城市原有的存在格局被打破,各种力量都在竞争生存空间。原城市周边地区被城市地域扩展吞没,难以快速建立起有效的社会防卫系统。② 同时,新迁入人口难以很快适应新的环境,尤其是对青少年而言,自我欲望的渴求、认知能力的不足、心理状态的不成熟和强情绪化的思考模式,都会从各方面促使青少年实施财产犯罪。在美国,社区环境是直接影响青少年犯罪的空间环境。如果社区、邻里的居民社会经济地位不高、种族隔离较强,且居民的流动性比较大,将会阻碍该地区的社会控制能力,也就是会出现社会解组,从而为犯罪的发生提供了土壤。即居民所处的宏观环境出现了变化,环境的恶化诱使更多的人产生犯罪动机,进而滑向犯罪。故中美两国的城市青少年财产犯罪在空间上都呈现出城郊化以及城市化程度较低、地区密度较高的分布规律。最后,人口作为城市生态系统的主体,人口的过速增长造成城市规模超容量的膨胀,由此在造就犯罪的主体、客体和载体方面都发挥了作用。日趋增加的城市流动人口带着欲望和某些易暴露的特征(如随身携带的钱、物和孤身的行动等)徘徊于城郊,成了犯罪主体与客体两方面的重要来源。在这样的大环境下,未成年人面临的只是一个崩溃的社会控制机构。因此,中美两国的城市青少年财产犯罪在空间上都呈现出外来人口聚集地犯罪率高和人口流动密集区犯罪率高的分布规律。在犯罪高发区域,中美存在着些

① 《芝加哥地区项目(ChicagoAreaProject)——美国社区防范未成人犯罪的对策之一》,载中国青少年研究中心:http://www.cycs.org/kycg/qsnflyj/201504/t20150423_65081.html,最后访问日期:2024 年 9 月 4 日。

② 王发曾:《城市犯罪成因的综合观》,载《河南大学学报(自然科学版)》1997 年第 1 期。

许差异。美国青少年财产犯罪多发于娱乐场所,在学校周边也有一定数量的抢劫等犯罪行为的发生。此外,城中村等特殊的治安混乱领域犯罪频发,而商场由于治安严格犯罪案件发生较少。而与美国相比,我国的商业场所的治安管理并不特别严格,同时由于人口数量较多,人流量大,因此成了抢劫的高发区域。

在犯罪类型方面,根据 2017 年我国未成年人犯罪研究报告的统计,抢劫罪和盗窃罪占未成年人犯罪总数的 60%—80%。[①] 这主要是由于未成年人年龄的特殊性使得其获得钱财的途径只能是家庭,当其对来自父母的金钱无法满足时,在物质世界的引诱和未成年人自身心理不成熟的双重作用下,容易走上抢劫和盗窃的道路。相较于中国,美国的财产犯罪具有明显的暴力性的特点,常常伴随着暴力犯罪、帮派犯罪而发生,单独实施的财产犯罪不多。[②] 这主要是由于美国文化较中国更加开放以及治安环境的差异,如中国对枪支严格管制,而美国对此限制较为宽松。

在组织性特征方面,我国的青少年财产犯罪多为团伙作案。以宁波市为例,在对市内 196 个青少年犯罪团伙的调查中,2003 年到 2006 年四年间犯罪团伙涉及的犯罪类型排在第一至第三的为盗窃、抢劫和盗抢。[③] 此外,团伙作案在未成年人犯罪中则更加明显,有调查数据显示,未成年人犯罪中共同犯罪所占的比例高达 79.2%,超过了成年人共同犯罪的比例。[④] 这主要是由于未成年人易受哥们义气等不良心理的影响。同时,在共同犯罪的角色分工上,多数未成年人为从犯,其中还包含一定的胁从犯,即被威胁参加共同犯罪。此外,在同伙关系的形成时间上,根据相关数据显示,有 61.5% 是早已形成,38.5% 是临时拼凑,多数未成年

[①] 路琦、郭开元、张萌、张晓冰、胡发清、杨江澜:《2017 年我国未成年人犯罪研究报告———基于未成年犯与其他群体的比较研究》,载《青少年犯罪问题》2018 年第 6 期。

[②] 于阳:《城市青少年犯罪防控比较研究———基于英美国家的理论和实践》,天津社会科学院出版社 2015 年版,第 77 页。

[③] 张应立、陈学光:《196 个青少年犯罪团伙的调查与分析》,载《江苏警官学院学报》2009 年第 6 期。

[④] 路琦、郭开元、张萌、张晓冰、胡发清、杨江澜:《2017 年我国未成年人犯罪研究报告———基于未成年犯与其他群体的比较研究》,载《青少年犯罪问题》2018 年第 6 期。

人团伙犯罪行为带有幼稚性,组织结构较为松散。① 而美国的青少年财产犯罪具有帮派性的特点,发展较为成熟,纽约、洛杉矶、芝加哥等大城市的帮派活动十分猖獗。相较于我国,美国的犯罪帮派具有人数多、暴力化的特点,社会危害性也较大,且由于贫富差距巨大,帮派人员构成多为贫困的男女青少年。

在犯罪性别结构方面,我国男性未成年犯所占比例较大,中国司法大数据研究院所作的未成年人犯罪专题报告显示,2015 年 1 月 1 日至 2016 年 12 月 31 日,在未成年人犯罪案件中,超九成被告人为男性。② 这主要是由于男女的生理和心理存在一定的差异。相较于女生而言,男生更易冲动和暴力,也更容易受到外界因素的影响,同时父母对于女性未成年人成长的关注也比男性更多。与我国相比,美国青少年犯罪的性别差异正逐渐缩小,例如,在 20 世纪 60 年代。男女被捕比例为 6∶1,而在 70 年代至 90 年代则一直维持在 3.5∶1 的比例,2001 年这一数字变为 2.5∶1。③

在犯罪年龄方面,中国司法大数据研究院的数据显示,中国未成年人的犯罪年龄主要集中在 16 周岁以上,其中 17 周岁的未成年人涉案最多,占所有未成年人犯罪总量的一半以上;16 周岁的未成年人涉案位居第二,占比三分之一以上。2017 年调查数据显示,我国未成年人犯罪平均年龄为 16.6 岁,其中财产犯罪中,抢劫罪的首次犯罪年龄最小,为 14.4 岁,其次为盗窃罪,首次犯罪年龄为 14.9 岁,抢夺罪的首次犯罪年龄最大,为 15.7 岁。可见,在财产犯罪中,我国青少年的犯罪年龄普遍较小,多为 14 至 16 周岁。研究表明,相较于中国,在美国城市青少年的财产犯罪中,犯罪行为会在青少年时期迅速加速,在青少年晚期或 20 岁早期达到高峰,并随着年轻人年龄的增长而下降。根据 2019 年美国 FBI《统一犯罪报告》的数据显示,城市青少年的财产犯罪通常在 13 至 18 岁,会随着年龄的增长不

① 路琦、郭开元、张萌、张晓冰、胡发清、杨江澜:《2017 年我国未成年人犯罪研究报告———基于未成年犯与其他群体的比较研究》,载《青少年犯罪问题》2018 年第 6 期。

② 《从司法大数据看我国未成年人权益司法保护和未成年人犯罪特点及其预防》,载中国司法大数据研究院:http://www.court.gov.cn/zixun-xiangqing-99402.html,最后访问时间:2024 年 9 月 5 日。

③ 于阳:《城市青少年犯罪防控比较研究———基于英美国家的理论和实践》,天津社会科学院出版社 2015 年版,第 31 页。

断增加,并在 18 和 19 岁达到顶峰,到 20 岁后青少年的犯罪比例有所下降,并在
21 至 24 岁趋于平稳。

在犯罪人种方面,虽然美国的社会规范给人留下了较好的印象,但同时我们
也知道美国的社会秩序和环境相比中国更加混乱、易发生冲突。其主要原因在于
美国是一个多民族、多种族的移民国家,宗教、信仰、法规等千差万别,这就容易激
化矛盾的产生。在美国,关于少年犯种族的犯罪和犯罪数据主要侧重于黑人和白
人,西班牙裔、亚裔和美国印第安青年的官方逮捕统计数据往往得不到。出于种
种原因,美国对于黑人种族群体的数据更为可靠和丰富。在美国,虽然黑人青年
约占美国人口的 15%,但其被捕率和司法系统参与率都高于白人。根据全国青
年调查的数据,艾利特(Elliott)发现,在 17 岁时,36% 的黑人男性、25% 的白人男
性、18% 的黑人女性和 10% 的白人女性在前一年犯下了严重的暴力犯罪,即抢
劫、强奸以及涉及伤害或武器的严重攻击。根据美国所发布的 1993—1997 年《受
害者报告抢劫和严重殴打少年犯罪和逮捕年平均数》,以及联邦调查局统一犯罪
报告(UCR)的逮捕情况,我们可以知道,第一,黑人少年在这两种犯罪类型中所占
比例超过其他犯罪类型。黑人少年在一般人口中所占的比例也很高。第二,在这
两个数据来源中,黑人青年因抢劫罪被举报的比例较高(NCVS 为 58%,UCR 为
60%)。第三,"其他"种族类别青年比例的两种信息来源有很大差异。这可能反
映了警察根据他们的记录制度,将人归类为黑人或白人的倾向。因此,在 NCVS
数据中被归类为"其他"种族的人,在《联合国信息安全法》中可能被归类为黑人,
从而抬高了黑人少年犯罪的比例。巴赫曼利(Bahmanly)用 1987—1992 年为
NCVS 收集的国家数据,研究了有关种族在警察最初应对抢劫和严重攻击中的作
用的问题。其分析只针对单一罪犯的犯罪,从而消除了 36% 的抢劫和 16% 的严
重袭击。其余 52% 的抢劫案和 54% 的单一罪犯的殴打事件都向警方报案。结果
显示,警察对黑人对白人犯罪的反应比白人对白人或黑人对黑人或白人对黑人犯
罪的反应更快。因此,白人和黑人犯下同样的罪行,黑人更有可能被逮捕,随后被
定罪。这也恰恰证实了黑人逮捕率高的原因。

第二节　中美城市青少年财产犯罪的防范对策

一、中国城市青少年财产犯罪的防范对策

在 2019 年的两会上,时任最高人民检察院副检察长童建明表示,对于低龄未成年人犯罪,我国秉持"教育为主、惩罚为辅"的原则,贯彻"教育、感化、挽救"的方针。1979 年 8 月 19 日,中共中央转发《关于提请全党重视解决青少年违法犯罪问题的报告》,标志着中国青少年犯罪学研究的开始。

(一)制定相关法律措施

第一,在青少年犯罪的立法现状上,普通刑罚单列出,针对我国现行少年犯的刑罚体系包括主刑和附加刑,主刑包括无期徒刑、有期徒刑、管制、拘役;附加刑包括罚金、剥夺政治权利、没收财产。现行《刑法》不仅废止对青少年犯适用死刑,而且在 2020 年 12 月公布的《刑法修正案(十一)》中完善了原第十七条的有关内容,以年龄和重大罪行为分界线,将刑法规制青少年犯罪的措施分类进行了规定,使针对青少年犯罪的刑罚体系更加细致。例如:按照该条规定,对结伙斗殴行为应当给予五日以上十日以下拘留,那么对于该年龄段未成年人有这一违法行为的,给予六或七日的拘留就是从轻的处理。而对于已满十四周岁不满十八周岁的未成年人,考虑到他们具有一定的控制力和辨别力,但其思想观念尚未完全成熟的特点,因此对此类未成年人,应当采取从轻或减轻的办法。

第二,我国不仅有在立法上针对青少年财产犯罪的规范措施,也存在具体的管制制度和机构,如未成年犯管教所。《中华人民共和国监狱法》第三十九条规定了未成年犯管教所为未成年犯刑罚的执行机关,而且担负着教育、矫正的任务。未成年犯管教所的管理制度基本与其他监狱的制度一致,但存在两方面制度实施程度上的差异。首先,提高了对服刑青少年教育工作的重视,在 2003 年司法部出台的《监狱教育改造工作规定》第二十四条中,强制要求监狱对未成年犯开展思想、文化、技术教育,时长不得少于 1000 学时。其次,未成年犯的减刑假释衡量标准较成年罪犯适度放宽,在最高院出台的《关于办理减刑、假释案件具体应用法律若干问题的规定》中强调对犯罪时未成年的罪犯的减刑、假释,在掌握标准上可以比照成年罪犯依法适度放宽。未成年罪犯能认罪伏法,遵守监规,积极参加学习、劳动的,即可视为确有悔改表现予以减刑,其减刑的幅度可以适当放宽,间隔的时间可以相应缩短。这项规定在一定程度上减轻青少年犯减刑、假释的压力,有助于其积极调整自身认罪态度,尽早回归社会。尽管有着较为完备的制度规定,我国未成年犯管教所的管理体制仍然存在以下弊端。首先,大部分青少年犯罪者是因为缺乏来自家庭和社会的关爱,造成情感方面的缺失,他们在社会闲散人员的不良影响下形成了错误的是非观念,虽然未成年犯管教所为促进其回归社会,切实推动了教育制度的发展,但是思想教育的缺失、心理疏导的不专业和管教所内严格的身份对立关系难以使青少年的错误观念得到矫正。其次,管教所基本采用军事化管理模式,通过严厉的惩罚逼迫青少年的行为符合纪律要求,考虑到青少年发展阶段叛逆心、好奇心强的心理特点,严苛的管制措施只会导致青少年形成对社会公权力的畏惧,对自身"罪犯"身份的强烈自卑心理,这种畸形的心理在其承受社会压力过大的情况下很可能导致青少年二次犯罪。最后,大部分青少年法律教育缺失、法律意识淡薄,因此需要在管教所内部应针对此类青少年罪犯应进行法律教育,使其充分认识自身行为恶劣性以及后果严重性,在青少年心里设下行为红线。

在司法层面,上海市长宁区人民法院于1984年11月建立了中国(大陆地区)第一个少年法庭。此后,少年法庭逐步在中国普遍建立起来。少年司法制度在控制青少年违法犯罪、保护青少年合法权益等方面发挥了重大作用。但是近年来面临现有立法的束缚与少年司法制度完善和发展之间的矛盾、刑事单一化、审判单一化与有力保障未成年人合法权益之间矛盾和少年审判人员职责范围与现有法官评价体系、法官职能之间的矛盾,为解决少年司法制度发展困难而试行的指定管辖举措举步维艰且带来新的弊端。少年法院的创设是解决这些问题所必然寻求的出路。我国的少年司法制度应是一种多元化的格局,而少年法庭创设的意义在更高程度上是为少年司法制度的完善与发展提供契机和动力。

（二）推行相关教育措施

不满十四周岁的未成年人还处在少年时期,社会知识少,对自己行为的后果没有预见能力,也没有承担责任的能力,对这些未成年人违法行为不涉及重大侵犯他人利益的事件时,我国秉持"教育为主、惩罚为辅"的原则,贯彻"教育、感化、挽救"的方针,更有利于青少年成长。首先,在学校的监管方面,我国设置了主要面向有严重不良行为和轻微犯罪行为且仍处于义务教育阶段的青少年的工读教育制度。出于对未成年犯罪者非污名化、非标签化、非机构化、非刑法化改革的需求,工读学校逐渐地职业学校化、普通学校化。现阶段的工读教育制度的法律依据主要源自《未成年人保护法》和《预防未成年人犯罪法》中,但其中规定指示性作用远大于惩戒性、警戒性,也缺少对工读学校职能的系统化规定。[1] 工读教育制度在教学内容设置上存在严重弊端。工读学校为缓解现阶段招生难题使得其逐渐普通学校化,教学内容与普通初高中别无二致,但是大部分违法犯罪青少年都与当今应试教育格格不入,学业上的挫败使其产生逃避、自卑心理,现在将这部分内容强加于他们显然不利于其矫正心理状态和行为习惯。而工读学校的职业教育化则弱化了其道德教育、思想教育的功能,工读学校存在的意义是通过劳动教育改正部分青少年贪图享乐、逃避现实的不良恶习,单纯的强调技能的培训不足以增强其对自身错误行为的认知和对社会的归属感。

其次,在整体教育体系方面,我国存在一定的不足。我国现阶段仍是以面向广大学龄儿童的普适性法治教育为主,尚未建立起具有针对性的法治教育项目。根据教育部的《全国教育系统开展法治宣传教育的第七个五年规划（2016—2020年）》,深入对于青少年的法律观念培养是当下的重要任务。该《规划》针对义务教育阶段、高中教育阶段、高等教育阶段的不同特点,分学段规定了法治教育的教学内容与要求。[2] 在教育形式层面上,《规划》更加强调具有互动性、参与性、体验

---

[1]　姚建龙:《从"工读"到"专门"——我国工读教育的困境与出路》,载《预防青少年犯罪研究》2017年第 2 期。

[2]　《教育部关于印发〈全国教育系统开展法治宣传教育的第七个五年规划（2016—2020 年）〉的通知》,教政法〔2016〕15 号,2016 年 7 月 21 日发布。

性的教育活动,如举办模拟法庭、法律知识竞赛、法治夏令营等;在考核层面上,把学生法治教育综合情况作为对学校年度考核的重要内容,提高了各层次学校对于法治教育的重视程度。在社会教育方面,目前我们国家对于青少年犯罪的预防整体的关注程度尚未达到一个全民关注的水平。同时,主要预防措施也停留在十分匮乏的事后防范措施上。根据《刑法》和《预防未成年人犯罪法》,事后防范措施仅为将少年犯送入少管所,但是具体的管制措施仍未在法律层面上得到明确。与此同时,司法界也正在尝试构建临界预防机制来重点关注部分虞犯少年,通过全面梳理建档虞犯少年信息并将其纳入综治网格管理,实行三色动态预警机制,实现了"虞犯少年"预防帮教的社会化、全覆盖、精准化,以此来补足我国在事前预防领域的真空状态。

(三)实施相关家庭措施

多数青少年犯罪的深层原因是监护不力与失责,因此,在防治青少年犯罪的家庭举措方面,收容教养与家庭监管制度发挥着重要的作用。在我国,不承担刑事责任的青少年均责令家长或监护人进行管教,对其施行的任何非刑罚矫正措施均须通过家长或监护人的同意。根据《中华人民共和国刑法》第十七条第四款规定:"因不满十六周岁不予刑事处罚,责令他的家长或者监护人加以管教;在必要的时候,依法进行专门矫治教育。"我国现行的制度体系中,家庭监管与专门矫治教育是一种竞合状态,两者都是明确经法律规定的非刑罚矫正措施,都适用于有严重不良行为或违法行为的青少年,且都强调了对其的监管与引导作用,都存在一定的合理性。专门矫治教育其合理性在于物理隔断效用。其一,青少年性格存在可塑性、变动性的特点,通过实现不良人群、不良社区环境与青少年的物理隔断,根除此类不良风气对青少年行为和思想观念塑造的影响;其二,由专门学校隔断其与不良人群的联系,也有利于保护青少年不受到私人报复的影响,且此类收容教养机构从感化教育入手,尊重保护其人格尊严,避免在事件发生的一段时间内的流言蜚语对青少年造成伤害。① 家庭监管制度其合理性在于情感补充效用。

---

① 何显兵:《论收容教养制度的改革与完善》,载《西南民族大学学报》2015 年第 6 期。

其一,青少年犯罪者行为上的反主流规范倾向实际上体现出其对家庭关注的渴望,对他人认同感的追求。由未成年偏差行为者的父母或近亲属对其监管,可以有效增进交流,填补青少年情感空白,稳定其精神状态。其二,家庭监管制度使青少年处在相对自由的情况下,不限制其自由发展的天性,也使得误入歧途的青少年能跟时代发展保持密切联系,不会有从社会剥离的孤独感,增长社会生活所需的相关技能,为其更好融入社会创造机会。

(四)实施相关社会措施

我国社会辅助性福利防范对策以社区矫正制度为主。社区矫正制度是指以社区为单位,对社会危害性较小、罪行较轻的罪犯,调用社会帮扶资源进行管理、教育和改造,使其尽快融入社会,降低社会再犯率,促进构建稳定和谐的社会秩序的特殊刑罚执行活动,其合理性可归结为如下几点。首先,在"国家监护人"观念的引导下,社区矫正在发达国家和地区已有较长的历史和充分实践经验,建立了比较完善的社区矫正法律法规,其实践充分证明引入民间力量的矫正方式可有效减轻犯罪者对国家强制力的敌视态度,促进其融入社会。其次,单纯强调控制手段的传统矫正模式功能弱化,单纯惩戒式的矫正制度无法适应时代需要。无论是少年犯管教所还是工读学校,他们将犯罪者统一关押进行军事化管理,其教育模式为填鸭式教学,忽视了对其心理辅导和观念矫正。高压教学忽略青少年自尊心、叛逆性强的特点,往往会助长他们对社会的仇视态度。最后,青少年,尤其是未成年人因其具有身心发育不完全、是非观不明确,且法律意识淡薄等心理、生理特点,其犯罪往往带有冲动性。与成年犯罪者不同,未成年人的性格和价值观念具有可塑性,容易受到外部环境的影响,相较于将未成年犯统一关押导致交互感染的消极后果,创设良性的家庭环境和社区环境能更有效地建立与青少年的沟通渠道,使青少年吸收正面信息进而积极融入社会。

二、美国城市青少年财产犯罪的防范对策

作为世界上青少年犯罪研究领域的先驱者,美国对于青少年财产犯罪的预防研究有较多建树。美国对于青少年的预防政策的重要理论依据是美国当代著名的犯罪学家特拉维斯·赫希(Travis Hirschi)在《青少年犯罪成因及预防》(Causes and Prevention of Juvenile Delinquency）提出的"社会控制理论"，因此对于青少年犯罪预防的措施也是以增强少年与社会之间的联系，强化青少年对于社会的归属感、责任感作为核心内容。

（一）制定相关法律措施

首先，在针对青少年犯罪的立法上，美国宪法里有对青少年犯罪的概括性规定，再进一步细分来说，具体法律规定有《少年法庭法》《联邦青年矫正法》《青少年犯罪法》《青少年教养法》等一系列以青少年为对象或主体的法律法规，共同构成了美国的"青少年法"。此外，在美国，少年犯罪有专门的司法程序。当青少年被指控犯罪，处理的程序与成人犯罪是有很大区别的。青少年犯罪被称为"违法（delinquency）"行为，需要青少年法庭来改正其违法行为。一般情况下，青少年法庭会尽最大的努力来教养，而不是处以监禁等惩罚。只有在像谋杀、绑架、纵火和强奸等重罪案件中，青少年才会被当作成人对待。青少年与成人享有的权利也是不一样的。例如，青少年不可通过陪审团审理案件，在许多案件中，他们也没有参与公开庭审的权利。但是，青少年有权知晓所有对其违法行为的控告，并有权与控诉方对质。

其次，美国对于青少年犯罪的法治措施主要为少年司法制度。美国强调政府对未成年人的保护责任，设立少年法院的初衷就是为了保护未成年人权益。1899年，美国伊利诺伊州颁布了《少年法院法》，规定少年审判机构与成年人审判机构相分离，界定了少年法院的管辖范围，强调少年司法程序与成年人刑事司法程序的原则性区别，明确规定少年司法的目的是矫正而非惩罚。此后，随着社会形势的变化，为了解决少年司法实践中产生的问题，美国联邦及各州陆续颁布了一些专门立法，其中都延续了《少年法院法》的核心规定。受少年犯罪率上升等因素影响，20 世纪 70 年代，美国各州建立了少年司法分流制度，通过在案件输入阶段、审前、审判过程中的分流将犯罪行为轻微的少年排除出司法程序，将罪行严重的少年交由成年人刑事法院处理。实践证明，该制度减少了司法成本，提高了结案率，在督促少年承担法律责任的同时维护了社会治安。

（二）推行相关教育措施

第一,对青少年学校集体心理的分析及其对犯罪的预防措施的引导是必不可少的。根据约翰·C.保(John C. Ball)在《基于稳定城市环境下青少年犯罪程度研究》(The Extent of Juvenile Delinquency in a Stable Metropolitan Area)中做出的调查可以得知29%的青少年犯罪人员未在学校接受教育,可以进一步推断犯罪者是有明显的教育障碍的。[①] 因此,为了应对这个问题,美国的司法界人士于1996年建立了一个 Fight Crime:Investin Kids(FCIK)非政府组织,通过推行普适性教育和个例的针对性教育政策,双管齐下地来预防青少年犯罪。[②] 而美国对虞犯少年的教育措施大致可以分为两个阶段,第一阶段的处遇措施大量采用了恐吓手段,寄希望于通过对青少年的威吓,实现青少年对犯罪敬而远之的目的,而震慑教育计划(scared straight Program)便是这一阶段的代表性项目。而在具体实践中,这一类措施的效果不佳,同时反应出美国的青少年犯罪教育措施急须进行变革。在第二阶段中,美国的相应教育措施逐渐采用教化引导等较为柔和的方法。在这一阶段中,美国通过向年轻人传播相应的司法制度的知识概念,拉近司法机关与青少年之间的距离,增强其法律意识,最终实现帮助青少年真正认识犯罪的危害这一目的。

学校作为社会与家庭之间的缓冲带和发展带,是预防犯罪体系中不可缺失的一环。青少年们会在学校中逐步走向成熟。可以说,学校的引导作用是直接影响青少年犯罪的最直观因素和衡量标准。而对青少年来说,学校中的集体相较于他们个人来说,是更具权威性的存在,青少年一旦在集体中如鱼得水就会得到一部分的集体控制权,能对集体施以情绪影响力,而相对的,就会有青少年被集体所操控,甚至被集体所排斥。由此可知,学校集体中的青少年的犯罪心理是青少年犯罪心理的重要组成部分,也是进一步研究青少年犯罪防范措施的关键点。相较于

---

① See Ball J C,The Extent of Juvenile Delinquency in a Stable Metropolitan Area,*Kentucky Law Journal*,1961,49(3).

② 孙宏愿、孙怀君:《教育合力对预防青少年犯罪的影响——基于美国 FCIK 组织的研究》,载《青年探索》2011 年第 5 期。

成年人有更理智的思考能力和对社会规则的理解力来说,具有强大模仿力而又稚嫩的青少年们的思考方式就相当简单直白,容易因集体心理产生摩擦,高情绪化的青少年们会因此无意有意地走向犯罪的道路,直观地造成青少年犯罪。这就是学校发挥良好集体引导作用的意义所在,如果孩子们所处的环境能够将其行为引导到集中于学习上面,那么违法违纪行为就算不能被根除也至少可以最小化。[①]既引导了个人的优秀变化,又反面地推动了集体的健康发展,而集体又帮助个人更加全面而富有同理心地成长。

第二,美国对青少年犯罪的预防存在一系列具体详尽的措施。首先是义务教育措施,美国的教育体系已经发展的相当完善,他们认为每个人都有平等获取教育的机会,在国家福利政策的支持下,美国青少年接受教育的普及率相当高。此外,州政府也负责自己州内的公立教育制度,所有的州都要求孩子入学。在大多数的州,孩子们在 16 岁之前必须接受教育,州政府把许多教育责任交给地方教育委员会,大多数的委员们是由地方学区投票选出。大多数的美国公立学校是由当地地方投资及管理,然而目前联邦政府与州政府,却在投资地方学校上扮演日益重要的角色。其次是预防辍学措施,虽然美国有完善的教育体系,健全的福利政策,几乎每个青少年都有接受教育的机会,能够在学习中不断发展自己的才赋和能力,但是有学者研究,美国每天有超过 2700 名学生辍学,大约 70% 的学生在 10 年级前已经离开了学校。辍学本身并非违法行为,但那些辍学少年的犯罪率却远远高于那些在上学的同学,而且他们的犯罪率也远高于他们上学时期的犯罪率。针对学生辍学的问题,美国各个学校至少都有一项预防方案。例如,在纽约的一项预防方案显示,学校对学生的出勤进行记录,如果该同学出勤表现良好,那么学校则分等级给他们提供工作,而工作则能使生活混乱的学生感到非常稳定。

(三)实施相关家庭措施

家庭是社会最基础的细胞,是每一个人经历的第一个环境,人们都会在这里逐渐走向生物意义上的成熟和心理社会化发展。家庭不仅仅会为青少年的优质

---

① 李琴:《美国青少年犯刑罚替代措施》,载《中国刑事法杂志》2012 年第 5 期。

成长提供物质基础,更为其提供心理健康发展的温床。可以说,家庭是影响人社会化的最长远和最隐晦的因素。在家庭教育如此重要的前提之下,美国也有着丰富的青少年犯罪的家庭防范措施,其主要是针对家庭教育可能存在的不足,通过强化对家长的培训教育以及帮助来弥补。[1]

　　美国存在针对青少年犯罪的早期预防措施。早期预防主要是对孕期和哺乳期妇女的保护和规范性教育,如护士对孕期和哺乳期妇女的探访,该项目派出护士对那些第一次当母亲并且收入较低的家庭进行探访,对儿童健康和子女养育等问题提供帮助,并帮助这些母亲保护孩子身体健康,促进认知和社会情感的健康发展。护士每隔一周或两周去进行探访,这种探访从母亲怀孕期就已开始,一直持续到孩子2岁时。一项调查显示,曾经接受该项目帮助的家庭中,虐待儿童和疏忽子女的现象较其他家庭低79%,这样的母亲比那些没有接受过该项目的低收入母亲,受逮捕率低69%。美国犯罪学者弗朗西斯·伊凡·奈(Francis Ivan Nye)认为,早期认定将来有可能犯罪的少年,如果得到了有效的家庭干预,将有利于减少青少年犯罪的发生。[2] 所以,美国的家庭教育强调一旦少年将来犯罪的可能性被确认,就要尽早地改善父母子女之间的关系,包括教育辅导,对孩子身体的照顾及对父母的培训和支持。此外,美国有着专门针对问题儿童的家庭治疗。有相当的研究表明,暴力、冲突、婚姻不和谐或者父母粗鲁、不相爱、苛刻、专断,当家庭中存在这些问题,同时孩子又缺乏管教时,那么这些孩子则更有可能实施犯罪。因此设置专门的治疗方法对于帮助孩子和家庭摆脱贫困的处境、解决问题、改善父母子女之间的关系以及处理好与同龄人和学校的关系是非常有必要的。

　　(四)实施相关社会措施

　　美国的少年司法制度经历了长达百年的曲折变化,大量制度措施得以试验于美国的社会实际之中,而在法制制度之外,许多社会辅助性福利防范措施也因此

---

　　[1]　于阳、王爽:《英美国家预防青少年犯罪学习理论研究述评》,载《预防青少年犯罪研究》2017年第2期。

　　[2]　吴宗宪著:《西方犯罪学史(第四卷)》(第二版),中国人民公安大学出版社2010年版,第1149－1150页。

蓬勃发展和进化。美国在社会上的防治措施有两个阶段,由原来的少年法院阶段
向 JJDPA 阶段演化。作为青少年司法的第一阶段,1899 年 4 月 21 日,美国伊利诺
伊州议会通过了著名的《少年法院法》。少年法院以保护未成年人的福祉和健康
成长为理念,旨在建立一种适应未成年人身心特性的康复、矫正型司法制度,在国
家亲权(parens patriae)和保护主义的前提下处理未成年人犯罪。美国少年法院
制度经历了曲折的发展,百余年来,它的运作始终在福利与惩罚、照顾与问责之间
往复摇摆。在英国著名监狱改革家约翰·霍华德(John Howard)"善导感化"的思
想主张、欧洲启蒙思想和人道主义刑法理念的影响下,少年法院作为一种通过对
罪错少年进行教养、感化来控制未成年人的新的社会机制而出现。少年法院通过
审判保密、恢复为主的思路,对一些罪行较轻的少年使用以社区服务和保释人制
度为主的教化性措施进行裁判,帮助青少年早日回到社会中来。① 在 20 世纪八
九十年代青少年犯罪率持续增长的背景下,这个青少年犯罪控制机制逐步转型,
趋于硬化,并逐渐向成人刑事司法制度靠拢,主张对青少年犯罪实行"严打"(get-
tough),侧重使罪错少年因其犯罪行为而承担相应的处罚,因此国家亲权和康复
性少年司法的理念被严重动摇。美国联邦最高法院于 2005 年和 2012 年对罗珀
诉西蒙斯(Roper v. Simmons)和米勒诉阿拉巴马州(Miller v. Alabama)两案所作的
判决重拾"青少年特殊论"的福利理念,在司法理念上向传统的国家亲权思想和
福利模式回归。美国少年法院制度呈现"恢复性司法"与"惩罚性司法"两者并存
抑或交替运用的特征和趋势,少年法院的理念也已深深植入美国的法律文化
当中。

但是随着青少年犯罪率的居高不下,美国社会除了继承少年法院的保密性和
恢复性思路外,还另外推出了两项措施。第一项是基于 JJDPA 将虞犯少年去机构
化和去刑罚化,在 JJDPA 的推动下,美国逐渐开始了以教育手段代替传统的惩罚
措施,对这些虞犯少年选择以教化为主,降低其向恶性财产犯罪进一步转化的可
能性。第二项是设立少年司法和预防犯罪办公室,建立起联邦和州两级的共同应

---

① 高英东:《美国少年法院的变革与青少年犯罪控制》,载《河北法学》2014 年第 12 期。

对少年犯罪的预防体制。① 少年司法和犯罪预防办公室的行政长官在行使权力的时候参考国家少年司法和犯罪预防研究会的专家意见,对每年联邦拨付的经费进行规划和管理,受理联邦部门和各州的项目申请,提供项目资助或签订项目合同,对资助项目进行管理、监督和评估。同时,在少年法院引入未成年人陪审员,通过亲身参与司法活动来增强未成年人的自我防范意识和守法意识。此外,美国还存在一些具体的行之有效的社会辅助福利防范对策。

第一,社区型防范对策。在初步改革少年司法制度之后,美国便开始逐步建立了一些社区性组织,如团体之家、森林营地以及寄养家庭等。此外,还设立了青年服务局(Youth Services Council),接受从少年法院"转向"出来的少年,协调各种社区性青少年矫治措施和少年犯罪预防措施,并提供一定的服务,如抑制逃学、家庭危机干预、就业辅导等,目的就是预防犯罪。② "转向"预防措施可以概括为 4 种:即劝说措施、医疗性处遇、教育措施以及行为矫正。另外,还有帮助少年调节人际关系,强制戒毒、戒酒等措施。③

第二,矫治机构改革。20 世纪 70 年代以后,矫治机构也进行了变革。一些州的教养院、训练学校关闭,通过广泛利用社区资源,开展以社区为基础的矫治,推行重返社会的训练计划。其措施可以归纳为:工作释放,即在以社区为基础的机构、拘留所、监狱中实施. 主要内容是允许犯人白天工作,晚上返回监所,目的是缓和犯人从监狱生活到社会生活的过渡,为犯人获释后就业做准备,并且使犯人获得一定经济来源,供养家庭,保持与家庭、社会的联系;学习释放,即允许青少年犯白天上学,晚上返回监所;探亲休假,即允许犯人在周末休假探亲,时间一般为 48 小时到 72 小时;重返社会训练所,是以社区为基础的矫治措施,被称为假释犯的"中转站",分为出监训练所和入监训练所;以社区为基础的帮助方案,即为缓和人从监狱到社会的过渡阶段的压力,人们设计了各种方案,为他们提供职业

---

① 李亚学:《美国的〈少年司法与犯罪预防法〉及身份罪少年的非监禁化》,载《青少年犯罪问题》2005 年第 3 期。
② 康树华:《美国青少年犯罪预防体系和措施》,载《吉林大学社会科学学报》1992 年第 2 期。
③ 康树华:《美国青少年犯罪预防体系和措施》,载《吉林大学社会科学学报》1992 年第 2 期。

测验、咨询、工作方向和适应性训练等服务。重返社会训练将矫治机构的工作由社会分担,利用社区的力量、资源,目的在于更好地矫治青少年罪犯,使他们重新适应社会生活,消除重新犯罪的隐患,减少重新犯罪的机会。①

三、中美城市青少年财产犯罪的防范对策比较

随着青少年犯罪问题的进一步突出和破坏性影响,中美两国也愈发重视青少年犯罪的预防措施。从整体立意和目的来说,中美两国的青少年犯罪预防措施都立足于帮助青少年的健康成长,维护青少年合法权益,保护青少年福利不受侵犯,同时也要积极维护司法公正,不因恶小而不惩,平衡社会利益与少年利益,推动未成年违法者的审理程序与普通刑事诉讼程序分离②,进一步促进少年法和全体法律体系的完善。此外,中美两国在整体防范对策上都采取"家庭—学校—社会(法律)"三位一体的预防大纲,再辅以具体的实际措施和相关的社会福利政策。但大方向相同之外,中美两国依然存在许多差异,两国不同的经济因素和社会文化氛围等都影响着两国对于青少年犯罪的防范对策。

(一)中美城市青少年财产犯罪防治措施总体比较

虽然中美两国均在预防未成年人犯罪的防治措施上有所对策,但两国国情决定其关注的侧重点有所不同,即中国侧重点在于事前预防相关措施而美国侧重于事后治理相关措施。

首先,我们从两国对青少年尚未达到犯罪程度的不良行为管控出发,长期存在不良行为或有着严重不良行为的青少年属于犯罪高发人群,通过对其行为进行合理管控、矫正可在一定程度上减少犯罪率。中国通过制定《预防未成年人犯罪法》明确了青少年的不良行为内涵,进而通过两个阶段引导此类青少年端正自身行为:第一阶段责令家庭监管、教育,在顾及青少年成长过程中家庭关怀需要的基础上进行矫正;第二阶段通过三方合作使此类青少年进入工读学校接受半封闭式管理,在物理隔离的理论指导下排除不良文化对青少年价值观和行为模式的影

---

① 康树华:《美国青少年犯罪预防体系和措施》,载《吉林大学社会科学学报》1992 年第 2 期。

② 胡伟新:《美国少年司法制度的特点及思考》,载《人民司法》2010 年第 1 期。

响,最终达到降低青少年犯罪可能性的目的。美国尊重青少年自由发展的天性,因此在此类事前预防措施上未加重视。

其次,我们通过比较两国的矫正机构设置,可以发现美国的事后针对失足青少年的行为矫正措施更为全面和科学性。其一,虽然两国的矫正措施都按照年龄和所犯罪行轻重可笼统地分为封闭式、半封闭式、社区代管式三种类型,但是此前我国各省区市未协调管理,尤其是收容教养制度至今未明确专门负责机构,甚至不少省区市将其与服刑人员一同收容管理,易造成犯罪者的"二次感染"。美国在各地区同意设立有关机构,明确管辖,有利于及时收容相应的青少年犯。其二,在限制其自由以规范其行为的基础上,我国针对此类青少年尤其是较短刑期的青少年矫正措施不到位,局限于对其进行思想教育和职业技术培训。美国通过引入社会力量,进行专门性、科学性的教育,通过在矫正设施内营造友善氛围,针对青少年个体进行心理疏导等措施消除与青少年犯的距离感,推动其矫正行为的积极性。

(二)制定相关法律措施层面的比较

虽然在青少年的司法保护上存在着共通性,但中美两国在处理青少年犯罪问题上仍然建立了各具特色的社会制度和法律规定,如少年司法系统和成年人司法系统的区分,以及打击青少年犯罪的严厉程度上存在较大的差异。[1] 相比之下,中国的青少年犯罪执法原则和策略保持了相对的稳定性,美国司法体系则受到犯罪政策宽严波动的影响。[2]

首先,在立法基础上,目前来说美国从1899的《少年法庭法》到1974年的《少年司法和犯罪预防法》,两部法律都较为完善地论述了青少年犯罪司法政策的整体思路构成,并且对于全国的青少年财产犯罪的防范都起了一个指导性的作用。此外,美国在处理青少年犯罪问题的法律制度方面有着丰富的实操经验,其对青少年犯罪有着较为详细和切合实际的界定,且美国是联邦制国家,各州都拥有较

---

① 周松青:《中美校园暴力法律规制比较研究》,载《中国青年研究》2016年第1期。
② 周松青:《中美校园暴力法律规制比较研究》,载《中国青年研究》2016年第1期。

大的法律自主权,除宪法对青少年犯罪的概括性规定以及《少年法庭法》《联邦青年矫正法》等一系列系统的具体立法之外,各州还有其极具地方特色的法律规定。而相比之下,中国有关犯罪的法律法条中还没有出现"青少年犯罪"这一称谓,与青少年犯罪预防相关的规定分散在《刑法》《刑事诉讼法》《治安管理处罚法》《预防未成年人犯罪法》《未成年人保护法》等法律中,因而没有诸如美国立法的《少年法庭法》《少年司法和犯罪预防法》等具有核心价值的法律,立法体系上依然存在相当大的法制空白,犯罪防治体系较为松散。

其次,在现行司法体制方面,美国的少年司法制度发展悠久,长达百年,制度也相对成熟,对其他国家来说,具有相当大的借鉴意义和指引作用。而其现在最大的特色表现在其重拾了"青少年特殊论"的福利理念,重新确认了对未成年犯的量刑规则应区别于成年犯的法律准则。这一在司法理念上向传统的国家亲权思想和福利模式的回归,将使最近二三十年来美国少年司法与刑事司法日益趋同、少年法院的独立性与独特性逐步消失的趋势得到遏制。此外,少年法院运作中日益盛行的移送管辖现象,即少年法院放弃对重罪未成年人的管辖,将其移送至成人刑事法庭严判、严惩的情况也将得以扭转。同时,它也为重新划分了成人刑事法庭和少年法院的管辖权,为恢复少年法院对未成年犯的独占管辖权提供了可能,美国少年法院的独立司法地位也将得以恢复或巩固。① 而中国的少年司法制度发展至今尚不足四十年,资历尚浅,但中国形成了具有中国特色的少年审判制度和工作机制,培养锻造了一支高素质少年审判队伍。中国少年法庭的建设坚持机构专门化、审判专业化、队伍职业化,坚持统筹谋划、协调推动少年、家事审判改革,促进少年审判与家事审判融合发展,同时保持相对独立。在这基础之上,中国少年法庭也坚持问题和需求导向,坚持落实、落细、落小,不断提升为未成年人保护工作提供司法服务保障的针对性、实效性,同时加强与工会、共青团、妇联等群团组织的联系,加强协调配合,形成强大合力,共同推动少年审判工作发展,更加有效地维护未成年人合法权益。

---

① 高英东:《美国少年法院的变革与青少年犯罪控制》,载《河北法学》2014 年第 12 期。

　　总体而言,在针对青少年犯罪问题上,美国法律严厉,执法体系庞大而复杂,各州在法律的解释和执行上也存在很大的分歧,主要取决于执法机构和政策的制定者对犯罪流行趋势的判断,以及公众和舆论对犯罪率的感知。中国的司法体系简明,所适用的法律条文举国一致,不存在省际差异和地域差异,在不触犯构成量刑标准的硬条款下,存在广阔的协商谅解空间。

　　(三)实施相关教育措施层面的比较

　　首先,在家庭教育方面,中国的家长注重对孩子进行思想品德的正面直接引导,实行的是一种灌输式的教育;美国的家长则偏重让孩子独立思考,自由发展,实行的是一种启发式的教育。中国的德育从古至今都讲究外在的灌输,体现在家庭教育方面自然也是如此。家长对孩子付出爱跟关心的同时,也是家里的绝对权威,家长和孩子的地位是不平等的。中国家庭所采取的直接的、正面的引导可以帮助青少年分清是非,做出正确的行为选择,有利于青少年的健康成长,对青少年犯罪的预防起到积极的作用。但如果家长一直一昧地单方面的、以高高在上的态度去向孩子灌输思想,孩子就容易产生逆反心理,不仅无法收到教育的效果,还可能适得其反。美国的父母们通常通过启发式的教育,让孩子独立自主地思考,选择自己的行为模式,讲究其自由发展。这与美国奉行以个人主义为核心的价值观有密切关系。在美国的发展史上,强调独立性、创造性,反对干预个人自由的个人主义起到了不可忽视的历史作用。而美国家长的做法虽然鼓励和发展了孩子的独立思考能力和创造能力,但对于自控性普遍较差的孩子来讲,如果欠缺家长的及时帮助和引导,却有可能使其陷入"放任自流"的境地。[①]

　　其次,在学校教育方面,中美两国都十分重视学校教育对青少年的引导作用,都致力于发挥学校对集体心理的积极影响,但两国在学校防范对策落实上依旧有许多差异。最直接的体现就是,中国的学校一般是通过专门的德育课程在课堂上对学生进行正面的灌输教育;美国的学校注重通过专设的德育课程和其他学科进行道德教育和渗透,在方法上主要是启发式地、诱导式地让学生作出道德判断和

---

　　① 张颖:《中美青少年犯罪预防教育比较研究》,载《山西高等学校社会科学学报》2003 年第 7 期。

行为选择。

最后,在社会教育方面,中国注重在全社会范围内提倡精神文明建设,从优化社会环境入手,对青少年实施有效的道德教育,来达到预防青少年犯罪的目的;美国则偏重以法律、刑罚的手段来教育青少年,以期预防青少年犯罪,防止青少年犯罪形势日益加重。① 此外,在社会教育的参与主体方面,中美也存在差异,目前美国通过《少年司法和犯罪预防法》(JJDPA)和少年司法与犯罪预防办公室(OJJDP)实现了联邦和州、官方和社会组织、司法界和教育界的合力,建立了完整的、社会共同参与的青少年财产犯罪的防范体系。相较于美国,中国此时的青少年犯罪司法仍处于单打独斗的阶段,往往是由司法界独自推进,而教育界往往由于更注重应试教育而忽视了法治教育的建设,因此中国仍需加强社会各界力量的整合。

(四)实施前科消灭制度层面的比较

前科是曾被宣告犯有罪行或者被判处刑罚的事实,其消灭制度则是指在满足一定条件的前提下经法定程序注销犯罪记录的政策。前科在中美两国都对青少年再次步入社会的生活有着重大影响。

美国的信息管理系统记录着公民个人经历,用人单位、房屋租赁中心等机构或个人均可查询,所以前科势必会影响青少年融入社会的就业、居住条件等生活状况,极易使其就业困难,混迹于不良社区,最终造成再犯罪。美国加利福尼亚州的未成年人犯罪前科消灭制度的法律依据是《加利福尼亚福利规则》(《California welfare and institutions code》)第781款,该法令规定了在加利福尼亚州封存未成年人犯罪前科的合法权利。《福利规则》还规定了未成年犯罪人申请封存其前科的时间,犯罪人只要满足以下两个条件之一即可申请:(1)少年法院裁决结束五年之后(如:执行完原判刑罚五年之后)。(2)该未成年犯罪人年满十八周岁。同时,该犯罪人还需要在申请犯罪前科消灭时向法庭证明自己的表现,综上所述,美国的前科制度与其前科消灭制度结合,既能起到警示、惩戒作用,使社会公众明晰

---

① 张颖:《中美青少年犯罪预防教育比较研究》,载《山西高等学校社会科学学报》2003 年第 7 期。

身边潜在危险性,又能及时止损,让青少年犯再次融入社会,兼具预防和矫正犯罪的功效。

中国虽在《未成年人保护法》中规定了对青少年犯的非歧视原则,但是在《检察官法》《教师法》《警察法》中都明确规定了受过刑事处罚的人不得从事该职业,且根据《刑法》有关规定:"依法受过刑事处罚的人,在入伍、就业的时候,应当如实向有关单位报告自己曾受过刑事处罚,不得隐瞒。"且中国现存法律制度虽重视少年犯的隐私保护,通过设置未成年法庭、档案保密制度等措施不向公众透露少年犯身份、所犯罪行有关信息,但不存在对少年犯前科的有条件消灭制度。上述规定极大地限制了青少年在接受矫正教育之后进入社会就业,不利于其摆脱标签融入社会。综上所述,中国的前科制度较为严苛无可撤销条件,但根据青少年犯罪从轻从宽论处的原则,很多青少年违法行为不纳入刑法惩治范畴,通过设置严苛后果和严格入刑标准结合,也在一定程度上起到了预防效用。

第三节　我国城市青少年财产犯罪的防范进路与防治对策

总体而言,美国根据青少年财产犯罪的时空分布规律设置的相关预防对策以及法律、教育、家庭和社会措施,对青少年犯罪研究历史相对较短的我国开展防治青少年财产犯罪工作具有较大的借鉴意义与参考价值。在参照美国所设置的预防措施与刑罚替代举措、充分结合我国国情的基础上,本部分从以下三个方面提出了针对中国城市青少年财产犯罪防治对策的启示与借鉴。

一、制定防治青少年财产犯罪的总体方针

通过对美国青少年犯罪预防措施发展历史的分析可知,美国的青少年犯罪预防措施存在两个阶段,推动了美国的青少年司法由原来的少年法院阶段向《少年司法和犯罪预防法》(JJDPA)阶段演化。作为青少年司法的第一阶段,1899 年 4 月 21 日,美国伊利诺伊州议会通过了著名的《少年法院法》。少年法院通过审判保密、恢复为主的思路,对一些问题少年以教化性措施进行裁决,帮助青少年早日

回到社会中来。① 但是青少年犯罪并没有得到明显的遏制,因此在一段时间内出现了青少年犯罪重刑化的趋势。在 1992 年到 1994 年,美国有 49 个州扩大了青少年犯罪适用成年人法庭的犯罪类行,②在加州甚至将"三振出局法"用于青少年犯罪中③;同时,一系列以威吓为手段的惩治手段也被使用,典型者有"震慑教育计划(scared straight Program)",希望通过监狱的帮派文化和危险性实现对青少年的威吓让其不敢犯罪。但是不降反升的青少年犯罪率宣告了这一项目的破产,更有官员直截了当地指出该计划的无效性。④

因此美国开始重新调整青少年犯罪惩治的整体措施,首先在美国继承少年法院的保密性和恢复性思路外还另外推出了两项措施:第一项是基于 JJDPA 将虞犯少年去机构化和去刑罚化(DSO),第二项是设立少年司法和预防犯罪办公室(OJJDP),通过该办公室,建立起联邦和州两级的共同应对少年犯罪的预防体制,并且向各级预防机构提供资金资助与指导。⑤ 同时,通过一系列调查,证明了在一些高犯罪率地区的学校有计划地充分安排系统且专业的刑事司法知识的教育以及增加与司法机构地友好接触对于降低该地青少年犯罪率的积极作用。可见,美国青少年犯罪的惩治对策的历史发展历程是以恢复性司法为核心,以教育措施为主要措施,虽然重刑化措施曾经存在过一段时间,但很快被更完善的教育措施所替换,由此可见,中国的教育、感化和挽救的方针和以教育为主、惩罚为辅的原则是正确且应当长期坚持。而对于中国,美国的发展历程的最大意义有二:第一是要时刻警惕潜在的重刑化思想,对于青少年犯罪应当尽量减少以报应刑论思想

---

① 高英东:《美国少年法院的变革与青少年犯罪控制》,载《河北法学》2014 年第 12 期。

② See Sickmund, S. Juvenile offenders and victims national report series: Juveniles in court. Pittsburgh, PA: Office of Juvenile Justice and Delinquency Prevention(2003). Retrieved from http://www. ojp. usdoj. gov/ojjdp.

③ [美]克里斯汀·奥兰多:《"三振出局"法下未成年判决用于加重刑罚的合理性质疑》,于波译,载《青少年犯罪问题》2017 年第 4 期。

④ See Robinson, L. O. & E SLowikowski, J. , *Scary-And ineffective*. Baltimore Sun(2011 , January 31). http://articles. battimoresun. com/2011-01-31/news/bs-ed-scaredstraight201101311straight-type-programs-straight-program-youths.

⑤ 李亚学:《美国的〈少年司法与犯罪预防法〉及身份罪少年的非监禁化》,载《青少年犯罪问题》2005 年第 3 期。

为核心的措施的适用;第二是现有的矫治和预防措施内容相较于美国仍然存在过于粗糙的问题,应当更加系统化、专业化。

二、制定相关具体的预防措施

(一)结合时空分布规律进行有针对性的预防

通过对时间分布规律的分析可知,我国城市青少年财产犯罪的高峰值为凌晨以及晚上9点以后。基于该时间分布规律,可以从以下方面进行青少年的犯罪预防。在学校方面,青少年群体的大部分时间是在学校度过,有研究表明青少年在上学期间的犯罪率较低。因此作为学校要加强对在校学生的管理,及时发现学生是否有逃课、盗窃他人财物等行为的发生。在放学后,低年级的学生可以尽量由家长进行接送;对于高年级的学生,学校可以将放学时间及时通知到家长,以便家长对孩子进行实时监控,这样既可以防止青少年利用放学回家的这段时间进行犯罪活动,又可以降低青少年被害的风险;在社会方面,社区、公安部门应该在青少年犯罪的高发时间段加强管理,切实保障治安环境,同时加强巡逻,提高监管力度,完善监控等设施,尽可能降低青少年犯罪的风险,为青少年的健康成长创造良好的社会环境;在家庭方面,由于青少年主要随父母居住,因此家庭也是预防青少年犯罪至关重要的因素,作为家长要对孩子的行踪轨迹有所了解,特别是对于有犯罪先科的青少年。父母要减少孩子在夜晚外出,对夜不归宿的行为要严加管教,保障孩子身心健康发展。

在基于犯罪空间规律的预防方面,可以从以下四个方面着手。首先,对于潜入城市微观空间(路段、网格、院落、建筑物、公交站点、商业场所)的犯罪治理,政府及相关部门要积极关注青少年在城市中进行财产犯罪的犯罪热点,并在犯罪高发区合理布置警力,提供积极的警务防范。真正深入每一个微观空间,不放过任何一个"灰色""冷僻"的犯罪公共空间,适当加强对犯罪的威慑力,以达到犯罪预防和犯罪抓捕的双重目的。其次,加强流动人口的管理,提高人口素质,家庭教育和学校教育,最好要双管齐下,但如果有任何一方教育缺席,另一方就要积极补上,尤其是对流动人口子女和流浪青少年,充足的教育资源对他们的"三观"以及行为方式的影响是巨大的。在这方面,人口流入地的政府要以人为本,积极做好公共服务补位工作,加快城市边缘人物的融入。再次,积极推动城市化稳妥进程,要统筹城乡规划,减少城市化过程中面临的人口过剩,管理服务难以完全覆盖整个城市等问题,政府要合理规划城市各功能区的分布和城市的整体定位,认真处理城市化所产生的空间环境问题和空间管理冲突与缺失,促进城市健康发展,从基本载体上隔断青少年在城市中进行财产犯罪的温床。最后,学习美国在大数据方面的研究与投入,加强计算机在警务部门的普及和 GIS 软件的应用,积极研究犯罪制图,并成立相关的技术与应用部门,提高数据分析来源,并将研究的犯罪制图成果应用于实践,通过数据的不断积累和运用,在"实践"与"认识"之间形成运动和发展的良性循环。

(二)提倡多元主体参与教育预防

当前我国的处遇措施由两大部分构成,分别是事前的预防和事后的矫正。首先是事前的预防,我国目前的预防体系也是着力于教育措施的运用上。目前教育预防措施仍然是以停留在学校开展简单的普法教育的原始阶段,其能否发挥效果仍然存疑。因为仅由教育界负责主导青少年越轨行为的事前预防即开展法治教育是存在明显缺陷的。可以看到教育界在开展事前预防活动时往往会受到自身专业水平以及教育界自身主要任务的限制。与司法界人士相比,教育界人士自身对于法律以及司法政策的了解程度与一般人接近,其实无法完全胜任教育虞犯少年以及一般青少年的任务。同时在当前体制下,教育界的主要任务其实还是应对中高考等重要考试完成升学这一任务。而这一任务降低了学校投入充分时间开展事前预防措施的意愿。最后,在实现青少年越轨行为的事前预防这一问题上,教育界与司法界、社会、家庭等其他主体仍存在沟通不畅、各自为战的问题。

相较于中国,美国在青少年越轨行为的事前预防上则建立了一个较为完善的预防体系。为了让这一套预防体系能够充分发挥作用,美国成立了一个专门组织——FCIK(Fight Crime:Invest in Kids),由该专门组织负责主导相应的事前预防措施的开展。而 FCIK 组织的人员既有司法界人士也包括教育界人士,而这样一个较为多元的人员构成有利于组织决策时问题思考视角的多元化。[①] 而一个较为全面的看待问题的视角是更有利于决策的科学性的,同时也能打破司法界和教育界在青少年越轨行为事前预防上的沟通壁垒。通过这一组织,美国逐渐建立起一个多主体参与的多元共治体系。在这一体系下,FCIK 主导开展相应的事前预防措施,由该组织统筹规划其他主体所负责的任务,并通过该组织打破各主体之间先前存在的沟通不畅的问题,完善沟通、统一落实事前预防措施,实现预防措施效果最大化。因此我国对于青少年犯罪可以由司法界人士领头建立一个专业的普法性组织,由他们来主要推动对于青少年的法治教育任务,既减轻了原有教育界的负担,又使得普法教育内容的专业性大大提高。

（三）采取措施提升青少年对司法机构的满意和信赖度

在俄亥俄州,卡伦·迈纳－罗曼诺夫（Karen Miner-Romanoff）教授与俄亥俄州的检方合作,共同在当地开展"教育计划（the education Program）"针对当地的青年开展较为深入的司法认知教育活动,在实验高中开设长达八周的教育课程。[②] 课程包含三大部分内容分别是:青少年司法和法律、公共政策基础;当前关于青少年犯罪控制的公共政策;俄亥俄州和全国的量刑政策。基于课程,项目组还开发了相应的效果测试工具,评估在接受项目后青少年对项目的六个子项的认识程度和改造效果:少年司法教育、为什么存在单独的少年司法系统、少年处罚、少年移送成人法院、法律和刑事判决的基础、少年司法系统的公正性。当项目初步完结后,实验结果体现出十分积极的结果,可以看到青少年对于整个青少年司法系统的公平感从38.0%上升到59.4%。而对于司法系统的公平感的提升是实现青少年犯罪的事前预防的重要措施。因为当对于司法机构的信赖程度的提高青少年愿意选择接受法律的行为指导的前提,当司法机构失去信赖时,一般人也就难以相信良法得以实现,而这将进一步导致一般人有更高的倾向选择采用不法

---

① 孙宏愿、孙怀君:《教育合力对预防青少年犯罪的影响——基于美国 FCIK 组织的研究》,载《青年探索》2011 年第 5 期,第 84 页。

② See Miner-Romanoff K. Juvenile justice education for at-risk high school youth: A pilot program, *Journal of Criminal Justice Education*, 2015, 26(1), pp. 22 – 48.

手段实现自己的利益。而这也就是之前震慑教育计划(scared straight Program)破产的重要原因,因为这种恐吓式措施无法真正建立起一般人与司法机构的互信,只能加剧双方之间的不信任。

因此,对于当下的中国而言,继续坚持以教育为主的矫正措施是十分有必要的,并且教育相关措施应当由具有专业犯罪学知识的司法界人士来主持开展,同时由司法界人士和教育界人士对教育项目作最终的把关。有司法界人士来主持事前预防项目可以保证项目中的课程内容能够真正提高青少年对于青少年犯罪的认知水平。可以看到实现青少年预防的重要措施便是让青少年可以真正认识青少年司法和青少年犯罪,而不仅停留在一个模糊的认识和老师的恐吓式教育的层面。而这是当下中国在事前预防的开展中最需要完善的地方。

(四)创设针对性强、个性化的事前预防项目

作为美国的青少年司法事前预防项目的重要组织者,FCIK 建立了一套完善的事前预防体系,其中 FCIK 为不同年龄层的儿童提供了不同年龄阶段相应的教育项目;同时也针对一般儿童和问题儿童开展了不同的项目,以保证针对问题儿童能够接受更为专业的教育项目。首先,为 0—5 岁儿童提供早教教育,基于孩童时期的智力情感认知对于未来行为存在的重大影响,FCIK 认为对于孩童的早教是预防系统的第一道防线和重要措施,因此针对可能会出现教育缺失的目标对象:3—4 岁的低收入家庭儿童提供免费的教育服务。在美国,典型示例有:1967 年成立芝加哥的亲子中心、密歇根州伊普西兰蒂镇的佩里学前教育项目,在事后进行调查得知,60%—70% 的未参与该项目的少年走上了犯罪的道路。① 其次,学龄青少年改善校内外教育,FCIK 在校内通过榜样游戏(Good Behavior Game)向学龄青少年灌输正确的行为理念,更是通过一定的奖励来强化孩童的榜样行为。而在校外,设立青少年俱乐部为青少年提供更为安全和指导意义和更强的校外环境,通过举办各式娱乐活动培养孩童的正确兴趣爱好。再次,为问题儿童的家长

① 武欣:《美国学前教育早期干预项目的基本要素与项目影响的比较研究——基于佩里计划、初学者项目和芝加哥亲子中心项目》,载《外国教育研究》2020 年第 4 期。

建立培训教育,美国通过保育员—父母合作项目(Nourse-Parent Partnership)和积极养育项目(The Positive Parenting Program)向父母提供了各项必备的抚养技能的培训和相关的辅助项目,减少了父母的教育缺失可能对青少年未来的影响。最后,为问题青少年提供矫治教育,儿童发展关键期计划(Incredible Years)就对有攻击性行为问题的儿童及其家长和教师提供有针对性的培训服务,通过三者的内聚力作用减少儿童的问题行为,提高儿童的社会交往能力、情绪管控技能以及问题解决能力。通过该计划使得三分之二的青少年具有犯罪倾向的问题得到了解决。

中国目前对于青少年犯罪的事前预防项目存在不被重视的问题,事前的教育存在流于形式的问题。而流于形式的事前预防项目往往导致特殊的问题儿童得不到其真正需要的教育,同时形式化的事前预防项目也无法实现针对不同年龄阶层开展具有针对性的教育。而这将导致一般青少年变成问题少年、问题少年发展为青少年罪犯的可能性大大提高,也就是说未来的事后惩治的矫正成本会极大提高。而项目内容个性化、针对化是中国未来在青少年犯罪事前预防项目需要完善和发展的地方。中国的青少年司法的事前预防需要改变过去的"一招鲜,吃遍天"的思想,应当以教育部的《全国教育系统开展法治宣传教育的第七个五年规划(2016—2020 年)》①作为指导方针,落实该《规划》中提出的针对义务教育阶段、高中教育阶段、高等教育阶段的不同特点,分学段开展法治教育。

三、制定相关具体的惩治措施

在美国,当青少年罪犯进入司法程序后,他们首先会置于少年法庭中接受审判。而在这个阶段主要是通过不公开审判和带有教育性质的审判程序来实现一个初步的矫治。矫治可以由两大措施构成。② 第一,少年法庭施行不公开审判制度和犯罪信息的永久封存。在这个阶段,不公开审判搭配犯罪信息被永久封存保证了对于未成年人的个人信息的最大的保护,其目的在于尽可能减少刑事制裁附

① 《教育部关于印发〈全国教育系统开展法治宣传教育的第七个五年规划(2016—2020 年)〉的通知》,政教发〔2016〕15 号,2016 年 7 月 21 日发布。
② 高英东:《美国少年法院的变革与青少年犯罪控制》,载《河北法学》2014 年第 12 期。

随后果对青少年未来发展的制约。因为个人档案上已存在的犯罪记录将对一个人未来的发展产生超过刑事制裁手段本身的消极影响。而对于青少年罪犯来说,这一消极影响将因其更长的存在年限而被进一步放大。因此是有必要将青少年犯罪的犯罪记录进行封存的,其审判记录和信息也应当不予公开。第二,少年法庭的审判阶段也是一个对罪犯的教育过程。在少年法庭上,除了对于案件事实的证明和认证以及相应法律条款的适用外,法官还有一个重要任务便是对青少年罪犯开展再教育活动,通过对青少年罪犯的询问以及法官与青少年罪犯的交流,帮助青少年罪犯认识到自己行为的性质以及后果,矫正其将要或已经扭曲的价值观。而这一再教育程序对于价值观的矫正为后面非监禁化的行为打下了重要基础。可以看到经过矫正的价值观能够让青少年罪犯更愿意与矫正机构合作;同时正确的价值观可以保证青少年罪犯的社会危险性进一步降低,而较低的社会危险性也是青少年罪犯能够参与到非监禁化措施以及与社会接触为社会再接纳的前提性保障。因此对于当下的中国而言,我们需要更大地发挥少年法庭的作用,不仅仅将少年法庭作为一个审判制裁实现司法正义的场所,更应将少年法庭作为一个教育的场所,充分发挥法官和检察官在裁判过程中的作用,实现对青少年罪犯的初步矫正。

在审判阶段程序结束后,青少年罪犯将进入刑事制裁执行阶段。目前美国青少年犯罪的惩治手段以非监禁化措施为主,当前美国大部分州也都采用了非监禁化措施,将青少年的矫治场所设置在一般的监禁场所之外,同时将少年犯与一般成年犯隔离开。[1] 而这样有利于减少监禁措施和成年犯带给少年犯的负面影响,让其能够更快地进入一个正确的恢复轨道。而非监禁场所往往一般为非盈利机构或者政府设置机构。在这些机构中,青少年往往被统一安置。这样一个场所存在为少年犯搭起一个限制自由的生活与完全自由的生活之间桥梁,减少少年犯从一个自由受限的生活中脱离出来存在的隔阂感,帮助其尽快地融入现有的社会

---

① 李亚学:《美国的〈少年司法与犯罪预防法〉及身份罪少年的非监禁化》,载《青少年犯罪问题》2005年第 3 期。

中。① 而在非监禁制裁措施的执行中,对少年犯的一大矫正措施便是社区服务刑,通过委派相应的社区工作项目,让少年犯在假释官的监督下参与到社会工作中,让他们认识到工作的意义,感受到自身对于社会的价值和意义所在。因此社区服务刑能够有效让少年犯感受到自身在社会中的价值和意义同时获得相应的工作技能,减少刑事制裁措施导致青少年被社会遗弃并成为社会的不稳定因素。除了一般的非监禁措施,针对一些高危的少年犯美国还采取了强制性的治疗措施。通过强制的医疗治疗措施如毒品测试和心理治疗,减少不良嗜好对于矫治效果的影响。

对于中国而言,刑法立法需要进一步完善刑罚体系,将更多的非监禁刑如社区刑罚以及服务刑治疗刑纳入刑罚体系中。因为现有单一的监禁刑明显导致大量少年犯在释放后无法适应社会节奏,进而无法完全地融入社会。而这些少年犯将在很长一段时间内都会是社会潜在的不稳定因素,国家和社会因而需要付出更多的代价和更高的成本来实现对这种不稳定因素的有效控制。

结　语

在当前青少年财产犯罪频发、高发的时期,对中美城市青少年财产犯罪的时空分布和防治措施进行比较研究便有着十分重要的理论意义和实践价值。中美城市青少年财产犯罪的时空分布规律具有一定的共性。例如,犯罪高发期都是傍晚和凌晨,犯罪热点区域集中在公共区域和娱乐场所。但是在其中的共性方面,由于文化背景和经济发展水平不同,也蕴含着一定的差异。因此,美国基于其犯罪时空分布特征所设置的家庭、学校以及社会的预防举措需要结合我国实际国情进行借鉴和应用。此外,美国针对青少年犯罪的研究历史悠久,其以恢复性司法为核心,反对重刑主义的基本原则以及立法、教育、家庭和社会方面各具特色的防治措施对我国仍具有重要的启示和借鉴意义。例如,多元主体共同预防、增强青少年对司法机构的信赖、设置个性化的事前预防项目以及以惩罚替代措施的积极应用,等等。

---

① 刁喜忱:《美国青少年犯罪人矫正制度简介》,载《现代法学》1983 年第 2 期。

第四章
中美城市青少年网络犯罪的时空分布与防范对策

　　诞生于 20 世纪 60 年代末的互联网技术,在过去的 50 多年中飞速发展,逐渐渗透到社会生活的各个领域。我国当前的互联网使用主体规模不断扩大,青少年网民数量与日俱增,义务教育阶段对计算机课程的重视以及互联网移动终端的普及,使得越来越多的城市青少年面临网络安全的威胁,同时遭受各种网络犯罪的诱惑,由此导致城市青少年网络犯罪成为我国预防青少年犯罪重点关注的领域。与此相对应,美国互联网技术发展成熟,尤其是对青少年网络犯罪的研究起步较早,其在这一领域积累的有益经验,对于我国防治此类犯罪具有积极的参考价值。本文在对国内外最新研究文献进行梳理分析的基础上,通过总结中美城市青少年网络犯罪的时空分布规律,对我国制定具体的青少年网络犯罪防范对策具有重要的指导作用。[①] 论文通过对中美城市青少年网络犯罪时空分布规律进行比较分析,试图通过时空分布特点剖析,以明确青少年网络犯罪在时空分布方面的发展趋势和防控重点,进一步发现既有防控对策存在的问题和不足,进而提出防治我国城市青少年网络犯罪的对策建议。

　　此外,尽管近年来网络犯罪已经成为多发性犯罪,但是碍于其集合性、复杂性,学界并未就此形成统一的定义。一般而言,网络犯罪是指行为人运用计算机技术,借助于网络对其系统或信息进行攻击,破坏或利用网络进行其他犯罪的总称。既包括行为人运用其编程、加密、解码技术或工具在网络上实施的犯罪,也包括行为人利用软件指令实施的犯罪。同传统犯罪类型相比,网络犯罪具有成本

---

　　① 本章所指的青少年网络犯罪的时空分布,在时间分布上主要指作案时间分布,具体包括但不限于每日 24 小时的时间分布规律以及特殊时间段、案发季节、年份分布规律等。在空间分布上主要是指案发地点、特殊的物理场所、地理空间和位置等。

低、传播迅速、传播范围广、互动性、隐蔽性高、取证困难等鲜明特点。普通类型的网络犯罪既包括网络系统或产品加密等技术及法律规定上的漏洞在网络内外交互实施的犯罪，也包括行为人借助其居于网络服务提供者特定地位或其他方法在网络系统实施的犯罪。网络犯罪是针对和利用网络进行的犯罪，网络犯罪的本质特征是危害网络及其信息的安全与秩序。在犯罪学领域，多数学者认为网络犯罪是利用网络空间或计算机技术实施的犯罪或越轨行为。[①] 具体到青少年网络犯罪领域，其所涵盖的内容则更为扩张。例如，有学者提出青少年网络犯罪包括青少年实施的以计算机系统或网络为对象的违法犯罪行为、将计算机网络作为工具或媒介实施的违法犯罪行为以及网络作为诱因的情况下青少年所实施的犯罪。[②] 本文认为，从犯罪学理论和犯罪防控实践的角度进行考量，不宜将由网络诱发的青少年犯罪纳入到青少年网络犯罪的研究范畴。原因在于这一定义并未对犯罪原因和犯罪行为进行严格区分。[③] 此外，该学者提出的青少年网络犯罪概念的界定很大程度上也会扩张学者们的研究范围，不但会增加研究难度，还容易降低研究成果的聚焦性。基于此，本文将青少年网络犯罪界定为6—25周岁青少年（其中多数是不满18周岁的未成年人）实施的以计算机系统或网络为目标的，或以网络为工具的越轨或违法犯罪行为。

第一节　中美城市青少年网络犯罪的时间分布

一、中国城市青少年网络犯罪的时间分布

随着时间的推移，网络犯罪逐渐成为青少年犯罪的重要类型。有早期文献提

---

① See Peter N Grabosky: "Virtual Criminality: Old Wine in New Bottles?". *Social & Legal Studies*, Vol. 10, No. 2, June, 2001, pp. 243 - 249.

② 于冲:《三网融合背景下青少年网络犯罪的现状和发展趋势探究》，载《青少年犯罪问题》2014年第1期。

③ 一般而言，犯罪原因是导致犯罪发生的各种可能因素的集合，犯罪行为则是犯罪原因所引起的行为人实施的特定行为。犯罪原因往往是多元的而非单一的，用某一个犯罪诱因定义犯罪行为往往容易引起相关概念上的混乱。

到,在 1998 年时,我国公安机关立案侦查的青少年网络犯罪案件仅有一百多起,次年增至 400 多起,2001 年便高达 4545 起。① 近十年间,我国的青少年网民规模持续扩大,青少年互联网普及率逐年上升。② 2019 年我国的未成年网民数量达到 1.75 亿,未成年人互联网普及率已经高达 93.1%。③ 当前,青少年首次接触网络的年龄越来越小,互联网在青少年群体中的普及率不断提高,这也意味着越来越多的青少年置身于日益复杂的网络环境中,面对着更多网络犯罪的机会。在我国网络犯罪数量连年攀升的情况下,网络犯罪低龄化的趋势也越来越明显。近年来,我国网络犯罪案件数量逐年上升,增速变快,2017 年同比上升 32.58%,2018 年同比上升 50.91%。④ 2017 年 11 月,广州市某法院发布了该院的网络犯罪白皮书,指出被告人年轻化趋势较为明显,在该院审理的 2011—2017 年的网络犯罪案件中,18—29 岁的青年被告人占比高达 80.67%。⑤ 次年,北京市某区人民检察院发布的《网络安全刑事司法保护白皮书》披露,网络犯罪主体呈现出低龄化、低学历的特点,该院受理的网络犯罪案件中,"90"后被告人占比为 38%。⑥ 结合以上数据可以预见到,随着社会的发展,网络技术的进步和网络基础设施的完善,网络犯罪在青少年犯罪中的比重将会不断提升。

---

① 张颖:《青少年网络犯罪的现状及对策》,载《辽宁行政学院学报》2010 年第 4 期。
② 资料源于《2015 年中国青少年上网行为研究报告》,载中国互联网络信息中心,http://www.cnnic.net.cn/hlwfzyj/hlwmrtj/,访问日期:2024 年 8 月 10 日。
③ 资料源于《2019 年全国未成年人互联网使用情况研究报告》,载中国互联网络信息中心,http://www.cnnic.net.cn/hlwfzyj/hlwmrtj/,访问日期:2024 年 8 月 10 日。
④ 资料源于《司法大数据专题报告之网络犯罪特点和趋势(2016.1—2018.12)》,载最高人民法院网,http://www.court.gov.cn/fabu-xiangqing-202061.html,访问日期:2024 年 8 月 10 日。
⑤ 资料源于《海珠区法院发布 7 年来网络犯罪审判情况白皮书被告人年轻化趋势明显》,载南方都市报,http://www.ccidnet.com/2017/1107/10329256.shtml,访问日期:2024 年 8 月 10 日。
⑥ 资料源于《北京海淀区:发布网络安全刑事司法保护白皮书》,载最高人民检察院网,https://www.spp.gov.cn/spp/dfjcdt/201806/t20180618_382064.shtml,访问日期:2024 年 8 月 10 日。

　　就微观的具体案例而言①,青少年网络犯罪在时间上呈现出以下三个特点。第一,我国青少年实施的网络犯罪行为往往在一段时间内持续、多次发生。笔者在中国裁判文书网随机抽取了 40 个三年内的青少年网络犯罪案例,其中有 33 个案例中的被告人在几天到几个月甚至几年不等的时间内持续作案。网络犯罪特有的隐蔽性、复杂性等特点使得此类案件的发现和侦破与传统案件相比需要更长的时间,因此作案人可能在作案后没有立即被抓获,有机会采用同样的手段继续重复作案。第二,青少年网络犯罪一般不具有突发性。青少年实施的传统犯罪如故意杀人、故意伤害、强奸、抢劫等暴力犯罪一般具有突发性,往往是由于某个事件使其产生愤怒、冲动等消极情绪,进而在激情下实施犯罪。而青少年网络犯罪除了在时间上具有连续性之外,还具有稳定性。青少年的单独网络犯罪,往往是在行为人经过考虑和计划之后,才实施具体的犯罪行为;青少年的共同网络犯罪,通常是在几个行为人经过商议,或是技术的学习之后,有了充分的准备才采取行动。第三,青少年网络犯罪通常没有较为固定的时点,仅在一些特殊的犯罪类型上体现出时间选择性。最高人民法院 2018 年发布的相关报告中提到,未成年人犯罪案件多发生在深夜和凌晨,晚 9 点左右是高发时段。② 但是网络犯罪作为一种新型犯罪,打破了传统犯罪发生时点的一般规律,让行为人在作案时间上受到的限制减少,青少年利用网络实施多数犯罪时通常没有确定的时间段。而青少年在实施一些特殊类型的犯罪,尤其是性犯罪时,会特别选择在夜间进行。如 2019 年发生的一起引诱未成年人聚众淫乱的案件,18 岁的许某与其同伙选择在晚上

---

　　① 参见(2020)湘 0502 刑初 176 号、(2020)闽 0622 刑初 99 号、(2020)浙 0783 刑初 276 号、(2020)浙 0382 刑初 208 号、(2020)甘 0191 刑初 36 号、(2020)赣 0111 刑初 125 号、(2020)湘 1229 刑初 27 号、(2020)渝 0107 刑初 35 号、(2020)苏 1091 刑初 9 号、(2020)云 0328 刑初 22 号、(2020)浙 0203 刑初 34 号、(2020)冀 1022 刑初 97 号、(2020)湘 0124 刑初 84 号、(2020)粤 0113 刑初 1128 号、(2020)浙 1023 刑初 150 号、(2020)粤 0306 刑初 772 号、(2020)粤 1972 刑初 463 号、(2020)鲁 0211 刑初 524 号、(2020)浙 0324 刑初 195 号、(2020)赣 1129 刑初 102 号、(2020)豫 1729 刑初 178 号、(2020)苏 0213 刑初 78 号、(2020)苏 0213 刑初 208 号、(2020)粤 0111 刑初 903 号、(2018)闽 0582 刑初 2376 号、(2019)豫 0421 刑初 18 号、(2018)皖 0403 刑初 585 号、(2019)浙 0683 刑初 369 号、(2019)豫 1323 刑初 453 号、(2020)皖 06 刑终 65 号、(2017)皖 0603 刑初 423 号、(2018)皖 0523 刑初 7 号、(2020)粤 01 刑终 335 号刑事判决书。

　　② 资料源于《从司法大数据看我国未成年人权益司法保护和未成年人犯罪特点及其预防》,载最高人民法院网,http://www.court.gov.cn/fabu-xiangqing-99402.html,访问日期:2024 年 8 月 10 日。

11 点之后进行全裸色情表演。① 这说明,少数特殊类型的青少年网络犯罪在发生时点上有规律可循,这有利于明确防控此类犯罪的重点。

二、美国城市青少年网络犯罪的时间分布

美国有学者认为,网络犯罪没有标准的法律定义,也缺乏有效和可靠的官方数据,所以几乎不可能准确地估计多数国家网络犯罪的具体数量。虽然在过去的几十年里,网络犯罪领域的文献数量快速增长,但是直到现在,该领域学者面临的一大挑战仍然是缺乏关于多数类型网络犯罪的官方统计数据。在美国,常用的数据来源是联邦调查局的统一犯罪报告(Investigation's Uniform Crime Report's Summary Reporting System),但是其中关于网络犯罪的数据却少之又少,因此,学者们重点通过大学生样本和其他一些人群样本进行调查。② 研究青少网络犯罪的学者面临着同样的问题,但是我们可以从一些官方和非官方的相关数据大致了解到美国青少年网络犯罪的发展现状。

美国城市青少年网络犯罪的数量和严重性总体上呈现出随时间发展逐渐增高的趋势。伴随着传统的街头犯罪率的下降,网络犯罪的发生率在不断增加③。2015 年,有研究人员对一些相关资料进行分析后发现,从 20 世纪 90 年代初开始,美国传统的财产犯罪和暴力犯罪的发生率大幅度下降,这在一定程度上反映出网络财产犯罪发生率不断上升的趋势。④ 美国联邦调查局网络犯罪投诉中心(FBI's Internet Crime Complaint Center,以下简称 IC3)发布的《2019 年网络犯罪报告》展现了近五年来该机构收到的网络犯罪投诉数量,以及网络犯罪财产损失金额的变化。从 2015—2019 年,IC3 收到的网络犯罪投诉量由 288012 件,逐年上升至

---

① 参见许某 1 聚众淫乱案,江西省万年县人民法院第(2020)赣 1129 刑初 102 号刑事判决书。

② See Bossler, Berenblum, Introduction: "New Directions in Cybercrime Research", *Journal of Crime and Justice*, Vol. 42, No. 5. November, 2019, pp. 495 – 499.

③ See M. Tcherni, A. Davies, G. Lopes, A. Lizotte: "The Dark Figure of Online Property Crime: Is Cyberspace Hiding a Crime Wave?" *Justice Quarterly*, Vol. 33, No. 5. April, 2016. pp. 1 – 22.

④ 资料源于《美最新研究:过去 20 年美国网络犯罪率升高》,载中国社会科学报,http://www.globalview.cn/html/law/info_1466.html,访问日期:2024 年 8 月 10 日。

467361 件,网络犯罪造成的财产损失从 11 亿美元,逐渐增加到 35 亿美元。① 早在 2012 年,美国青少年的互联网普及率就高达 95%,②青少年越来越多地接触互联网和使用各种社交媒体。2012 年美国有 34% 的青少年表示自己每天使用社交媒体一次以上,而到了 2018 年这一数字变成了 70%,美国拥有自己手机的青少年占比也从 41% 上升到了 89%。一系列数字表明青少年网络犯罪的形势随着时间和网络技术的发展愈加严峻。

从微观上考察,美国城市青少年实施的网络越轨行为多为持续性行为,同在校时间、个人生命周期有一定关联。网络欺凌和网络性勒索是美国学者研究较多的青少年网络越轨行为,这两种主要的越轨行为都具有时间上的持续性。网络欺凌是通过互联网或者短信对被害者进行侮辱、诽谤等。③ 在美国,大约每四个青少年中就有一个曾经受到过网络欺凌,约每六个青少年中就有一个曾实施过网络欺凌。④ 网络欺凌的一个特点就是通过互联网故意反复地对他人进行攻击和发送敌对的信息。⑤ 网络性勒索是指以发布受害者的色情图片或信息作为胁迫手段进行的性剥削,由于受害者担心自己名誉受损通常在很长一段时间内被这种行为迫害。⑥ 网络欺凌有很大一部分是校园欺凌行为在虚拟空间的延伸,所以其发生时间和青少年在学时间有一定关联。2013 年大约有 7% 的年龄在 12—18 岁的学生在上学期间反复受到网络欺凌。⑦ 部分类型的青少年网络犯罪的发生率和

---

① See FBI's Internet Crime Complaint Center(IC3),"2019 INTERNET CRIME REPORT",Accessed November14,2020. https://www. ic3. gov/Media/PDF/AnnualReport/2019_IC3Report. pdf.

② 资料源于《美最新研究:过去 20 年美国网络犯罪率升高》,载中国社会科学报,http://www. globalview. cn/html/law/info_1466. html,访问日期:2024 年 8 月 10 日。

③ Patchin J W,Hinduja S. Bullies move beyond the schoolyard:A preliminary look at cyberbullying,*Youth violence and juvenile justice*,2006,4(2),pp. 148 – 169.

④ Cyberbullying research center,"Cyberbullying Facts",Accessed November15,2020. https://cyberbullying. org/facts.

⑤ Tokunaga R S,Following you home from school:A critical review and synthesis of research on cyberbullying victimization,*Computers in Human Behavior*,2010,26(3),pp. 277 – 287.

⑥ See Larry J. Siegel,Brandon C. Welsh,:*Juvenile Delinquency Theory*,*Practice*,*and Law*(Thirteenth Edition),Cengage Learning,2018. pp. 109 – 113.

⑦ See Clemens Bartollas,Frank Schmalleger,Michael G. Turner. :*Juvenile Delinquency*(Tenth Edition),Pearson Education,2018. pp. 1 – 25.

个人生命周期有一定相关性。如网络骚扰,即利用网络跟踪潜在的受害者,传播威胁、欺凌他人的信息或传播诋毁他人的谣言。这种行为的发生率以青少年的年龄作为调节因素,有研究表明,女孩在青春期早期更容易实施网络骚扰行为,而男孩在青春期后期更容易实施网络骚扰行为。①

三、中美城市青少年网络犯罪的时间分布规律

中美城市青少年网络犯罪的时间分布特点在一定程度上具有相似性。城市青少年网络犯罪具有时间上的规律性,从纵向的时间维度来看,随着时间发展,青少年网络犯罪形势变得更加严峻。中美相关数据表明,社会经济发展水平越高,互联网技术越发达、网络基础设施越完善、青少年群体的网络普及率越高,青少年参与网络犯罪的可能性就越大。当前网络犯罪在所有犯罪类型中所占比重日渐上升,越来越多的传统犯罪以网络为媒介,也有更多新类型的网络犯罪正在发生,网络犯罪低龄化正在成为一种不可忽视的社会现象。在将来,应当将治理网络犯罪作为预防青少年犯罪的重要发力点。

青少年网络犯罪通常体现出时间上的稳定性和持续性,特殊类型的网络犯罪具有独特的时间规律。与传统犯罪相比,青少年实施的网络犯罪一般不具有突发性,而是在经过个人或团体的精密策划或是认真思考后才实施的犯罪行为。城市青少年网络犯罪具有隐蔽性、复杂性特点,尤其是网络财产犯罪,受害人在被害初期不易察觉,警方在犯罪后期侦破难度更大,因此,此类犯罪往往具有时间上的持续性。此外,对于网络性勒索、网络欺凌等特殊类型的网络越轨行为而言,则很大程度上是因为受害人出于各种顾虑不愿或不敢揭发对方的犯罪行为,使得对方愈发肆无忌惮、多次反复针对同一受害者实施越轨行为。一些特殊类型的网络犯罪还具有时间上的选择性,主要体现在性犯罪、网络欺凌和网络骚扰三种类型的越轨行为。实施性犯罪的青少年主体会特别选择深夜、凌晨等较为隐蔽的时间段;网络欺凌行为一般是传统的校园欺凌在虚拟空间的延伸,因此其发生时间同学生

---

① See M. Donner, : "The Gender Gap and Cybercrime: An Examination of College Students' Online Offending", *Victims & Offenders*, Vol. 11, No. 4. May, 2016. pp. 556 – 577.

在学时间具有较强的相关性;网络骚扰则在个体的生命周期中体现出特殊规律,青春期前期女性更容易实施此类行为,青春期后期则是男性更容易实施此类行为,这和不同性别的发育成熟规律在一定程度上相吻合。对于上述这些特殊类型的网络犯罪,可以根据其时间分布规律有针对性地制定相应的防控对策。

第二节　中美城市青少年网络犯罪的空间分布

一、中国城市青少年网络犯罪的空间分布

从宏观的案发地域来看,青少年网络犯罪在我国的分布较为广泛,并非某个省份特有的问题,但是南方省份案发数量居多,尤其是东南沿海地区。最高法院发布的网络犯罪特点与趋势专题报告中提到,我国东南沿海地区利用网络实施诈骗的情况比较严重,整体呈现出从东南部向北部、中部和西部递减的态势,福建、江苏、浙江等地的网络犯罪数量在全部刑事案件中所占比重高于全国平均水平。[①] 2015 年的未成年人犯罪特点与趋势专题报告中指出,未成年人犯罪案件数量最高的是云南、河南和贵州三个省份,而各省外来未成年人犯罪数量最多的则是浙江、福建、江苏。[②] 笔者在裁判文书网随机抽取的 40 个青少年网络犯罪案例遍及全国 15 个省、直辖市,其中发生在南方省份的有 35 个,占总体比重达到 87.5%,浙江、广东、江苏、安徽、福建的案件发生量占南方省份案发量的 68%。这与东南沿海地区经济发达,外来务工人员较多有一定关系。一方面,低龄青少年可能随外出务工的父母居住在东南沿海省份,或是一部分青少年自己外出务工,这类人群经济状况、居住环境、受教育情况与本地人相比可能较差,更容易产生犯罪动机。另一方面,西南部地区经济状况较差,一些家庭中父母外出务工后子女便成为留守儿童,在监护不利的情况下可能走上违法犯罪的道路。

---

①　资料源于《司法大数据专题报告之网络犯罪特点和趋势(2016.1—2018.12)》,载最高人民法院网,http://www.court.gov.cn/fabu-xiangqing-202061.html,访问日期:2024 年 8 月 10 日。

②　资料源于《司法大数据专题报告之未成年人犯罪》,载最高人民法院网,http://www.court.gov.cn/fabu-xiangqing-71052.html,访问日期:2024 年 8 月 10 日。

以微观的视角分析,我国青少年网络犯罪具有网络空间内的聚集性、外部空间上的分散性以及选择空间规训盲点的特点。其一,我国青少年网络犯罪通常为共同犯罪,青少年单独实施网络犯罪的情况很少。最高法院发布的相关专题报告显示,我国网络犯罪案件中,有超过 40% 的案件是由两人及两人以上共同实施的。其中,三人及以上团伙实施的网络犯罪案件占全部网络犯罪案件的比重也在逐年攀升。① 笔者在裁判文书网随机检索到的 40 个青少年网络犯罪案件中,由两人及以上共同实施的有 26 个,占全部案件的 65%。这说明实施网络犯罪的青少年通常选择与其共犯在网络虚拟空间中聚集,共同实施犯罪行为。其二,青少年网络犯罪具有外部空间上的分散性。实施网络犯罪的青少年与其他共犯人可能现实中不在同一地理空间,现实中存在多人分散于多地共同实施网络犯罪的行为,同时受害者也通常与行为人在地理上相距甚远。其三,青少年实施网络犯罪时通常选择对自身而言规制、束缚较小的地点。无论是单独犯罪还是共同犯罪,青少年在选择实施网络犯罪的地点时更倾向于自己家中、出租房、宾馆酒店等地,其中宾馆酒店和租赁的居民楼、公寓是网络犯罪团伙选择比较多的地点。

二、美国城市青少年网络犯罪的空间分布

总体而言,美国的青少年网络犯罪分布呈现出一定的地域特征,案发数量从沿海沿边地区向内陆递减。IC3 发布的《2019 年网络犯罪报告》显示,受害者数量最多的 5 个州分别是加利福尼亚州、得克萨斯州、佛罗里达州、纽约州以及华盛顿州,财产损失最多的 5 个州分别是加利福尼亚州、德克萨斯州、俄亥俄州、新泽西州以及伊利诺伊州。② 在地理位置上,网络犯罪的受害者数量和财产损失金额是从西部沿海、南部、西南部沿海、西北部地区向内陆地区递减。结合美国各州的经济发展状况可知经济较为发达的州通常也是网络犯罪高发的地点。

在微观上,美国青少年实施网络越轨行为时通常选择无监管的地点,犯罪团

---

① 资料源于《司法大数据专题报告之网络犯罪特点和趋势(2016.1—2018.12)》,载最高人民法院网,http://www. court. gov. cn/fabu-xiangqing-202061. html,访问日期:2024 年 8 月 10 日。

② See FBI's Internet Crime Complaint Center(IC3),"2019 INTERNET CRIME REPORT",Accessed November14,2020. https://www. ic3. gov/Media/PDF/AnnualReport/2019_IC3Report. pdf.

伙、帮派从线下向线上转移。除此之外,青少年实施的网络越轨行为多数具有跨地域、跨国界的特点。有学者的研究指出,实施网络越轨行为的青少年通常在个人环境中使用计算机,躲避父母以及其他人的监管。① 上文提到,2012—2018 年,美国拥有自己手机的青少年占比从 41% 上升到 89%。② 随着网络终端的不断演变,利用网络的自由度和便利性都大大提高,对于如今掌握上网技术、拥有多种上网设备的青少年而言,实施网络越轨行为的可能性也更大。美国传统青少年犯罪中常见的帮派犯罪已经开始从线下聚集向网络聚集转变。帮派成员现在经常通过社交网站进行帮派成员之间的相互交流和与毒品客户之间的联络,同时还通过国外社交软件和社交网站宣传自己的帮派活动、吹嘘帮派生活的好处,以招募新的帮派成员。例如,BMS 帮派是美国加利福尼亚州的"Black MOB"和"Skanless"两个帮派的结合,他们利用社交网站用说唱表演视频和具有吸引力的帮派生活承诺引诱年轻女孩儿加入帮派,然后逼迫这些年轻女孩从事性交易。美国的学者斯科特·德克尔和大卫·皮罗兹(Scott Decker and David Pyrooz)经过调查后得出结论,帮派成员的身份对犯罪的影响同样适用于网络犯罪,帮派成员对八种类型网络犯罪(非法下载数字产品、网上销售毒品、网络骚扰等)的参与程度比其他群体高出两倍。③ 互联网技术的发展也为美国青少年的跨国犯罪提供了媒介。"伊拉克和黎凡特伊斯兰国"(Islamic State of Iraq and the Levant,以下简称 ISIL)等国际恐怖组织经常利用互联网吸引青少年实施跨国犯罪活动。在一起案件中,芝加哥地区的一个青少年(Mohammed Hamzah Khan)被号召与他的弟弟妹妹一起加入 ISIL,在他们即将登上飞往维也纳和土耳其伊斯坦布尔的飞机时被捕;另一起案件中,一名来自弗吉尼亚的 17 岁高中生承认支持 ISIL 并充当中间人,介绍自己学

---

① See Thomas J. Holt, Adam M. Bossler, David C. May, : "Low Self-Control, Deviant Peer Associations, and Juvenile Cyberdeviance". *American Journal of Criminal Justice*, Vol. 37, No. 3. May, 2012. pp. 378 – 395.

② 资料源于《美最新研究:过去 20 年美国网络犯罪率升高》,载中国社会科学报,http://www. globalview. cn/html/law/info_1466. html,最后访问日期:2024 年 8 月 10 日。

③ See Larry J. Siegel, Brandon C. Welsh, : *Juvenile Delinquency Theory, Practice, and Law* (Thirteenth Edition), Cengage Learning, 2018. pp. 109 – 113.

校的朋友也加入叙利亚的团体。①

三、中美城市青少年网络犯罪的空间分布规律

城市青少年网络犯罪在空间分布方面的特点并未因所处国家不同而呈现出较大差异,反而同时间分布特征一样具有较强的规律性。沿海地区、经济发达地区是城市青少年网络犯罪的高发区域。我国和美国的网络犯罪案发量均呈现出从沿海地区、经济发达地区向内陆地区、经济发展落后地区逐级递减的特征。一方面,沿海地区、经济发达地区通常是外来人口流入的重点区域,流入人口可能由于不适应本地生活,受教育程度、收入水平、交友水平等因素的影响更容易实施网络犯罪;另一方面,经济发达的地区往往网络基础设施更完善、网络普及率更高,潜在的犯罪机会也会更多。因此,这些地区和其他地区相比网络犯罪的发生率更高。在防控城市青少年网络犯罪时,应当重点关注此类网络犯罪高发的地域。

此外,青少年网络犯罪还具有网络空间内的聚集性、外部空间上的分散性以及选择空间规训盲点的特点。网络空间内的聚集性是指在青春期后期,青少年单独实施网络犯罪的情况较少,网络会成为越轨青少年之间交流联络的平台,他们会通过社交网站在网络上聚集,然后共同实施网络犯罪。例如,我国经常出现的青少年参与或组织的网络诈骗团伙,美国的传统帮派将阵地转移到网络上,国际恐怖组织通过网络社交媒体招募年轻的参与者等。外部空间上的分散性是指实施网络犯罪的青少年群体打破了地理空间的限制,青少年更多地选择实施跨地域甚至跨国界的网络犯罪,身处不同的地域却通过网络共同实施犯罪行为。社会是一个具有复杂性和整体性的系统,在实际生活中,空间内会存在一些规训盲点,或者是空间规训从形式上被撤销,以致丧失对个体行为的规范作用。② 城市青少年实施网络犯罪时通常会选择空间规训盲点作为作案地点。如,我国青少年通常选择家中、宾馆酒店、出租房、居民楼等作为实施网络犯罪的地点,美国青少年也通常会在有网络终端的个人环境内躲避父母监管以实施网络犯罪。可以根据城市

---

① See Larry J. Siegel, Brandon C. Welsh, : *Juvenile Delinquency Theory, Practice, and Law* (Thirteenth Edition) ,Cengage Learning ,2018. pp. 109 – 113.

② 常进锋:《时空社会学:青少年犯罪成因的新视角》,载《中国青年社会科学》2020 年 1 期。

青少年网络犯罪呈现出的这些空间分布规律,有针对性地制定相应的防控对策。

第三节 中美城市青少年网络犯罪的防范对策

青少年网络欺凌、网络色情行为也是美国在防范青少年网络犯罪时重点关注的领域。近年来,我国一方面继续加强对网络诈骗等典型青少年网络犯罪行为的防控,另一方面也更加重视对青少年网络欺凌、网络色情等越轨行为的预防。在防范青少年网络犯罪方面,中美两国均实现了多元主体的参与,积累了丰富的经验。我国多从宏观上把握,对相关社会环境、网络环境进行综合治理,取得良好的社会整体效果。美国则更侧重于微观方面,官方组织和民间的非营利组织所设计和实施的相关教育项目,能够较为精准地预防此类行为。

一、防范青少年网络欺凌行为的防治对策

网络欺凌是常见的网络越轨行为之一,它经常发生在青少年之间,特别是在校学习的同龄人之间。[1] 有研究表明,多数青少年网络欺凌通常和线下的欺凌或者骚扰相伴发生,约有 2/3 的网络欺凌案例和传统的线下欺凌有关。[2] 因此,一些预防传统校园欺凌的举措,在防止网络欺凌方面同样能够产生显著效果。[3]

美国针对青少年网络欺凌的相关项目和防范对策有以下几种:(1)美国的国家犯罪预防委员会(National Crime Prevention Council)开发了一个面向6—10 岁儿童的犯罪预防和安全教育项目,名为"McGruff Club"。麦格拉夫俱乐部(McGruff club)教育儿童在面对社区内可能发生的犯罪和暴力时保护自己的安全,并引导他们参与更多的社区内的安全项目。参加此项目的儿童每周参与一次 30—45 分钟的集会,

---

① See Karlie E. Stonard, Erica Bowen, Tony R. Lawrence, Shelley A. Price, : "The relevance of technology to the nature, prevalence and impact of Adolescent Dating Violence and Abuse: A research synthesis", *Aggression and Violent Behavior*, Vol. 19, No. 4. July, 2014. pp. 390 – 417.

② See Mitchell, K. J. et al. , : "The role of technology in peer harassment: Does it amplifyharm for youth?" *Psychology of Violence*, Vol. 6, No. 2. March, 2016. pp. 193 – 204.

③ See Hannah Gaffney et al. , : "Are cyberbullying intervention and prevention programs effective? A systematic and meta-analytical review", *Aggression and Violent Behavior*, Vol. 45, No. 1. March-April, 2019. pp. 134 – 153.

共同学习、讨论关于网络安全等方面的问题。① （2）美国政府建立了预防青少年欺凌行为的官方网站（StopBullying. gov），其中有专门的关于预防网络欺凌的板块，为父母、学校提供防范此类行为的指导。如，让父母意识到网络欺凌对孩子产生的长期负面影响，倡导父母适度监控孩子的上网行为、关注其网络动态等。呼吁学校的教师和其他管理人员，及时发现发生在学校内的网络欺凌，促进和学校和家庭之间的联系。② （3）WiredSafety. org 是由美国威斯康星州的一个慈善机构运营的网络犯罪预防项目。WiredSafety 建立于 1995 年，致力于维护网络安全，以及提供相关教育、帮扶服务等，其向各个年龄段的网络用户提供关于网络欺凌、网络骚扰等越轨行为的信息资源，并为他们提供一对一的帮助。该项目的主要内容包括：对网络欺凌、网络骚扰、网络虐待或其他网络犯罪的受害者提供支持和帮助；就网络犯罪的预防、发现、调查等问题，向执法人员提供咨询和协助；为青少年、家长、社区、学校、执法者提供网络安全方面的教育和可用于线下教育活动的相关资料等。③

从知网相关文献的数量来看，我国对青少年网络欺凌行为的关注和研究从 2017 年开始有了大幅提升。实践中对此类行为的预防主要体现在立法的更新，以及官方发起的相关专项行动方面。（1）2020 年新修订的《未成年人保护法》增设了"网络保护"专章，关注到对未成年人个人信息的保护，以及对网络欺凌行为的预防和救济。其中，第七十七条规定任何组织和个人不能对未成年人实施网络欺凌行为，受到网络欺凌的未成年人、其父母、监护人有权要求网络服务提供商采取相应措施制止此类行为，防止影响扩大。④ （2）2021 年 6 月，最高人民检察院开

---

① See National Crime Prevention Council, "McGruff Club", Accessed November 16, 2020. https://www. ncpc. org/programs/mcgruff-club/.

② See stopbullying. gov, "Cyberbullying", Accessed November 16,2020. https://www. stopbullying. gov/cyberbullying/cyberbullying-tactics.

③ See WiredSafety, "ABOUT WiredSafety", Accessed November 16,2020. https://www. wiredsafety. com/.

④ 《中华人民共和国未成年人保护法（2020 修订）》第七十七条第 1 款规定："任何组织或者个人不得通过网络以文字、图片、音视频等形式，对未成年人实施侮辱、诽谤、威胁或者恶意损害形象等网络欺凌行为。"第七十七条第二款规定："遭受网络欺凌的未成年人及其父母或者其他监护人有权通知网络服务提供者采取删除、屏蔽、断开链接等措施。网络服务提供者接到通知后，应当及时采取必要的措施制止网络欺凌行为，防止信息扩散。"

展"'检爱同行,共护未来'未成年人保护法律监督专项行动",重点推动各项校园欺凌防治措施的落实。在加强防范传统校园欺凌行为的同时,通过与网信、公安机关等相关部门的配合,整治网络环境,预防未成年人的网络欺凌行为。[①] (3)每年7—8月的暑假期间,是青少年利用网络的高峰期,也是青少年网络欺凌行为的高发时段。因此,2021年7月,我国中央网信办专门启动"清朗·暑期未成年人网络环境整治"专项行动,严厉查处相关网络欺凌和网络暴力行为,预防青少年的不良网络社交行为。[②] 除上述举措外,近年来,不少电视台的法制栏目开始关注青少年网络欺凌问题,以典型案例讲解的方式引起社会各界的重视。如广东电视台的《南粤警视》栏目播出的网络欺凌专题节目——《向网络霸凌宣战》,揭露网络欺凌行为背后的利益链条,鼓励青少年向此类行为宣战,拿起法律武器保护自身权益。

二、防范青少年网络色情行为的防治对策

美国有些学者将青少年之间的网络色情行为定义为通过互联网或手机制作、传输或交换青少年自制的带有性暗示的图像或其他信息。[③] 这种网络色情行为在年龄较大的青少年群体中更容易发生。[④]

美国防治青少年网络色情行为的对策主要有三类:美国防治青少年网络色情行为的对策主要有三类:(1)立法改革。在儿童色情法的框架下,立法改革是对青少年网络色情行为的普遍回应,包括将此类行为划分为轻罪、不留存犯罪记录以及对犯罪主体进行矫治等。得克萨斯州曾进行此类立法改革,其以州学校安全

[①] 资料源于《充分履行"四大检察"法律监督职能 助力完善未成年人保护大格局》,载最高人民检察院网上发布厅,https://www.spp.gov.cn/spp/xwfbh/wsfbt/202104/t20210429_517069.shtml#3,访问日期:2024年8月10日。

[②] 资料源于《中央网信办启动"清朗·暑期未成年人网络环境整治"专项行动》,载中华人民共和国国家互联网信息办公室,http://www.cac.gov.cn/2021-07/21/c_1628455293580107.htm,最后访问日期:2024年8月10日。

[③] See Madigan S, Villani V, Azzopardi C, et al. :"The prevalence of unwanted online sexual exposure and solicitation among youth: A meta-analysis." *Journal of Adolescent Health*, Vol. 63, No. 2. August, 2018. pp. 133–141.

[④] See Mitchell K J, Finkelhor D, Jones L M, et al. :"Prevalence and characteristics of youth sexting: A national study". *Pediatrics*, Vol. 129, No. 1. January, 2012. pp. 13–20.

中心开发的防止色情行为教育计划替代对青少年的严厉处罚,实施网络色情行为的青少年被强制参加在线教育课程。(2)针对多主体的教育计划。美国的国家失踪与被剥削儿童中心(National Center for Missing and Exploited Children,NC-MEC)曾经开展过一项名为"Think Before You Post"的活动,向青少年普及通过互联网发布色情信息的后果。此外,NCMEC 还开发了相关的互动式教育计划,即"NetSmartz Workshop",为青少年、家长、教育工作者、执法工作者提供网络安全教育,强调家长教育和监督的重要性。① (3)相关网络技术的运用。在美国政府的号召下,主要的网络服务提供者和相关企业致力于信息选择技术的开发,利用过滤软件使青少年远离有害信息的侵害。如 Surf-Watch、Cyber-Patrol 等软件可以限制个人对特定网址的获取。微软等 39 家公司联合发布的互联网内容筛选平台(Platform for Internet Content Selection,PICS),通过在信息源和信息接受者之间加入过滤软件的方法实现互联网内容的选择。②

近年来,我国网络直播行业快速发展,网络直播用户的规模也迅速增长。③ 16—25 周岁年龄段的青少年所实施的网络色情行为,多为网络色情直播。不少案例中的青少年为了满足自己的消费欲望,采取网络色情直播的方式获取非法利益。④ 公安机关对此类行为的严厉打击和在网络社交平台的公开通报,能够对青少年起到一定警示作用。近期,中央网信办启动的暑期网络环境整治专项行动,该行动也将青少年的网络色情行为作为重点关注对象。一方面,严禁 16 周岁以下的未成年人在网络直播中出镜;另一方面,约谈相关网络平台负责人,责令其针

---

① See Texas School Safety Center. Teen Sexting and Prevention Strategies. https://txssc.txstate. edu/topics/digital-safety/articles/sexting-prevention-strategies.

② 于阳:《城市青少年犯罪防控比较研究——基于英美国家的理论和实践》,天津社会科学院出版社 2015 年版,第 230 页。

③ 资料源于《第 46 次中国互联网络发展状况统计报告》,载中国互联网络信息中心,http://cnn-ic. cn/hlwfzyj/hlwxzbg/hlwtjbg/202102/P020210203334633480104. pdf,访问日期:2024 年 8 月 10 日。

④ 资料源于《"小姐姐""幺妹直播"等平台被查! 涉案主播有未成年人》,载中国新闻网,https://www. chinanews. com/sh/2020/07-07/9231806. shtml,访问日期:2024 年 8 月 10 日;《网络播"黄"月赚 3 万,19 岁"女主播"被判刑》,载深圳新闻网,http://jb. sznews. com/html/2016-12/21/content_3691743. htm,访问日期:2024 年 8 月 10 日。

对涉未成年人软色情、性暗示等平台内容进行整改。① 对于 16 周岁以下的青少年而言，我国更侧重于正确引导和被害预防，净化网络环境才是治本之策。2013年至今，国家网信办等相关部门牵头开展多次"净网"专项行动，在扫除网络淫秽色情信息方面取得显著成效。2021 年的"新风"净网行动对网络直播、网络游戏、网络文学、弹窗广告、社交平台等领域的违法违规、淫秽低俗信息进行重点整治。其中"护苗 2021"专项行动特别面向未成年人所处的校园环境，在线下集中清理校园周边的出版物市场，在线上持续清理对青少年群体具有引诱性的各种不良信息，为青少年营造良好的网络空间生态环境。

三、学校在预防青少年网络犯罪中发挥重要作用

在青少年网络犯罪预防问题上，不少专家和学者认为应该由学校采取更加积极的措施。例如，在预防网络色情方面，美国的学者指出学校应该实施严厉政策，对在学校环境中出现的网络色情行为采取惩罚措施，由学校专门小组判断哪些行为可以通过适当的教育和训诫加以处理，哪些较为严重的行为需要向少年司法系统报告。② 但是，校方设定的规则有可能与青少年在网络空间的言论自由发生冲突，哪一方能够取得压倒性的胜利目前看来难以确定。③ 学校在管控青少年网络空间言论的同时，还面临着侵犯学生言论自由的风险，二者之间该如何平衡是亟待解决的问题。④ 此外，美国网络伦理道德教育起步较早，且授课内容、课程体系

---

① 资料源于《中央网信办启动"清朗·暑期未成年人网络环境整治"专项行动》，载中华人民共和国国家互联网信息办公室，http://www.cac.gov.cn/2021-07/21/c_1628455293580107.htm，访问日期：2024 年8 月10 日。

② See Texas School Safety Center，"Teen Sexting and Prevention Strategies"，Accessed November 16，2020. https://txssc.txstate.edu/topics/digital-safety/articles/sexting-prevention-strategies.

③ J. S. 是一个八年级的学生，她因在网络上发布校长的照片并造谣校长是恋童癖和性成瘾者，而被学校停学 10 天。她以此为由对学校提起诉讼，法院认为，只要学生是在自由时间内利用自身资源，创造网络内容，没有破坏学习环境，他们就不能因此受到学校的纪律处分。而在另一起案件中，联邦上诉法院给出相反的结论。这起案件中，康涅狄格州的一名高中生在社交网站发言称学校的校长和其他的学校官员是"混蛋"，被学校禁止其进入学生自治会。她认为在校外博客上发布的文章不是学校管理的范围。上诉法院则认为，该学生的不恰当言论，具有给校园环境造成严重破坏的风险，在这种情形下，学校可以以校园纪律规范学生的校外言论。

④ See Larry J. Siegel，Brandon C. Welsh，:*Juvenile Delinquency Theory，Practice，and Law*（Thirteenth Edition），Cengage Learning，2018. pp. 109 - 113.

较为完善。早在 20 世纪 70 年代末,美国计算机伦理学研究先驱泰雷尔·贝奈姆(Tyrell Benem)就在美国高校开设了计算机伦理学课程,此后信息伦理课程逐渐成为高等教育体系的常规内容。在中小学阶段,美国各州学校设置的课程名称、课程体系不尽相同,但是均包含了网络伦理教育的内容。其教学模式多为渗透式教学,将网络伦理的内容与其他课程融合,便于学生内化吸收。[①] 我国各阶段学校所采取的预防青少年网络犯罪的主要方式为加强网络安全法制教育,长期以来全国各地学校开展的"法治进校园"活动在实践中取得良好效果。我国一些地区的学校和相关部门加强合作,组织以预防青少年网络犯罪为主题的宣讲活动。2019 年 2 月,慈溪市检察院未检部门的干警,为该市横河中学的学生讲授"青少年网络犯罪预防"法治课程。[②] 2019 年 10 月,涟源市第二中学举办了预防青少年参与新型网络违法犯罪的宣讲活动,倡议在校师生提高认识、远离电信诈骗。[③] 司法实务部门人员通常能够结合工作中遇到的典型的青少年网络犯罪案例,为学生和教师讲解当前网络犯罪的新趋势、新形式,以及相关法律法规,避免青少年成为网络犯罪的受害者,同时起到警示作用预防青少年实施网络犯罪行为。在网络道德伦理教育方面,我国的大部分中小学校主要通过集中学习、传唱网络文明公约的方式倡导学生文明上网,营造健康的网络氛围。[④] 但是网络文明公约的内容通常较为宏观,如《全国青少年网络文明公约》[⑤],加之学习方式较为单一,学生能否将其很好地内化吸收并付诸实践是需要认真思考的问题。

四、少年警察在防范青少年网络犯罪中的作用显著

在美国,以少年犯为工作目标的警察通常具有一些普通警察不具备的专业知

---

① 陆伟华:《中美学校的网络伦理教育比较研究》,载《教育探索》2009 年第 9 期。

② 资料源于《浙江慈溪:为中学生讲"青少年网络犯罪预防教育"主题法治课》,载检察日报,https://www. spp. gov. cn/spp/tpxw/201902/t20190223_409004. shtml,访问日期:2024 年 8 月 10 日。

③ 资料源于《涟源市开展预防青少年参与电信网络新型违法犯罪集中宣讲活动》,载娄底新闻网,http://news. ldnews. cn/counties/lianyuan/201910/613188. shtml,访问日期:2024 年 8 月 10 日。

④ 资料源于《与你有"约"!〈河北省网络生态文明公约〉网络传播大赛火热进行中》,载澎湃政务,https://m. thepaper. cn/baijiahao_13625027,访问日期:2024 年 8 月 10 日。

⑤ 要善于网上学习,不浏览不良信息;要诚实友好交流,不侮辱欺诈他人;要增强自护意识,不随意约会网友;要维护网络安全,不破坏网络秩序;要有益身心健康,不沉溺虚拟时空。

识和技能。大型城市的警察局通常会建立专门的青少年服务单位,小型的警察局则指派一名警察专门处理辖区内的青少年犯罪。少年警察具有较大的裁量权,在预防和矫治青少年犯罪中起到重要作用。网络犯罪作为一种全新的犯罪形式给少年警察的工作带来了很大的挑战。青少年网络犯罪发生率的不断提高,要求警察加强技能的专业化,警察部门已经开始启动各种方案应对由青少年实施的网络犯罪或是以青少年为目标的网络犯罪。其中一个有代表性的方案是,圣地亚哥警察基金会和圣地亚哥打击儿童网络犯罪特别工作组联合启动的"SafetyNet：Smart Cyber Choices"公共教育活动。这一项目由联邦政府少年司法和预防犯罪办公室、AT&T 基金会和 Lotus 儿童基金会资助,致力于教育儿童和青少年了解互联网的各种风险,包括网络欺凌、网络欺诈、网络色情等。该项目主要通过两种形式加强同校方管理人员和青少年家长的合作交流：一是组织青少年定期参与网络安全信息集会。集会每次持续的时间约为 45—60 分钟,由警方担任主讲人,让青少年意识到实施网络犯罪行为可能给他人带来的伤害和自己需要承担的法律责任。二是组织面向家长和其他成年人的讲习班。由执法队的人员帮助家长了解孩子在利用互联网时所面临的风险,传授预防青少年网络犯罪和网络被害的可行策略,以及告知家长如何更好地监督青少年的网络活动。①

我国的少年警务制度尚处于试点阶段,同少年检察、少年审判制度相比稍显滞后。早在 1986 年,我国第一个独立的少年警务机构在上海长宁区被设立,但在不久后的警务改革中又被撤销。② 直到 2013 年,广西钦州市公安局钦南分局设置了我国首个具备独立编制的未成年人警务科,其与该地区的未成年人检察、审判、矫治、帮扶等专门机构形成一体化的运行机制和工作模式,在预防青少年犯罪方面发挥了重要作用。③ 2014 年 7 月,北京市海淀区公安分局又将我国的少年警

①　See Larry J. Siegel, Brandon C. Welsh, : *Juvenile Delinquency Theory, Practice, and Law* (Thirteenth Edition), Cengage Learning,2018. pp. 109 – 113.

②　姚建龙：《中国少年司法的历史、现状与未来》,载《法律适用》2017 年第 19 期。

③　资料源于《预防未成年人犯罪"钦南模式"受关注》,载中华人民共和国最高人民检察院,https://www. spp. gov. cn/spp/zdgz/201309/t20130905_62242. shtml,最后访问日期：2024 年 8 月 10 日。

务制度向前推进一步,该区成立了我国首支独立编制的未审中队,专门处理未成年人违法犯罪案件。此前,一名16岁少年"黑客"因帮助某公司非法获取他人用户名、密码等数据而被该分局抓获。其到案后,未审中队的办案人员在原有案件审理流程之外,还详细了解该少年的个人学习、生活情况和家庭背景,并与其父亲进行沟通,分析其实施违法行为的原因。① 这些面向未成年人的专业化警务工作,把教育挽救放在优先地位,让青少年认识到自身行为的性质,在全面分析其犯罪原因的基础,通过多样化的手段帮助其回归正常生活。

五、中美城市青少年网络犯罪防范对策比较

中美两国在预防青少年网络犯罪方面所采取的对策有共通之处,也各有所长。例如,两国均采取多样化的防范对策,但实际关注的侧重点有所不同。我国更加注重青少年网络犯罪的综合治理,通过更新立法、启动各项专项行动从宏观上改善整体的网络生态环境;美国更加注重对几个典型类型的青少年网络犯罪行为的预防,如网络欺凌、网络色情、网络欺诈等,采取的措施更微观,主要是针对青少年、教育工作者、监护人、执法工作者的各种教育计划。又如,两国均强调参与主体的多元化,但实际参与主体存在一些差别。在美国预防青少年网络犯罪的实践中,更加重视非官方组织、社会工作者、家庭和少年警察的作用,司法机关很少参与其中;我国则主要依靠公安机关、司法机关和学校,其中,检察机关、法院与学校的联系更为密切,在网络安全法制教育方面发挥了重要作用,但是相对而言,我国在实践中对青少年父母和监护人的相关引导还有待加强。从两国防范对策的比较中我们可以得到以下启示。

第一,我国对青少年网络欺凌行为的预防还有待加强。我国对青少年网络欺凌行为的理论研究起步较晚,也缺乏实践经验的积累,社会各界对于网络欺凌行为的认识深度和重视程度不够。相较于虚拟空间发生的网络欺凌,青少年、教育工作者以及学生家长对传统形式校园欺凌更加敏感。因为,在很多青少年的眼

---

① 资料源于《找亮点:不看数字,看成效! ——看北京市海淀公安分局的少年警务专业化》,载中国长安网,http://www. chinapeace. gov. cn/chinapeace/c54327/2019-12-23/content_12311143. shtml,最后访问日期:2024年8月10日。

中,网络言语攻击、骚扰、恐吓等虚拟空间的欺凌行为,比现实中的身体暴力、语言暴力更容易忍受。同时,一些学校的老师、青少年的监护人也很可能将这些网络欺凌行为当作网络世界中"理所当然"存在的事情,仅简单地劝导致青少年不要在意,或是更加严格地限制青少年对网络的使用。但是,网络欺凌对青少年身心健康造成的危害不亚于传统的校园欺凌,有时,网络上的欺凌行为也可能演变成现实中的欺凌行为。因此,我国有必要进一步采取相应措施防范青少年网络欺凌行为。

第二,我国的校园网络伦理道德教育亟须纳入现有教学内容之中。以往,我国的各级、各类学校更加重视传统思想道德教育以及网络安全法制教育,在网络伦理道德的教育方面尚有欠缺。有学者指出,青少年网络犯罪之所以成为问题,是因为其"新",而非其"严重"。因此,在预防青少年网络犯罪时,采取一些针对性较强的柔性措施可能会取得良好效果,加强网络伦理道德教育便是其中之一。① 学校在教授学生信息网络技术、网络安全等相关知识的同时,还需要引导学生在网络空间中遵守相应的道德规范,文明使用网络。可以借鉴美国的做法,将网络伦理分阶段、分对象纳入各级各类学校的教学体系中,渗透进其他课程的日常教学中,更新相关理念,丰富网络伦理课程的教学内容和教学形式。

第三,我国的少年警务工作还需要进一步发展完善。2020 年最新修订的《预防未成年人犯罪法》第七条提到,公安机关、检察院、法院以及司法行政部门,需要由具备专业知识、了解熟悉未成年人身心特点的人员,专门负责未成年人犯罪预防工作。② 这为少年警务工作提出了专业化、专门化的新要求。在案件办理流程方面,对于实施了不良行为或犯罪行为的青少年而言,公安机关是最先与他们接触的行政机关或司法机关,公安机关的处理方式会影响到后续的检察、审判环节

① 姚建龙、王江淮:《青少年网络犯罪控制的若干思考》,载《公安学刊(浙江警察学院学报)》2015 年第 6 期。
② 《中华人民共和国预防未成年人犯罪法(2020 修订)》第七条规定:"公安机关、人民检察院、人民法院、司法行政部门应当由专门机构或者经过专业培训、熟悉未成年人身心特点的专门人员负责预防未成年人犯罪工作。"

的推进以及帮扶矫治的效果。此外,在青少年网络犯罪的事前预防工作中,公安机关也是协调各方共同发力的重要纽带,包括加强与教育主管部门的沟通、建立"警校联动"机制、联合社会工作机构、联系青少年监护人等。当前,我国需要增加少年警务工作试点,及时总结经验,尽快在全国范围内推广适用。

第四节　我国城市青少年网络犯罪的防范进路与防治对策

中美两国就城市青少年网络犯罪在时空分布等层面既有差异,也有共性。这也是本文总结出美国城市青少年网络犯罪时空分布规律以及美国针对城市青少年网络犯罪时空分布规律制定的一些具体防范对策,对于我国当前防范青少年网络犯罪制定具体的防范对策,仍然具有十分重要的借鉴价值。此外,本文通过进行相关比较分析,再结合中美防范网络欺凌与网络色情等特殊类型网络犯罪的治理对策,进一步探寻两国学校和少年警察在防范青少年网络犯罪中发挥的重要作用。在此基础上,本文试图通过时空分布规律及特点,进一步发掘中美两国城市青少年网络犯罪既有防控对策存在的问题与不足,进而提出相应的防范对策。最后,在比较中美两国防范对策的基础上,也需要紧密结合网络犯罪时空分布的特性,对传统的青少年网络犯罪防范对策加以改进。

一、建立预警机制,整合社会资源探索公共治理方式

与传统的青少年犯罪类型不同,青少年网络犯罪具有隐蔽性、复杂性等新特点,因此常常体现出时间上的持续性。这对传统的犯罪侦查模式提出新的挑战,警方需要投入更多的警力资源和更加专业的技能以应对网络空间的犯罪治理。因此,有必要借鉴美国的警务理念和警务模式,通过整合社会资源,发动公众参与网络犯罪治理,节省警力资源、提高治理效率。

首先,需要在学校内设置校园警务。有研究表明,多发生于青少年之间的网络欺凌行为有 2/3 以上都和传统的校园欺凌有关。[①] 派驻校园警务人员在领导校园安保力量预防治理传统校园欺凌的同时,也能对治理青少年网络犯罪起到积极作用。此外,校园警务工作者还可以参与到青少年网络犯罪预防的教育工作中,给青少年讲解相关知识,令其了解实施网络犯罪的后果,最大限度预防青少年实施犯罪行为。

其次,设置社区警务,加强与社区居民的联系,动员社区居民、志愿者参与到犯罪治理活动中。网络犯罪发生在虚拟空间里,本身不易被警方察觉和侦破,存在很多犯罪黑数,因此其有效治理尤其需要动用社区民众力量,引导社区居民分担责任,在发现网络犯罪迹象时及时向警方反映,以便警方及时采取行动。上文提到居民楼、宾馆酒店等地点是我国青少年网络共同犯罪的多发地点,这些地点也更容易被社区居民所察觉。

最后是发展第三方警务模式,通过社会资源延伸警力分布范围。在预防网络犯罪的过程中,警方可以和第三方主体如社交媒体网站、网络交易平台、网络支付平台、网络游戏运营商等进行合作,授予其有限的对违法行为采取相应措施的权力。警方、第三方网络产品和服务提供者都要建立健全网络犯罪的举报、投诉渠道,一方面可以帮助受害者维权,另一方面则可以为执法工作者了解网络犯罪整体情况,以及进一步采取有效措施提供基础的分析数据。[②] 新型警务模式的应用可以加大对网络犯罪的打击力度,加强对网络空间的监管,有利于强化青少年的网络空间规则意识,进而起到预防青少年网络犯罪的作用。

二、调动多元主体、加强社会控制,强化青少年与社会主流文化的联系

西方犯罪学社会控制理论指出,我们需要研究的是为什么大多数人不实施越轨行为。从事违法犯罪的人之所以如此,不是因为其与亚文化群体或者非主流的

---

① See Mitchell K J, Finkelhor D, Jones L M, et al. : "Prevalence and characteristics of youth sexting: A national study". *Pediatrics*, Vol. 129, No. 1. January, 2012. pp. 13 – 20.

② 刘权:《论网络平台的数据报送义务》,载《当代法学》2019 年第 5 期。

社会群体联系密切,而是其与遵守法律的社会主流文化联系薄弱。① 社会控制的无效和缺乏是导致青少年实施网络犯罪行为的重要原因。家庭、学校和社会对于青少年而言是强化社会控制的关键主体。

在家庭中,应当强化父母对子女网络活动的监督。有研究表明,父母监管的减少会增加青少年网络越轨行为的发生率。② 因此,父母应当适当学习网络知识,接触孩子常用的社交平台、手机或电脑软件,减少和青少年之间的代沟,通过沟通交流等委婉温和的方式了解其在网络上的活动,必要时适度使用监控软件,监督其上网行为。一旦发现孩子有实施网络越轨行为的迹象,要及时纠正,必要时可以略施惩戒,如限制其网络设备的使用。美国的一项研究证实,多数网络越轨青少年认为最有效的惩罚是父母限制其对互联网的使用。③ 此外,父母还应该在孩子年幼的时候持续性地关注和约束孩子的网络活动,教育孩子遵守法律和规则,强化其在网络空间内的是非观,完成社会控制的内化。

在学校方面,应当丰富网络课程的教学内容,满足青少年对网络世界的好奇心和探索欲望,同时持续强化网络安全法制教育,推动构建网络道德伦理课程体系,让网络伦理教育渗透进学生各类课程的学习中,引导在校青少年文明使用网络;强调校规校纪,规范学生网络使用行为,设置校园警务,由教师和一部分学生自发承担监督责任协助校园警务人员及时发现和处理青少年网络越轨行为,强化学生的规则意识;此外,学校应加强与家庭的联系沟通,即时向父母反馈学生的网络越轨行为,和父母一起对其进行合理的教育引导。

最后,社会需要从提高个体网络越轨成本的角度,采取措施预防青少年网络犯罪,这主要针对脱离校园和家庭的社会青年而言。如帮助闲散的社会青年就业或者帮助其建立婚姻家庭关系等。这些举措有助于提高青少年的犯罪成本,有效

---

① [美]马文·克朗、乔迪·莱恩主编:《少年越轨与少年司法手册》,苏明月、陈朗梓译,法律出版社2019年版,第334页。

② See Holt T J, Bossler A M, May D C, Low Self-Control, Deviant Peer Associations, and Juvenile Cyberdeviance, *American Journal of Criminal Justice*, 2012, 37(3), pp. 378 – 395.

③ See Holt T J, Bossler A M. : "An assessment of the current state of cybercrime scholarship". *Deviant Behavior*, Vol. 35, No. 1. January, 2014. pp. 20 – 40.

遏制其实施网络犯罪行为,一旦其违反法律冒险进行网络犯罪,目前所具有的稳定的工作收入、和睦的家庭关系就会成为其需要付出的代价。此类措施也能够帮助其构建稳定的工作、生活环境,直接提高其物质生活条件,进而提升其精神文明素质,有效避免此类青少年因金钱诱惑而实施网络犯罪行为。

三、正确引导青少年不断提高自控能力,以内驱力预防网络犯罪

对于大部分网络犯罪而言,其在微观的时间、空间选择上具有随意性。因此,通过行为主体的内在驱动力抑制其犯罪欲望是较为理想的防范措施。美国许多学者的研究证实了自我控制能力同青少年网络犯罪发生率之间的负相关关系。一方面,自我控制能力比较低的青少年只注重眼前利益,没有预见到自己的网络越轨行为可能给他人、社会带来消极后果,也不在乎自己要为此承担怎样的法律责任。另一方面,较低的自我控制能力会使个人更倾向于在当下采取行动以实现即时的满足,如通过网络诈骗或者盗窃行为获取金钱利益、出于愤怒或者嫉妒对他人实施网络欺凌、通过网络色情行为满足自己的生理需求、为了满足自己的虚荣心或好奇心而攻击网站或计算机系统等。自我控制能力较低也会增加青少年受害的风险。他们因为自我控制能力较低更可能陷入网络诈骗者设计的圈套,容易被其承诺的即时收益冲昏头脑,忽视对此类行为风险的考量。① 因此,可以通过提高青少年的自我控制能力,引导其通过合理途径实现自身需求,从而预防青少年网络犯罪。

具体而言,政府、学校或其他机构可以举办青少年计算机竞赛、网络技术竞赛等活动,为热爱网络技术的青少年提供展示自我的平台,对能力出众的青少年给予精神和物质上的鼓励,避免其为了满足虚荣心、炫耀网络技术而实施黑客行为;学校和父母要选择适当的年龄阶段和场合,通过各种方式给青少年普及性知识,对性教育闭口不谈、遮遮掩掩只会更加引起青少年的好奇心和探索心,恰当的性教育可以引导青少年以正确的方式应对自己的生理需求,而不是利用网络寻求刺

---

① See Louderback E R, Antonaccio O.:"New applications of self-control theory to computer-focused cyber deviance and victimization: A comparison of cognitive and behavioral measures of self-control and test of peer cyber deviance and gender as moderators". *Crime & Delinquency*, Vol. 67, No. 3. March, 2021. pp. 33 – 55.

激；学校、家庭和社会应当宣传正确的价值观、合理的消费观，引导青少年通过合理的方式满足自身适度的物质需求；关注青少年心理健康，通过心理干预帮助其释放压力、愤怒等负面情绪，正确处理人际冲突；多组织夏令营、春游等有益的课外活动，解决青少年的交友需求，避免其因自身孤独感而在网络中寻找慰藉。

结　语

中美两国同为互联网发展世界领先的国家，城市青少年网络犯罪的预防和治理问题当为两国共同关注的重点领域。尽管近年来美国关于青少年网络犯罪行为的研究成果数量较为有限，但其此前30多年对网络犯罪行为的调查研究多以高中生、大学生作为样本，其理论成果在青少年网络犯罪领域同样具有普适性。因此，本文重点针对中美城市青少年网络犯罪的时空分布与防范对策进行比较研究便具有一定的理论基础支撑和制度实践指引。同时，本项研究也存在一些缺陷和不足。[①] 相比之下，我国犯罪学界关于青少年网络犯罪的研究始于20世纪90年代中期，国内犯罪学研究者多以整体的青少年网络犯罪作为基础研究对象，极少数犯罪学研究者再通过质性研究方法，在对青少年网络犯罪的现状特点、行为成因进行分析的基础上，有针对性的提出相应的预防措施和治理对策。[②] 与此不同的是，美国犯罪学研究者的研究一方面延续传统的犯罪学理论，更多的是通过实证研究分析传统犯罪学理论对青少年网络犯罪的适用性；另一方面，美国的学者们将研究的目光聚焦于几种常见的如网络性勒索、网络欺凌、网络帮派等青少年网络越轨行为。在本文看来，我国犯罪学研究者还需要在青少年网络犯罪研究领域既有研究成果基础上，持续丰富和发展犯罪学基础理论，不断创新网络犯罪研究方法，进一步细化网络犯罪研究的具体内容，从而不断地为我国城市青少年网络犯罪的防治工作提供切实可行的防治对策。

---

① 例如，本文主要是通过借鉴美国经验提出的防范对策，虽然中美青少年网络犯罪时空分布呈现出部分共同特征。但本文仅就单一的时空分布规律进行比较，忽略了如犯罪类型、犯罪原因是否相同等相关因素，由此推断出美国青少年网络犯罪防范策略适合中国借鉴，缺乏一定说服力。

② 宋刚：《诚实信用原则视野下的网络治理问题研究》，载《政法论丛》2017年第4期。

第五章

中美城市青少年毒品犯罪的时空分布与防范对策

青少年毒品犯罪是世界性难题,各国对此都给予极大关注。近年来,我国青少年毒品犯罪在全部青少年犯罪中占比较大。[1] 根据 2020 年 6 月 24 日中国禁毒网公布的《2019 年中国毒品形势报告》,截至 2019 年底,全国约有 214.8 万吸毒者,其中 18 岁到 35 岁有 104.5 万人,占 48.7%;18 岁以下 7151 人,占 0.3%。[2] 青少年吸毒成瘾往往是其涉毒犯罪的开端。为赚取毒资或寻找更便捷的毒品渠道,不少毒瘾青少年实施走私、贩卖、运输、制造毒品等严重毒品犯罪。[3] 随着经济和科技的发展,毒品的种类逐渐丰富。除传统毒品、合成毒品外,还出现了未被国际禁毒公约管制的新精神活性物质。相较于传统毒品,青少年使用新型毒品的比例更高。当前吸毒者低龄化严重,青少年首次吸毒年龄呈现下降趋势。[4] 青少年吸毒年龄越小,其成瘾程度越深,越不容易戒除。因此,青少年毒品犯罪的早期预防形势严峻。城市青少年毒品犯罪在时空上表现出较强规律性。青少年在毒品犯罪人中占比大,其犯罪地点以城市为主。分析城市青少年毒品犯罪的时空分布不仅有助于青少年毒品犯罪的预防与控制,对社会整体涉毒犯罪的管控与治理也能起到积极作用。城市政府和公安机关可依据青少年毒品犯罪的时空分布特征更有针对性地进行治安管理,提高打击和预防毒品犯罪的效率。研究城市青少

---

① 因毒品犯罪年龄构成的特殊性,为研究方便,本文中的青少年特指代 35 周岁以下的人员——著者注。

② 资料源于《2019 年中国毒品形势报告》,载中国禁毒网:http://www.nncc626.com/2020-06/24/c_1210675813.htm,最后访问日期:2024 年 10 月 26 日。

③ 王鹏飞:《青少年吸毒的高危因素及防控措施分析——基于对 6 省市涉毒青少年的实证考察》,载《中国青年社会科学》2020 年第 2 期。

④ 朱彬钰、吴世友、陈伟涛、陈韵、张霖、祝玉红:《中国青少年毒品使用研究现状分析——基于 1996—2020 年中文文献的系统综述》,载《华东理工大学学报(社会科学版)》2021 年第 1 期。

年毒品犯罪的时空分布特征及其发展规律,并据此提出相应的防范对策,对降低犯罪率和保护青少年身心健康均具有十分重要的意义。遏制青少年毒品犯罪是全世界的共同期许,各国(地区)为解决青少年涉毒问题进行了各种尝试。其中,美国的青少年毒品犯罪十分严重,其毒品管控措施不如中国严格,青少年毒品滥用情况也比中国严重。① 美国政府为该类犯罪建立了相对完整的数据模型,针对其时空特征进行了相对丰富的统计分析,也制定了一系列卓有成效的防范措施。尽管中美两国城市青少年毒品犯罪的时空分布存在差异,但美国的一系列防控措施对我国城市青少年毒品犯罪的预防工作具有十分重要的启示和借鉴意义。

第一节　中美城市青少年毒品犯罪的时间分布

青少年毒品犯罪数量已经超过盗窃罪,成为城市最高发的犯罪类型。② 2016年我国全国审结的毒品犯罪案件共 11.8 万件③,2017 年 11.32 万件④,2018 年 10万件⑤,2019 年 8.58 万件⑥。其中 35 周岁以下的青少年犯罪人占比超过 50%。从数据上看,虽然我国毒品犯罪的数量在逐年减少,但整体基数很大,毒品犯罪仍然有重大社会影响。毒品不仅损害青少年身心健康,使无数家庭陷入痛苦,吸毒成瘾还会诱使其走上犯罪道路。除吸食毒品等轻微越轨行为外,青少年藏毒、运输毒品、引诱、教唆、欺骗他人吸毒等违反刑法的犯罪行为更会严重影响社会治

---

① 于阳:《城市青少年犯罪防控比较研究——基于英美国家的理论和实践》,天津社会科学院出版社 2015 年版,第 90 - 94 页。

② 李萌、涂龙科:《我国青少年犯罪的案件分布及影响因素研究》,载《青少年犯罪问题》2020 年第 3期。

③ 资料源于 2017 年两会《最高人民法院工作报告》,载中国法院网:https://www. chinacourt. org/article/detail/2017/03/id/2627702. shtml,最后访问日期:2024 年 8 月 10 日。

④ 资料源于 2018 年两会《最高人民法院工作报告》,载中国法院网:https://www. chinacourt. org/article/detail/2018/03/id/3247418. shtml,最后访问日期:2024 年 8 月 10 日。

⑤ 资料源于 2019 年两会《最高人民法院工作报告》,载中国法院网:https://www. chinacourt. org/article/detail/2019/03/id/3791943. shtml,最后访问日期:2024 年 8 月 10 日。

⑥ 参见 2020 年两会《最高人民法院工作报告》,载中国法院网:https://www. chinacourt. org/article/detail/2020/06/id/5253643. shtml,最后访问日期:2024 年 8 月 10 日。

安。研究发现,城市青少年毒品犯罪在时间和空间上均表现出较强规律性。时间规律不仅体现在一天 24 小时内的时点变化上,还体现于月份与季节转换上。

一、中国城市青少年毒品犯罪的时间分布

从一天各时段青少年毒品犯罪发生率来看,深夜和凌晨是高发期。毒品犯罪是隐蔽性较强的犯罪,犯罪人不希望被公安机关和社区执法人员抓获。夜晚环境幽暗,有利于犯罪人藏匿和逃脱。据统计,晚上 10 点至 12 点为我国毒品犯罪的高峰时段,凌晨 1 点至 3 点、下午 4 点至 6 点、晚上 8 点至 10 点的毒品犯罪发案率也较高。凌晨 3 点至下午 3 点,青少年毒品犯罪较少。吸毒青少年选择在夜间开派对,一是由于黑夜掩护为吸毒者带来安全感,二是由于吸毒者在夜晚的氛围下更易获得满足。夜晚是青少年吸毒高发期的另一重要原因是很多青少年白天上课或上班,缺少隐蔽的吸毒机会。此外,青少年毒品犯罪的日时间分布特点还与城市的经济发展水平有关。在经济发达的大城市,下午 4 点至深夜 12 点的青少年毒品犯罪高峰期内,在傍晚 7 点出现了犯罪低潮。[①] 傍晚 7 点是经济发展迅速的大城市的下班高峰,人流量大,对毒品犯罪有一定冲击作用。在经济发展滞后的小城市,居民生活节奏慢,下班高峰期结束较早,且小城市人流量少,对毒品犯罪的抑制作用较弱。因此,傍晚 7 点至深夜 12 点是小城市青少年毒品犯罪的高发期。

从月份和季节来看,夏季和冬季(即学生寒暑假期间)为我国城市青少年毒品犯罪高发时期。尤其是春节前后,青少年极易受到身边亲朋的诱惑沾染上毒品。2018 年 1 月 29 日,福州市三山镇 12 名青少年男女集体吸食 K 粉,被警方抓获。[②] 2018 年 2 月 10 日,江西省九江市八里湖公安分局破获一起"瘾君子"春节小聚案。[③] 此外,大学生回乡过春节,受社会闲散人员欺骗、引诱吸食毒品的例子

---

① 刘熠孟、李卫红、王昕:《微观尺度下毒品犯罪时空分布及成因分析——以 SZ 市 NH、DM 街道为例》,载《地理科学进展》2020 年第 5 期。

② 资料《春节聚会中集体吸毒福清 12 名"90 后"全部被拘》,载台海网:http://www.taihainet.com/news/fujian/szjj/2012-02-01/807014.html,最后访问日期:2024 年 10 月 21 日。

③ 资料源于参见《为什么说春节假期是吸毒的高发期?》,载搜狐网:https://www.sohu.com/a/293516147_480096,最后访问日期:2024 年 10 月 21 日。

也不在少数。青少年在寒暑假期间的毒品犯罪,以吸食、注射毒品、非法持有少量毒品、向他人提供毒品等违反《治安管理处罚法》的行为为主。节庆团聚、亲友相逢的同时,也易出现"吸毒助兴""请客吸毒"等不法活动。春节、国庆期间也是复吸毒品的高发期。除此以外,"走私、贩卖、运输、制造毒品罪""容留他人吸毒罪""非法持有毒品罪"在违反刑法的毒品类犯罪中占比最高。节假日吸毒人数增加,对毒品的需求量骤增,相应地带动毒品类犯罪发案率的上升。

二、美国城市青少年毒品犯罪的时间分布

在美国,半个多世纪以来,药物滥用一直是公众关注的重要问题,类阿片流行病已被宣布为国家公共卫生紧急事件。① 2016 年,约 740 万 12 周岁以上的人有吸毒经历。2017 年,与毒品有关的死亡人员总数增加了 11.5%,达到有史以来的峰值,占全球毒品相关死亡人数的近四分之一。②

美国城市青少年吸毒时间与节假日等特殊活动有关。格里蒂(Gritti)教授的研究报告指出,源于在"超级碗"比赛周末,可卡因消耗量略有上升,而甲基苯丙胺的消耗量则有所下降。在独立日和日食观测期间,安非他明、甲基苯丙胺、可卡因、吗啡和美沙酮的消耗量显著高于非节日时期。③ 在非节假日期间,青少年吸毒的计划性较强。美国的节日几乎都在周末,通常会举办大型活动。这种大型活动参与人数众多,且吸毒是此类活动期间的普遍现象。青少年在夜总会聚会频繁的夜晚意外使用毒品或实施暴力犯罪的可能性较高。④ 从一天中各时段发生的

① See Johnson, J. & Wagner, J., "Trump declares the opioid crisis a public health emergency", Accessed August 10, 2021. https://www.washingtonpost.com/news/post-politics/wp/2017/10/26/trump-plans-to-declare-the-opioid-crisis-a-public-health-emergency/? utm_term = .0833078bc5da(Washington, D. C.).

② See United Nations Office on Drugs and Crime(UNODC), "World Drug Report 2017;Market Analysis of Plant Based Drugs and Synthetic Drugs", Accessed August 10,2021. http://www. unodc. org/wdr2017/United Nations Office On Drugs and Crime.

③ See Foppe K S, Hammond-Weinberger D R, Subedi B. Estimation of the consumption of illicit drugs during special events in two communities in Western Kentucky, USA using sewage epidemiology, *Science of the Total Environment*,2018,633, pp. 254 – 255.

④ See Henslee A M, Irons J G, Bonn-Miller M O, Celebrating St. Patrick's Day: Students' expectations, intent, and behavior, *Journal of psychoactive drugs*,2016,48(2), pp. 146 – 151.

毒品犯罪数量来看,傍晚和深夜是美国城市青少年吸毒等犯罪的高峰。① 纽约大学医药中心约瑟夫·帕拉马(Joseph Palama)教授的团队研究显示,参加电子音乐舞会的青少年比不参加的青少年滥用大麻以外的毒品的概率高20%。② 另外,季节对青少年吸毒也有影响。在美国,超过1/3的迷幻剂和超过1/4的大麻、可卡因、摇头丸滥用均从夏季开始。青少年在夏季闲暇时间增加、有机会接触毒品的社会活动增加(如户外舞蹈节),因此夏季的几个月青少年吸毒率高。③

三、中美城市青少年毒品犯罪的时间分布规律

中美两国城市青少年在毒品犯罪的时间选择上虽存在差异,但其时间分布规律仍有相似之处。中国青少年毒品犯罪多发于寒暑假,尤其是春节期间,美国青少年犯罪的高发期则为独立日等特殊日期。尽管从季节分布上,两国城市青少年进行吸毒等毒品犯罪的时间几乎没有重合之处,但研究发现,两国青少年的毒品犯罪均与节假日等特殊活动日期有关。中国青少年在节假日期间吸毒的时间条件便利。青少年在不受学校管控和家长监督的寒暑假易受品行不端的同龄人影响而尝试吸毒。春节、国庆期间亲友聚会频繁,增加了聚众吸毒、毒品交易的可能性。就美国青少年而言,聚会活动也是毒品滥用的高发时点。美国各州每年都会举办各种集会活动,在独立日等重要节日更会有民众参与度高、安排精细巧妙的节目。除此之外,在非上学日(非工作日)还有各种不同名目的比赛活动。美国青少年在聚会活动上滥用毒品的可能性较高。因此,美国青少年毒品犯罪在特殊节日期间发生率较高。

研究发现,两国青少年毒品犯罪日时点的高发时段并无较大区别。在中国,虽然城市的经济发展水平对青少年的毒品犯罪时间有影响,但这种影响并不十分显著。无论城市经济发展水平高低,中国青少年的毒品犯罪都集中在夜晚,尤其

---

① See Officers seize girl standing by suspected drug dealer. 27 No. 20 QNLNNL4 Narcotics Law Bulletin, 2000,10:3.

② See *Drug use is all the rave*, USA Today(Magazine), Dec 1,2015, p. 6.

③ See Palamar J J, Rutherford C, Keyes K M. Summer as a risk factor for drug initiation, *Journal of General Internal Medicine*, 2020, 35(3), pp. 947 – 949.

是晚上 10 点至深夜 12 点。美国城市青少年毒品犯罪的高发时间也在晚上 10 点左右。滥用毒品等毒品犯罪危险性较高,于青少年而言尤甚。选择适宜的犯罪时间会降低犯罪青少年的被捕风险,提高犯罪成功率。吸毒的隐蔽性和娱乐性强,昏暗的夜晚不仅保障犯罪青少年的隐私,也增强了吸毒的欢愉感。

研究发现,青少年毒品犯罪的空间规律在地理方位和场所类型上均有体现。研究青少年毒品犯罪的空间规律将对犯罪防控工作起到积极作用。两国城市青少年毒品犯罪时空规律虽有所不同,但美国借助空间规律设计防治对策的思路对我国青少年毒品犯罪的时空研究大有助益。

第二节　中美城市青少年毒品犯罪的空间分布

一、中国城市青少年毒品犯罪的空间分布

2016 至 2017 年,青少年毒品犯罪发生率最高的五个省份为广东、四川、湖南、云南、贵州。2017 至 2018 年,青少年毒品犯罪发生率最高的五个省份为云南、广东、四川、新疆、贵州。毒品犯罪呈全球化、网络化、暴力化,贩毒集团手段不断翻新。2013 年,四川 19 岁少年吉某吞下 60 余包毒品,在延安被抓获。[①] 2019 年,甘肃 17 岁少女体内藏 60 颗海洛因,在丽江被抓获。[②] 2020 年,大四在读学生闫某和未成年人褚某,以体内藏毒的方式从缅甸运输毒品,在成都被抓获。[③] 上述青少年均因经济利益被毒品犯罪团伙利用控制,成为贩毒集团的"骡子"。

我国青少年毒品犯罪在城市内部的空间分布也呈现一定规律。调查显示,

---

① 资料源于《四川小伙体内藏毒吞 63 包海洛因毒品破裂中毒险丧命》,载大律师网:http://www. maxlaw. cn/l/20150212/809613862648. shtml,最后访问日期:2024 年 10 月 24 日。

② 资料源于《17 岁少年吞下 60 颗高纯度海洛因》,载网易:https://dy. 163. com/article/EG8II66V053505C5. html,最后访问日期:2024 年 10 月 24 日。

③ 资料源于《体内藏毒运毒后得知公务员考试通过》,载红星新闻:https://baijiahao. baidu. com/s? id=1637400331837874896&wfr=spider&for=pc,最后访问日期:2024 年 10 月 24 日。

50%以上的青少年吸毒的主要场所是朋友家或自己家。① 娱乐行业也为吸毒、毒品交易等犯罪活动提供便利条件。笔者访谈公安干警时了解到,酒吧、迪厅、KTV、慢摇吧等娱乐场所是青少年毒品犯罪热点地区;酒店、宾馆、日租房(民宿)等住宿场所是聚众吸毒、容留他人吸毒等犯罪的高发场所;网吧、氧吧、游戏厅、有博彩性游戏机的彩票中心等营业场所的青少年毒品犯罪发案率较高;成人用品商店门口也常有男女青少年吸毒、进行毒品交易。吸毒的场所还与毒品的种类和功能有关。例如,吸毒者使用摇头丸后会长时间随音乐剧烈摆动头部,因此迪厅、KTV 是青少年使用摇头丸的主要场所。② 此外,吸毒场所与吸毒方式也有较强关联性。研究表明,注射吸毒多发生在自己家或朋友家,非注射吸毒的高发区则为娱乐场所、商旅住宿。③

二、美国城市青少年毒品犯罪的空间分布

美国中西部和东南部(美国西海岸及迈阿密等地区)是毒品贩运组织的转运和分销中心,可卡因、类阿片、甲基苯丙胺、大麻和海洛因等毒品的转移和滥用问题泛滥成灾。④ 2010 至 2013 年,肯塔基州的海洛因缉获量增加了 428%。⑤ 此外,该地区的秘密冰毒实验室和室内、室外大麻种植一直是药物滥用的推手。美国大城市青少年的吸毒率比小城市高,西部地区青少年吸毒率比其他地区略高。美国的青少年毒品犯罪还与种族有关。以费城为例,亚裔社区的青少年毒品犯罪率较低;西班牙裔社区青少年毒品犯罪率略高;拉美裔青少年的毒品犯罪最为严重。

---

① 郭开元:《青少年吸毒的现状、影响因素和预防对策研究报告》,载《预防青少年犯罪研究》2020 年第 1 期。

② 莫关耀:《毒品预防教育教学参考》,吉林大学出版社 2018 年版,第 7 页。

③ 刘燕、罗业涛、王朝才、苏效东、刘寿、赵磊:《西宁市青少年强制戒毒人群吸毒行为与毒品危害认知状况分析》,载《河南预防医学杂志》2017 年第 1 期。

④ See Kentucky Office of Drug Control Policy(KODCP),"2015,Combined Annual Report:Kentucky Office of Drug Control Policy & Kentucky Agency for Substance Abuse Policy",Accessed August 10, 2021. http://odcp. ky. gov/Pages/default. aspx United Nations Office On Drugs and Crime.

⑤ See United States Drug Enforcement Administration(USDEA),"2014,ARCOS Retail Drug Summary Report",Accessed August 10, 2021. https://www. deadiversion. usdoj. gov/arcos/retail _ drug _ summary/2015/index. html.

美国犯罪学者萨瑟兰和克雷西(Sutherland,Edwin Hardin and Cressey,Donald R)提出,青少年毒品犯罪是一种后天习得的行为,吸毒的青少年和年长成年人对普通青少年有交互作用。青少年吸毒受同伴影响,而且这种影响明确地与空间联系紧密。例如,研究表明青少年的吸食、注射毒品行为会受其在日常生活中经常访问的特定地点的吸毒同龄人影响。[①] 学校是青少年与同龄人接触最多的地方,也是美国青少年获得毒品的重要场所。在一项对美国6—12 年级学生的调查中,约30%的被调查者反映可以在学校获得大麻,约10%反映可以在学校获得可卡因。20 世纪末,摇头丸、氯胺酮、迷幻药等"俱乐部毒品"迅速流行。狂欢节(Rave)是最常出现"俱乐部毒品"的大型聚会,通常在废弃仓库等临时地点举办。近年来,不受天气影响的室内聚会逐渐取代了户外聚会,合法的夜总会和家庭聚会已成为毒品消费的重要场所。[②] 参加电子舞曲(EDM)派对的青少年吸毒和进行其他毒品犯罪的可能性较高。一项针对美国高中毕业生的调查发现,参加过EDM 狂欢派对的人比未参加的人更可能使用毒品,而且使用频率更高。[③] 青少年滥用毒品的类型往往因环境而异。例如,在 EDM 派对上青少年使用摇头丸等毒品的频率很高。[④] 摇头丸等毒品与 EDM 派对关系密切是因为其"药效"通常会增强吸毒者在人群、嘈杂的电子音乐和激光灯光表演中的体验。[⑤]

青少年毒品犯罪者之间的同伴互动将毒品犯罪推向专业化,并延伸至社区,使整个社区成为专门从事毒品犯罪活动的热点地区。对青少年而言,邻里间的"随意社交"可能是社交互动的重要形式。尤其是城市中的贫穷社区由于缺乏交

---

① See Mennis J,Mason M J. People,places,and adolescent substance use:Integrating activity space and social network data for analyzing health behavior,*Annals of the Association of American Geographers*,2011,101(2),pp. 272 – 291.

② See Golub A,Johnson B D,Sifaneck S J,et al. ,Is the US experiencing an incipient epidemic of hallucinogen use? *Substance use & misuse*,2001,36(12),pp. 1699 – 1729.

③ See Palamar J J,Griffin-Tomas M,Ompad D C,Illicit drug use among rave attendees in a nationally representative sample of US high school seniors,*Drug and alcohol dependence*,2015,152,pp. 24 – 31.

④ See Van Havere T,Vanderplasschen W,Lammertyn J,et al. ,Drug use and nightlife:more than just dance music,*Substance abuse treatment,prevention,and policy*,2011,6(1),p. 18.

⑤ See Michael White C,How MDMA's pharmacology and pharmacokinetics drive desired effects and harms,*The Journal of Clinical Pharmacology*,2014,54(3),pp. 245 – 252.

通工具等原因,人口流动受到限制。青少年的毒品犯罪可以通过跨邻里之间的同伴互动,从犯罪高度集中的社区输出到集中程度相对较低的邻近社区。如果青少年毒品犯罪是由居住在某社区附近的青少年实施的,并且该社区的毒品犯罪已经表现出专业化,则可以观察到犯罪从该社区到其他社区的"传染"现象。

三、中美城市青少年毒品犯罪的空间分布规律

概言之,中美两国青少年毒品犯罪的空间分布特点既有相同之处,也有较大差异。首先,从城市青少年毒品犯罪的全国地图上看,美国中西部和东南部(加利福尼亚州、佛罗里达州等)的大宗毒品转运和分销犯罪严重,西部地区青少年吸毒率比其他地区略高;中国西南地区(云南、广西、四川等)是大宗毒品犯罪的热点区域,城市青少年吸毒行为已在全国范围内蔓延,西南地区的吸毒率略高于其他地区。这是因为,美国中西部毗邻墨西哥,东南部则方便"银三角"的毒品入境转销,美国东部的肯塔基州还有秘密的毒品实验室和大片室内外大麻种植区,产出的毒品销往附近各州。中国西南地区的云南、广西、四川等省(自治区)毗邻"金三角",地形复杂,便于毒品入境。由此可见,城市青少年的毒品犯罪与毒品原产地的地理方位有关。两国距离毒品原产地较近的地区青少年的毒品犯罪率普遍较高。

娱乐场所青少年聚集、环境嘈杂、娱乐性强,是两国青少年毒品犯罪的高发地。美国青少年吸毒的热点区域为 EDM 派对、夜总会等大型聚会举办地。我国青少年吸毒的高频场所为迪厅、KTV、酒吧等。变幻的灯光和高亢的电子音乐能强化吸毒效果。娱乐场所的人员构成复杂,不吸毒的青少年很可能受吸毒的同龄人诱惑。家庭住宅也是两国青少年毒品犯罪的高发场所。美国青少年常在家中举办聚会,邀请同伴吸毒。中国的毒瘾青少年也常与毒友在家中聚众吸毒。学校是青少年与同龄人接触最多的场所,比较而言,美国青少年在学校获得毒品的可能性比中国青少年更大。中国的毒品管控十分严格,学校对毒品严防死守,对学生管理严格,青少年几乎不可能在学校吸毒。美国有些州已经实现"大麻合法化",俄勒冈州和华盛顿州甚至推行"少量海洛因、可卡因合法化",青少年在学校获得少量大麻等药物相对容易。在社区层面,美国青少年毒品犯罪呈现明显的社

区流向性,犯罪从高频犯罪的社区向低频犯罪的社区流动,即"犯罪传染"。与美国不同的是,中国青少年毒品犯罪的主要"传染"方式不是从一个社区到另一个社区,而是以娱乐场所等特定地点为中心的扩散性传播。

第三节 中美城市青少年毒品犯罪的防范对策

近年来,我国境内毒品犯罪持续高发、组织性强。贩毒集团操控未成年人、怀孕和哺乳期的妇女、急性传染病患者、艾滋病患者、无自理能力的残疾人等特殊群体从事贩毒活动,手段残忍,耸人听闻。互联网的普及为隐蔽性极强的毒品犯罪提供了新思路,互联网成为毒品犯罪的保护罩,利用互联网进行毒品交易的犯罪现象迅速蔓延。卖方在互联网上发布毒品销售信息,买方利用网络交易平台支付毒资,通过快递物流、国际邮件等方式走私毒品。青少年毒品犯罪是全球公害,如何进行有效控制、预防是全世界所有国家的共同关注。美国的青少年毒品犯罪一直是社会难题,政府和社会机构尝试过多种预防手段,其中有些防治对策曾取得良好效果,值得我国学习借鉴。

一、中美防控青少年毒品犯罪的家庭教育

青少年第一次吸毒大多是出于好奇。青少年受身边不良同伴的诱惑和刺激,不知毒品危害性或明知故犯,尝试毒品,逐渐成瘾。有些贩毒分子诓骗女性青少年,使其以为吸食毒品能快速减肥。追求骨感身材的少女伤害身体、吸毒上瘾的例子屡见不鲜。然而,究其根本,青少年吸毒往往是由家庭矛盾长期存在和激化导致的。父母的不当教育会使青少年产生自私、自卑、自傲等心理问题。家庭和睦、父母教育得当的青少年不会染上毒瘾和进行更严重的毒品犯罪。

在美国,家庭在塑造青少年发展中起关键作用。家庭对吸毒等危险行为的促进或干预对青少年影响很大。家庭因素,如父母监护和亲子关系,已被证明对青少年具有保护作用,能降低青少年吸食毒品的可能性。相比之下,父母自身吸毒和缺乏父母亲身教育的青少年吸毒的可能性较高。家庭结构与青少年毒品犯罪也有显著关系。不在"传统"家庭结构中成长的青少年(即不与父母双方同住)更

有可能吸食毒品,也更有可能实施反社会行为,比如参与帮派犯罪活动。① 除家庭因素外,同龄人对青少年吸毒或实施其他毒品犯罪也有很大影响。与酗酒、吸毒的同龄人相处会增加青少年酗酒和吸毒的可能性。研究发现,同龄人对美国青少年吸毒的影响可能比家庭因素的影响更大。随着青少年年龄的增长,同龄人对其吸毒的影响也在增加。泰尔泽教授的团队发现,对于墨西哥裔青少年,使其履行家庭义务(一个人应该帮助、尊重和贡献家庭)和参与家庭援助项目(青少年向家庭提供工具性支持)是防止青少年吸毒的重要策略。② 青少年毒品犯罪的家庭预防工作侧重于为处境艰难的青少年家庭提供资源。这些资源有助于支持和加强家庭纽带,巩固家庭内部的保护因素。然而,美国城市青少年毒品犯罪的家庭预防主要依靠社区项目,如帮助修复家庭关系的功能性家庭治疗(FFT)和为家庭提供咨询的多维系统治疗(MST)等。

有些中国家庭教育方式传统,对子女进行"饭前睡前教育"、比较教育、数错并罚教育。首先,有些家庭溺爱子女,妨碍青少年独立发展。在勃谿的家庭环境下,青少年离家出走、结交社会闲散青年的可能性高,极易被引诱吸毒或实施严重毒品犯罪。如果家庭中有家庭成员吸毒,青少年吸毒的风险则较高。③ 最新研究表明,父母对子女的溺爱是青少年吸毒的主要原因。当发现青少年吸毒时,多数父母不愿将其送至戒毒所戒毒,甚至有些父母还为其毒瘾子女提供毒资。家庭是青少年毒品犯罪的第一道防线,青少年的禁毒第一课应由父母教授。首先,家长需掌握毒品知识,了解毒品的种类、危害及可能出现毒品的场所,才能教育子女远离毒品。其次,良好的家庭关系是家庭预防的关键。父母应以身作则,不酗酒、不吸毒;尽量缩小与青少年的代沟;设置合理"家规",防止青少年做出离家出走等

① See Nuño L E, Herrera V M, Choate D E, et al., Hispanic youth and illicit drug use: assessing the relevance of risk and protective factors, *Crime & Delinquency*, 2019, 65(10), pp. 1441–1444.

② See Telzer E H, Gonzales N, Fuligni A J, Family obligation values and family assistance behaviors: Protective and risk factors for Mexican-American adolescents' substance use, *Journal of youth and adolescence*, 2014, 43(2), pp. 270–283.

③ 王晓晓:《"危害最小化"的治毒政策及其借鉴意义》,载《辽宁大学学报(哲学社会科学版)》2019年第2期。

越轨行为。另外,父母应关注青少年生活状态、交友状况,及时阻止其与社会闲散人员交往。如果发现青少年吸毒,应在初期进行积极干预,送至医院或戒毒所帮助其摆脱毒品困扰。

二、中美防控青少年毒品犯罪的学校预防措施

学校是青少年毒品预防教育的重要防线。学校在青少年人格塑造和品行养成过程中发挥极为重要的作用。学校不仅履行学术教育职责,还应做好德育工作,尽量降低青少年吸毒等越轨行为的发生率。青少年在学校的集体感和参与感对其在学校的表现有很大影响。总体而言,与在学校里参与感低的学生相比,参与感高的学生成绩更好,对学习的积极性更高。在学校参与感低的青少年可能会实施越轨行为,如辍学、吸毒和其他犯罪。

美国许多学校开展的课堂项目在预防吸毒、轻微越轨、反社会行为和早期辍学等方面十分有效,这些行为如果不加以及时制止,很可能会导致严重犯罪发生。学校开展的课堂项目有一些共同的元素:教师、家长、学生、社区成员和管理人员参与的协作计划(提升青少年解决问题的能力);将学生分组成独立的小群体;职业教育;综合课程;学生参与规则的制定和执行,以及各种减少辍学的策略。[1] 其中,有些学校开展的生活技能培训包含教授青少年预防毒品滥用方法的课程。[2] 多项评估表明,参与该课程的青少年酒精、香烟和大麻使用率的降幅很大,且这种积极影响的稳定性较强,持续时间较长。[3] 近年来,该项目在政府机构和私人基金会的资助下已经在美国各地广泛开展,效果良好。除生活技能培训项目外,"状态"(STATUS)项目也是一个在学校开展的项目,该项目旨在改善中学的校风,减少青少年犯罪和辍学的几率。STATUS 项目采用的两个主要策略是努力改善学

---

[1] See Greenwood P. ,Prevention and Intervention Programs for Juvenile Offenders, *The Future of Children*, 2008,18(2),p. 197.

[2] See Botvin G J,Baker E,Dusenbury L,et al. ,Long-term follow-up results of a randomized drug abuse prevention trial in a white middle-class population, *Jama*,1995,273(14),p. 1106.

[3] See Botvin G J,Baker E,Dusenbury L,et al. ,Preventing adolescent drug abuse through a multimodal cognitive-behavioral approach:results of a 3-year study, *Journal of consulting and clinical psychology*,1990,58(4), p. 437.

校氛围,以及开展为期一年的语言和社会学习课程。一项对 STATUS 项目的评估发现,接受过该训练项目的美国青少年的犯罪率、吸毒率和受同龄人负面影响率都呈降低趋势,学习成绩和社会化程度均显著提升。[1]

在中国青少年毒品犯罪率高的地区,教育缺失是导致青少年实施吸毒等越轨行为最重要的原因之一。以青少年毒品犯罪率最高的云南省为例,其义务教育率居全国倒数,仅高于西藏自治区和青海省。[2] 在云南省,无论是城市地区还是农村地区,教育领域都存在极大弊端。全国基础教育的改革并未为云南省的青少年带来实质性改变,当地中小学的教学模式仍以应试教育为主。学校只重视学生成绩,轻视思想心理教育,对学生社会责任感和法制观念漠不关心。经济发展缓慢并不是我国西南地区学校禁毒教育缺失的重要原因,教育理念滞后才是当地青少年易受毒品诱惑的根本原因。不仅西南地区,全国各省学校都应重视青少年禁毒教育。为防止青少年接触毒品,学校可以建立一个完整的毒品预防教育小组,由校长或副校长统筹领导,德育主任、教导主任策划设计,年级主任、班主任具体落实禁毒教育方案。中小学是青少年毒品犯罪预防的主战场,必须高度重视禁毒教育,加强思想道德建设。

现阶段,有些中小学通过开展主题班会、办专题板报等方式对学生进行毒品教育。虽然此类传统教育手段对青少年毒品犯罪能起到一定抑制作用,但效果往往不尽如人意。有的学校、老师过于重视学生学习成绩,对主题班会和专题板报甚为敷衍。禁毒主题班会内容贫瘠、形式古板,专题板报只重形式,不能引起学生重视,更不能实现对学生的有效教育。很多省市的公安机关向当地小学、初中、高中及职业高中提供禁毒宣传片和毒品预防教育手册,考虑到不同年龄阶段学生的学习能力和接受能力,提供给小学、初中、高中的教育材料略有不同。然而,有些学校并不配合,不向学生播放禁毒宣传片、为节省时间只播放部分宣传片、不组织

---

① See Greenwood P, Prevention and Intervention Programs for Juvenile Offenders, *The Future of Children*, 2008,18(2),p. 197.

② 李萌、涂龙科:《我国青少年犯罪的案件分布及影响因素研究》,载《青少年犯罪问题》2020 年第 3 期。

学生学习毒品预防教育手册等现象司空见惯。学校和老师不重视毒品预防教育，不能在学校营造禁毒氛围，致使学生对毒品的危害性认识浅薄。缺乏家庭教育和学校监管的青少年在好奇心驱使及不良同伴的怂恿下极易尝试吸毒，甚至实施更严重的毒品犯罪。

三、中美防控青少年毒品犯罪的社区干预措施

社区是青少年除家庭和学校外最常接触的区域，是青少年毒品犯罪预防工作的重要环节。青少年在学校接触最多的是同龄人，在社区内更有可能接触到社会闲散人员。在网吧、KTV、酒吧等娱乐场所潜藏着吸毒、贩毒"小团伙"。青少年心性未定，易受社会闲散人员的蛊惑尝试吸毒。团伙型的青少年毒品犯罪超越了家庭和学校的管理能力范围，需要其他社会力量的配合。社区虽为非官方机构，但其在青少年毒品犯罪预防上比家庭的强制性高，比学校的专业性强，发挥着十分重要的防治作用。

社区和社会团体是美国青少年毒品滥用和毒品犯罪预防工作的重要主体。社区预防的目的包括将犯罪青少年从少年司法系统中转移出去、帮助处于非正式或正式缓刑期的青少年、为返回社区生活的假释青少年服务。社区预防的服务范围涵盖家庭住宅、学校、青年中心、公园、私人机构，服务内容包括每月一小时的会议和密集的家庭治疗等。美国社区根据社会危险性对青少年进行分级预防。初级预防针对普通青少年，包括预防青少年吸烟、吸毒和女性青少年怀孕等。二级预防针对生活在贫困社区的、在学校表现不佳或遭受家庭暴力的社会危险性较高的青少年。美国的社区预防项目丰富，其中最成功的是强调家庭互动的项目。例如，对于处于缓刑考验期内的青少年，有两个以家庭为主体的干预措施较为有效，即功能性家庭治疗（Functional Family Therapy，FFT）和多维系统治疗（Multisystemic Therapy，MST）。FFT针对的是11至18岁有违法行为、滥用毒品或有暴力问题的青少年，该项目的重点是改善家庭成员之间的关系，并通过帮助家庭提升解决问题的能力、加强家庭成员间的情感联系、加强父母为子女提供良好家庭环境、教育子女的能力，以发挥青少年毒品犯罪家庭预防的功能。FFT是一个相对短期的项目，由家庭治疗咨询师提供。每个家庭治疗团队有4到8名咨询师，受几位更

有经验的家庭治疗咨询师的直接监督。在过去的 25 年里,全社会不同专业的咨询师对各种问题青少年进行的大量试验已证实了 FFT 的有效性。① MST 也是一个以家庭为主体的项目,旨在帮助父母有效地处理青少年与品行不端的同龄人交往和在学校表现不佳等越轨问题。为提升家庭治疗项目的合作性和普及性,MST 通常在家庭、学校和社区提供服务。MST 咨询师的学历均在硕士以上,为有滥用毒品等越轨行为的青少年提供 50 小时的面对面咨询和为期四个月的干预。除了与家长合作外,MST 还尝试让其他家庭成员、教师、学校管理人员和其他适格成年人参与监督青少年。②

社会预防在我国也是青少年毒品犯罪预防工作的重要环节。早在 21 世纪初,就有学者提出由公、检、法、司对青少年进行毒品预防教育,增强青少年对毒品危害性认识的观点。近年来,公安机关为禁毒宣传制作了大量公益广告、海报,到学校进行宣传教育。法院也用毒品犯罪案件的公开审判录像对青少年进行法制教育。此外,社区等其他社会机构也积极参与青少年毒品预防教育工作。如公交车车载电视播放的禁毒宣传视频、地铁站张贴的禁毒海报等。社会是对青少年进行毒品预防教育的重要主体。③ 互联网及新媒体的崛起为青少年毒品预防教育工作提供了新的路径。社会应合理利用媒体资源,引导青少年远离毒品。特别是缺乏父母关注的城市流动青少年,极易与社会闲散人员交往,从而受到毒品诱惑。社会有责任看顾流动青少年,提升其法制观念,教育其远离毒品。现阶段,我国青少年毒品犯罪的社会预防主要依靠政府机关,社区等社会机构的作用有限。虽然大部分社区不重视青少年毒品预防教育,但有些社区在吸毒青少年的戒毒工作和预防再犯等方面都起了积极作用。例如,上海浦东新区木华社区的戒毒康复工作小组联合公安机关、禁毒办、居委会等机构,共同管理社区内的吸毒青少年,对其

---

① See Greenwood P. , Prevention and Intervention Programs for Juvenile Offenders, *The Future of Children*, 2008,18(2),pp. 198 – 199.

② See Sontheimer H, Goodstein L, An evaluation of juvenile intensive aftercare probation: Aftercare versus system response effects, *Justice Quarterly*, 1993,10(2),pp. 197 – 228.

③ 常进锋:《预防与惩治青少年涉毒犯罪的法治路径述评》,载《中国青年社会科学》2018 年第 5 期。

吸毒原因进行有针对性的分析,帮助其成功戒毒和再社会化。① 该小组自设立以来工作开展顺利,取得良好效果。

四、中美城市青少年毒品犯罪的防范对策比较

中美两国城市青少年毒品犯罪预防的主要方式均包含家庭预防、学校预防和社会预防。家庭、学校和社区几乎涵盖青少年的成长生活范围,三方合作可以较为全面地实现青少年毒品犯罪的预防。美国的青少年毒品犯罪预防体系较为复杂,各州均进行过不同的社会实验项目,形成了适合本地青少年的预防方案。我国的青少年毒品犯罪预防措施虽然也取得良好效果,在一定程度上有助于降低青少年毒品犯罪发生率,但仍有不足之处。美国有些青少年毒品犯罪预防措施较为新颖,值得我国借鉴学习。

首先,社会力量在美国青少年毒品犯罪家庭预防中起重要作用,政府和社区从母亲孕期就开始对家庭进行干预。其中较著名的如大卫·奥尔兹(David Olds)的"家庭护士探访计划"(Nurse Home Visitation Program,NHVP),旨在帮助贫穷、年轻早孕的母亲。从母亲产前至孩子两岁,家庭护士会进行约 20 次探访,帮助年轻的母亲,提供儿童保育培训和社会技能训练。对于稍大一点的儿童,社区还提供学前教育。家长在政府和社区的帮助下,不仅能改善家庭生存条件、缓和家庭矛盾,还能提高教育子女的水平。然而,我国青少年毒品犯罪的家庭预防主要依靠父母对子女的教育,缺乏社会力量的参与。在没有政府干预和社区帮助的情况下,大部分中国家长依然重视青少年的成长和教育。但也有家长认为,毒品距离日常生活遥远,对家庭禁毒教育的重视程度不高。即使父母发现青少年子女有吸毒等犯罪行为,也易出于溺爱之心纵容,不将其送去戒毒。至于城市流动青少年,家庭能为之提供的毒品预防教育十分有限。如果没有政府、学校和社区帮扶,缺乏父母关怀的流动青少年容易结交社会闲散人员,被诱吸毒甚至实施严重犯罪。因而对流动青少年的家庭而言,社会力量的干预极为重要。

---

① 范志海:《社区戒毒康复模式研究——以上海市浦东新区为例》,载《和谐社会 价值·政策·制度——上海市社会科学界第四届学术年会文集(2006 年度)(政治·法律·社会学科卷)》,上海市社会科学界联合会,第 6 页。

其次,美国青少年毒品犯罪学校预防机制极具特色。与我国学校相比,美国中小学提供的毒品预防教育活动更多,内容也更丰富。在美国学校开展的生活技能培训项目对城市青少年毒品犯罪的预防起到了积极作用,STATUS 项目也取得了显著成效。这两个比较成功的学校预防项目均有社会力量的参与,由学校与社会机构相互配合开展青少年毒品犯罪预防工作。我国学校开展的毒品预防教育形式较为单一,虽也有所成效,但很难达到预期效果。尽管我国一直在进行教育改革,但有些地区的学校仍过于看重学生的学习成绩。尤其是在经济发展较慢、教育思想落后的西南地区,学校更要加强对青少年禁毒教育的重视。西南地区毗邻"金三角"毒品产地,毒贩猖獗,青少年受到的经济诱惑和精神诱惑比国内其他地区更大,更有可能吸毒或被毒贩利用走私毒品。在家庭禁毒教育开展困难的情况下,学校的毒品犯罪预防是最重要的防线。在经济发达、教育理念先进的城市,学校对学生禁毒教育的重视程度较高。而在经济发展落后的地区,学校的工作重心则在提升学生学习成绩上,不重视青少年毒品犯罪预防。我国公权力在青少年毒品犯罪学校预防上的作用与美国的社会力量相似,学校预防依然需要公安机关等国家公权力的监督和帮助。

此外,美国青少年毒品犯罪的社会预防有较多先进经验。可以说,社区等社会机构是美国青少年毒品犯罪预防工作的最重要主体。社会机构不仅为家庭提供诊疗服务,还与学校合作开展禁毒教育活动。以家庭为主体的毒品预防项目,如功能性家庭治疗(FFT)和多维系统治疗(MST)都是由社区组织策划实行的。这两个项目均是有针对性地对问题家庭提供服务,帮助修复家庭关系,协助家长对青少年进行包括禁毒在内的各种生理诊疗和心理矫治。我国青少年掌握的毒品相关知识大多源于政府机关的宣传,社区等社会机构在预防青少年吸毒工作上显得力不从心。实际上,我国社区更重视毒瘾青少年的戒毒工作。社区配合戒毒机构积极帮助青少年戒毒,使其顺利再社会化。

第四节　对我国城市青少年毒品犯罪防范的借鉴

近年来,我国吸毒总人数持续增长。海洛因等阿片类毒品的流通量增幅不大,但冰毒、氯胺酮等合成毒品的使用人数增长很快,新精神活性物质开始在国内流行。城市青少年的吸毒结构呈传统毒品、合成毒品、新精神活性物质并存态势。青少年毒品犯罪整体状况依然严峻。在我国,除司法机关对青少年毒品犯罪进行惩治和再犯预防外,家庭、学校和社区几乎承担青少年禁毒教育的全部责任。我国城市青少年毒品犯罪时空分布特征显著,有关部门可以据此设置毒品犯罪相关预防举措,从美国的预防策略中学习先进经验,结合家庭、学校、社会综合预防,确定适合我国国情的青少年毒品犯罪预防对策。

一、丰富青少年毒品犯罪的预防措施

(一)严格控制毒品来源

有获取毒品的渠道是青少年吸毒的必要条件,青少年吸毒是实施其他严重毒品犯罪的直接诱因。美国毒品管控力度不严格是青少年毒品滥用率较高的重要原因。美国青少年有较多渠道获得毒品,甚至在学校也有机会接触毒品。尤其是近年来美国推行大麻合法化,使得青少年与"软性毒品"接触的难度降低。若要控制青少年毒品犯罪,最直接的方法是避免青少年接触毒品,切断毒品源头。

首先,加强对边境地区毒品的查验和打击力度。我国境内的毒品大部分从"金三角"地区流入。西南边境毗邻东南亚,丛林密布,道路崎岖,人烟稀少,且是少数民族聚集地,政府鞭长莫及。边境地区位置偏僻,民族构成复杂,为贩毒集团走私毒品提供了天然屏障。多年来,此地贩毒分子猖獗,甚至形成武装团伙,为边境的禁毒工作带来诸多考验。与贩毒集团作斗争,除增强武力、谋划战略外,还需与国际刑警组织加强合作。特别是在边界以外的区域,我国刑警行动受限,难以抓捕犯罪人。

其次,加强缉毒禁毒人财投入。由于走私、贩卖毒品犯罪性质特殊,整个犯罪过程需上下线互相配合。毒贩之间的联系隐蔽性强,犯罪人警惕性高,抓捕难度大。

很多贩毒集团甚至还有武装队伍,高薪聘请雇佣军,缉毒禁毒工作危险性极高。欲阻止毒品在境内流通,需加大缉毒禁毒的人、财投入。其一,应提高缉毒经费,保证缉毒工作常态化进行。其二,应提高缉毒禁毒工作者的工资福利待遇,提升其工作积极性。其三,应扩充缉毒队伍,吸纳缉毒人才。此外,也要提高缉毒禁毒技术,研发、完善毒品检测仪器,引进国外先进方法,健全缉毒禁毒部门内部制度体系。[1]

再次,还应重视打击网络涉毒违法犯罪。毒贩利用网络将毒品销售给青少年,互联网成为青少年获取毒品的重要途径。毒贩通过 QQ、微信等通信 App 和各类论坛、贴吧将毒品销售信息发送给吸毒者,甚至诱导吸毒者进入贩毒组织。毒贩和吸毒者利用淘宝、支付宝等网络交易平台和快递等物流寄递渠道进行交易已成常态。此类案件通常影响较大,如江苏省公安机关侦破的“汇其乐”网站涉毒案。[2] 据调查,全国至少 50% 的毒品制造犯罪是借助网络传播制毒技术实施的。[3] 网络涉毒犯罪隐蔽性强、诱惑性大、地域性广、犯罪成本低,亟须加大打击力度,加速侦破网络涉毒案件。

(二)三方联合时空预防

家庭、学校、社会三方均需承担青少年毒品犯罪预防责任。现阶段,我国公权力机关几乎负责毒品防治的全部工作,对毒品犯罪严厉打击。然而,我国地域广阔、人口众多,公权力机关的缉毒禁毒工作难免百密一疏。青少年吸毒等越轨行为的预防需要家庭、学校、社会共同参与。傍晚 7 点至深夜 12 点是我国城市青少年毒品犯罪的高发时间(放学后、下班后的时间),三方应在此时间段做好青少年的管理和教育工作。

分级预防是美国青少年毒品犯罪预防体系的特色,我国可以学习参考,即根据青少年的社会危险性划分等级预防。对于没有吸毒倾向的青少年,家长应关注其放学后、下班后的动向,设定合理回家时间,提醒青少年少去 KTV、酒吧、网吧等

① 常进锋:《预防与惩治青少年涉毒犯罪的法治路径述评》,载《中国青年社会科学》2018 年第 5 期。
② 涉毒网站建立者通过网络营销毒品,让潜在客户以视频吸毒认证进入聊天室,定期缴纳会费,为会员提供毒品的方式组织多人进行视频吸毒。
③ 莫关耀:《毒品预防教育教学参考》,吉林大学出版社 2018 年版,第 97－99 页。

娱乐场所。对于年龄较小的未成年子女,家长还需对其进行禁毒教育,并了解其交友圈,避免未成年子女与社会闲散人员接触。对于已经开始吸毒的青少年,家长不能纵容其继续吸毒,应尽早将子女送至医院戒毒。学校作为常与青少年接触的较为权威的主体,在家庭不能提供合适的禁毒教育时应承担青少年毒品犯罪的预防责任。针对没有吸毒的青少年,学校可开展"国际禁毒日主题班会""禁毒演讲比赛""禁毒情景剧"等活动,鼓励学生主动参与。学校可组织学生观看公安部拍摄的禁毒影片,提醒学生不去易出现毒品的场所,教育学生应对毒品的正确做法。学校可与公权力机关合作,请缉毒禁毒警官来校进行禁毒教育。校方若发现学生吸毒,应立即联系学生家长,商议解决方案,帮助青少年戒毒。很多家长在日常生活中不会主动进行禁毒教育,学校可向家长发出号召,让家长在日常教育中主动涉及禁毒教育。我国社区等社会机构在青少年戒毒工作中发挥重要作用,然而对未有吸毒等越轨行为的普通青少年的禁毒教育不够重视。美国的社会机构和私人基金几乎渗入整个青少年毒品犯罪预防体系,家庭预防和学校预防也多依托于社区项目。美国的社会力量对青少年毒品犯罪预防绝对支持,且联合家庭和学校对青少年进行全方位的防控。我国的社区预防体系也发挥重要作用,但社区与青少年的家庭和学校联系不够紧密。在家长因吸毒等特殊情况不能正常抚养教育子女时,社区应探访问题家庭,提供全方位帮扶。对于没有毒品滥用情况的青少年家庭,社区也应定期寻访,提醒青少年远离毒品、远离"红灯区"等毒品泛滥的场所。

(三)加强特定场所缉毒巡逻

治安巡逻是青少年毒品犯罪的重要防控手段。酒吧、迪厅、KTV、慢摇吧等娱乐场所是毒品犯罪的热点,在该类场所,有些毒品犯罪分子在青少年的饮品、香烟中掺入毒品,使受害者误吸。为严厉打击毒品犯罪,治安巡警和缉毒警察应大力排查娱乐场所,不定期突击检查,避免犯罪人提前防备。缉毒治安巡逻应安排在毒品犯罪发生率较高的时间,即傍晚7点至深夜12点。公安机关和司法部门应对娱乐场所管理人员进行禁毒培训,增强其自觉防毒意识,尤其要防止娱乐场所管理人员与毒贩勾结包庇,妨碍执法。

酒店、宾馆、日租房（民宿）等商旅住宿场所是聚众吸毒、容留他人吸毒等毒品犯罪的热门地点。吸毒青少年常在酒店、宾馆、民宿等隐蔽性较强的场所聚众吸毒。在春节、国庆等青少年聚众吸毒高发期对酒店、宾馆、民宿等住宿场所的缉毒巡逻可以有效打击毒品犯罪。然而，缉毒警力有限，全方位缉毒存在现实困难。为扩大缉毒范围，公安机关可联合娱乐场所和商旅住宿场所的管理人员，在节假日期间赋予保安巡逻查房的临时权力，并随机检查缉毒情况。网吧、氧吧、游戏厅、有博彩性游戏机的彩票中心等营业场所提供的服务娱乐性、刺激性强，对于吸毒者有较强吸引力。在该类营业场所吸毒的青少年大多追求多重刺激，除吸毒外还可能实施暴力犯罪。缉毒巡警应加强对该类场所的排查力度，尤其是学校附近的网吧、游戏厅和大型彩票站。另外，成人用品商店门口常有女性青少年招嫖或进行毒品交易。据不完全统计，我国 80% 的吸毒女性从事卖淫活动。① 成人用品商店是毒瘾少女与毒品卖家接头的地点，有时男女青年也共同在此处吸毒。由于成人用品商店的经营模式以无人贩售为主，且涉及"性"的交易隐私性强，几乎不会有人日间光顾。黑夜为卖淫女和毒贩提供了天然屏障，既能保护其性隐私，又能掩盖涉毒犯罪。深夜是打击卖淫嫖娼和毒品犯罪的最佳时机，缉毒巡警在巡逻时不能忽视成人用品商店。

二、逐步完善我国城市青少年毒品犯罪的矫治措施

（一）戒毒所和社区做好青少年戒毒工作

青少年吸毒与其他毒品犯罪之间有密切关系。青少年毒品犯罪的再犯预防，应把有效戒毒放在首要位置。在某种意义上，毒瘾青少年也属于弱势群体。对吸毒青少年不能一味严厉打击，还需保护其合法权益，帮助其顺利回归社会。② 现阶段，我国戒毒的基本体系由强制隔离戒毒、社区戒毒和自愿戒毒共同构成。③

① 于阳：《城市青少年犯罪防控比较研究——基于英美国家的理论和实践》，天津社会科学院出版社 2015 年版，第 95 页。
② 邱楚权：《论我国强制隔离戒毒程序中存在的问题及对策》，载《武警学院学报》2020 年第 9 期。
③ 刘成斌、昝莹、贾俊：《"戒毒青年"角色矫正机制研究——基于戒毒青年 JH 的改造经历》，载《江汉学术》2016 年第 2 期。

强制隔离戒毒是指将青少年隔离在封闭场所,严格管控其作息时间、限制其生活空间、培养其劳动意识,由民警对其进行监督和制约。然而,强制隔离戒毒半军事化的管理模式往往只能帮助戒毒者在身体上与毒品分离,难以兼顾其心理需求。社区戒毒由社区统筹组织,联合家庭、卫生、公安、民政等多方力量帮助青少年戒毒。在社区监督下的青少年有良好的戒毒环境,再社会化相对容易。但目前的社区戒毒存在治疗手段不规范等问题,无法达到预期效果。① 自愿戒毒是吸毒者认识到吸毒危害性,主动到医院等机构戒毒。自愿戒毒的青少年缺乏政府和社会的支持引导,很难完成心理脱毒,再社会化也较为艰难。因此,自愿戒毒的青少年复吸率较高。

戒毒者的顺利再入学、再就业是影响戒毒效果的主要原因。对毒瘾青少年而言,既强制监督管理,又帮助其再社会化的戒毒方案才能起到最佳效果。强制隔离戒毒虽能高效帮助青少年戒毒,但由于在该场所的青少年与社会脱离,即便戒毒成功,青少年缺少就业机会,也易受诱惑复吸。强制隔离戒毒所可以借鉴社区戒毒的经验,在利用强制力戒毒的基础上,关注青少年的心理变化。在美国,社区戒毒的影响较大,效果较好。其中最成功的两个治疗中心是"戴托普"(DAYTOP)和"菲尼克斯"(PHOENIX)。前者以成功戒毒者为主力军,后者强调戒毒者的自我管理和自我援助。② 我国的社区戒毒工作可以借鉴美国"DAYTOP"和"PHOE-NIX"让成功戒毒者参与戒毒工作、鼓励戒毒者自我管理的思想。针对戒毒者的再社会化问题,美国有学者提出"以就业为基础"的戒毒治疗,旨在帮助刚结束戒毒的青少年快速找到工作。③ 在青少年戒毒期间,可以开展多项抗毒项目,如情景模拟(模拟初次吸毒情节)、心理疏导、同伴鼓励、体育锻炼等。④ 青少年从离开戒毒所到接受社区戒毒的过渡期间复吸率高。⑤ 为预防青少年复吸,应尽量保证

---

① 冯立伟、钱明赞:《多维家庭治疗在青少年戒毒矫正中的运用》,载《犯罪与改造研究》2020 年第 11 期。
② 于阳:《美国的毒品戒治模式与管理体制检视》,载《犯罪与改造研究》2015 年第 6 期。
③ 于阳:《美国的毒品戒治模式与管理体制检视》,载《犯罪与改造研究》2015 年第 6 期。
④ 张庆军、田咏梅:《青少年强制隔离戒毒人员戒治模式研究》,载《中国司法》2015 年第 10 期。
⑤ 王天瑞:《社会工作介入青少年戒毒过程的方法探索》,载《河南司法警官职业学院学报》2020 年第 3 期。

其完成强制隔离戒毒后立即开始社区戒毒,缩短衔接时间。同时,社区戒毒需要青少年家庭的支持,既要保证青少年顺利再社会化,也要帮助其重新融入家庭。在条件允许的情况下,还可参考美国华裔学者张乐宁教授提出的"以就业为基础"的戒毒理念帮助戒毒者再就业。

(二)从严打击、慎用死刑

20 世纪 60 年代,美国的毒品交易活动猖獗,联邦政府经历了数十年的毒品战争。美国的禁毒法律体系较为完备,采取制定单行法规的方式惩治毒品犯罪,如《哈里森麻醉品法》《全面预防和控制滥用毒品法》《洛克菲勒毒品法》等。1994年,"三振出局法案"(最低刑期不低于 25 年、最高刑为终身监禁)获得国会通过。[1] 虽然美国对毒品犯罪采取"零宽容政策",但刑罚措施以监禁刑为主,对于少年犯采取温和态度,几乎没有被处以死刑的毒品犯罪分子。[2] 我国《刑法》仅有46 个保留死刑的罪名,其中毒品犯罪依然占有一席之地,即走私、贩卖、运输、制造毒品罪。除此项犯罪外,其他毒品犯罪在刑法中也属于刑罚处罚较重的罪名。在司法实践中,35 周岁以下的青少年因毒品犯罪被判处死刑的并非个例。如林美龙、林茂雄等走私、贩卖、运输、制造毒品案中,其中几位被告人犯罪时年龄在 35 周岁以下,均被判处死刑。[3] 在扎卡瑞·萨侯(Zachary Sahoo)、林文喜走私、贩卖、运输、制造毒品、非法持有毒品一案中,被告人扎卡瑞·萨侯犯罪时不满 25 周岁,被判处死刑。[4] 曾心得走私、贩卖、运输、制造毒品一案中,犯罪时不满 35 周岁,被判

---

[1] 资料源于 US Congress, "HR3355-Violent Crime Control and Law Enforcement Act of 1994", Accessed August 10, 2021. http://www. sentencingproject. org/brief/1040. htm.

[2] 邓丛、何勤华:《美国毒品规制中非裔人群再犯罪的闭合困境——从"毒品战争"到"非裔人群的监狱"》,载《世界经济与政治论坛》2020 年第 5 期。

[3] 参见《林美龙、林茂雄走私、贩卖、运输、制造毒品、非法制造、买卖、运输、邮寄、储存枪支、弹药、爆炸物、非法持有、私藏枪支、弹药、容留他人吸毒、抢劫、非法持有毒品二审刑事判决书》,载中国裁判文书网:https://wenshu. court. gov. cn/website/wenshu/181107ANFZ0BXSK4/index. html? docId = e09631d925d84c99aa18ab3c009e9d58,最后访问日期:2024 年 11 月 10 日。

[4] 参见《扎卡瑞·萨侯、林文喜走私、贩卖、运输、制造毒品、非法持有毒品二审刑事裁定书》,载中国裁判文书网: https://wenshu. court. gov. cn/website/wenshu/181107ANFZ0BXSK4/index. html? docId = ab8f0eb7bb 9c4cf88cbeac4300b5fc50,最后访问日期:2024 年 8 月 10 日。

处死刑。① 对于毒品犯罪的死刑适用问题,国内刑法学界对此有较大争议。不少学者持废除毒品犯罪死刑的观点,认为毒品犯罪不是暴力犯罪,且没有明确被害人,其严重性不足以适用死刑。② 也有学者指出,对毒品犯罪配置死刑违背国际公约精神和公正理念,也无法达到积极预防的效果。③ 然而,我国现阶段的国情民意和政策导向尚不支持废除死刑,也存在少数危害极其严重需要适用死刑的案件。如果废除毒品犯罪的死刑,则既不符合严厉打击毒品犯罪的政策,又易出现刑罚适用失衡问题。

由于当前境内毒品犯罪依然十分猖獗,将走私、贩卖、运输、制造毒品犯罪法定最高刑设置为死刑是打击犯罪的实际需要。但站在客观立场,毒品犯罪与暴力犯罪危害社会的方式不同,适用死刑的判断标准也应存在差异。④ 走私、贩卖、运输、制造毒品罪对社会的危害由毒贩和吸毒者共同构成。大多数情况下,吸毒者属于自陷风险,其社会危害性不能全部归责于毒品犯罪人。毒品带来的社会危害不能仅寄希望于对犯罪人严厉打击。如果不能遏制吸毒者吸毒,减少毒品需求,即使对贩毒者处以极刑,也不利于毒品犯罪防控。即使考虑到毒品犯罪人的犯罪活动可能伤害无辜的人,在"平等保护"的理念下也并不一定要对犯罪人处以死刑。如在"斯图尔特诉美国案"中,上诉人在学校周边贩卖可卡因,社会危害性极大,最终也仅被判处有期徒刑 108 个月。⑤ 青少年处于人生重要阶段,人格可塑性极强。因此,于青少年而言,刑罚的教育意义应大于惩罚意义。对青少年科处刑罚应遵循宽严相济的刑事政策,慎重适用死刑。在青少年实施情节极其恶劣、社会危害性极大的毒品犯罪的情况下,可以适用死刑。简言之,现阶段对青少年

---

① 参见《曾心得走私、贩卖、运输、制造毒品罪复核刑事裁定书》,载中国裁判文书网: https://wenshu. court. gov. cn/website/wenshu/181107ANFZ0BXSK4/index. html? docId = 0f03288601414b788264abea0012b310,最后访问日期:2024 年 8 月 10 日。

② 赵秉志、张伟珂:《论运输毒品罪死刑废止的可行性》,载《河北法学》2020 第 11 期。

③ 何荣功:《毒品犯罪的刑事政策与死刑适用研究》,中国人民公安大学出版社 2012 年版,第 87 页。

④ 胡云腾、方文军:《论毒品犯罪的惩治对策与措施》,载《中国青年社会科学》2018 年第 5 期。

⑤ 邓丛、何勤华:《美国毒品规制中非裔人群再犯罪的闭合困境——从"毒品战争"到"非裔人群的监狱"》,载《世界经济与政治论坛》2020 年第 5 期。

毒品犯罪的死刑不能废止,但应更加严格地限制。由于多数实施严重毒品犯罪的青少年有毒瘾,为预防再犯,除严格执行刑罚外还应帮助青少年犯罪人完成生理戒毒和心理戒毒。考虑到该类青少年的人身危险性比一般吸毒人员高,应由监狱代替强制隔离戒毒所完成戒毒。同时,为防止监狱中的青少年与社会严重脱节,负责刑罚执行的单位应帮助青少年犯养成良好的生活习惯、劳动习惯,使其能顺利再入学、再就业。

结　语

与欧美国家相比,我国的毒品管控措施向来较为严格。但是,近年来,各种新型毒品和贩毒手段层出不穷,吸毒行为低龄化现象严重,且毒品犯罪已经成为我国青少年犯罪的主要类型之一。基于此,亟须从新的视角探索如何有效开展青少年毒品犯罪的早期预防工作。本章通过采用数据比较、案例分析、实证调查等方法,发现中美两国城市青少年毒品犯罪具有以下时空分布规律:美国此类犯罪高发于节假日期间,多出现在学校及其他青少年常聚集的地点。我国此类犯罪高发时间也集中在寒暑假,尤以春节为主,高发地点为酒吧、迪厅等娱乐场所以及宾馆、日租房等住宿场所。在防范对策方面,美国学者针对城市青少年毒品犯罪的防范研究成果丰硕,政府各部门制定有详细的防范对策,实务部门防控措施实施成效明显,特别是在家庭预防、学校预防和社会机构预防等领域均有其鲜明特色和成功经验。我国可对此加以借鉴,从严格控制毒品来源、定时定点缉毒巡逻、三方联合时空预防共同推进、戒毒所和社区进行有效戒毒、"从严打击、慎用死刑"等方面完善青少年毒品犯罪的预防与矫治对策。值得注意的是,尽管我国与美国的青少年毒品犯罪时空分布呈现出较为相似的规律,但是,两国在青少年毒品犯罪严重程度、禁毒措施与禁毒力度等方面存在较大差异。因此,在学习与借鉴美国青少年毒品犯罪的相关预防举措时,需要以我国的社会背景、法治实践为基础,确定适合我国国情的、具有中国特色的青少年毒品犯罪预防对策。

第六章
中美城市青少年有组织犯罪的时空分布与防范对策

　　在我国,"组织化""团伙化"向来是青少年犯罪的主要特征和发展趋势。我国预防青少年犯罪工作成效显著,未成年人犯罪数据连续多年下降,但青少年犯罪"团伙化"的问题反而日趋严峻。① 相关调查数据显示,我国青少年团伙犯罪最早出现于 20 世纪 70 年代,80 年代末至 90 年代初的青少年犯罪团伙作案的比例高达 70%。② 而在我国当前的未成年人犯罪中,共同犯罪所占比例接近 80%。其中,约有 60% 的同伙关系早在案发前就已形成。③ 结伙作案之所以成为青少年犯罪的主要形式,是因为其实施犯罪行为的功能性需要,以及寻求归属感的心理需求。④ 由此可见,青少年有组织犯罪不但社会危害性更大,而且防控难度也更高。在美国,青少年帮派问题产生于 19 世纪 20 年代的纽约,此后伴随着多次移民浪潮不断发展演变,进入 21 世纪后帮派活动显著增加。20 世纪 20 年代,美国学者弗雷德里克·M. 思拉舍(Frederic M. Thrasher)用实证社会学的方法以芝加哥的帮派为对象进行了开创性研究。随后,美国的社会科学学者继续从民族志、生态学等多种视角对青少年帮派活动展开深入探索,为美国防范和干预帮派犯罪提供了坚实的理论基础。⑤ 此外,对于青少年团伙、帮派而言,"领地"具有重要意义,

---

　　① 参见于阳等:《青少年违法犯罪的犯罪规律与防治对策研究》,法律出版社 2022 年版,第 7 - 12 页、第 79 - 88 页。

　　② 参见郭翔:《当前我国青少年犯罪的状况与特点》,载《中国青年研究》1996 年第 3 期,第 39 - 41 页。

　　③ 路琦、郭开元等:《2017 年我国未成年人犯罪研究报告——基于未成年犯与其他群体的比较研究》,载《青少年犯罪问题》2018 年第 6 期,第 29 - 43 页。

　　④ 参见于阳:《城市青少年犯罪防控比较研究——基于英美国家的理论和实践》,天津社会科学院出版社 2015 年版,第 69 - 74 页。

　　⑤ 于阳、黄烨:《中美城市青少年暴力犯罪的时空分布与防范对策比较》,载《青少年犯罪问题》2022 年第 4 期,第 108 - 122 页。

其日常活动、犯罪行为、藏匿行为无不与之相关。因此,有必要在对国内外最新研究文献进行梳理分析的基础上,借助犯罪生态学、环境犯罪学等学科理论与研究方法,通过比较总结中美两国城市青少年有组织犯罪与时间、空间分布规律以及两国针对此类犯罪行为所采取的防范对策,进而明确青少年有组织犯罪的时空规律,提出我国防范此类行为的可行对策,对于我国制定具体的青少年有组织犯罪防范对策具有重要的参考价值。同时,本文通过对中美城市青少年有组织犯罪时空分布规律进行比较分析,以明确青少年有组织犯罪在时空分布方面的发展趋势和防控重点,进一步发现既有防控对策存在的问题和不足,进而针对这些问题和不足提出防范治理我国城市青少年有组织犯罪的对策建议。

有组织犯罪的概念源于美国,其具体含义随时间推移而不断变化,但是总体上围绕两种对立观念展开。一是某些稳定的组织本身具有非法性质,或者其成员系统性地从事犯罪活动;二是多以金钱为目的的一系列严重犯罪活动。前者将重点放在犯罪主体,后者则聚焦于犯罪行为,二者在近年来渐趋融合。[1] 虽然各国法律对有组织犯罪的定义不尽相同,但是学者们以各国有组织犯罪的发展状况为基础提炼出的此类犯罪的基本特征却有较高的一致性。如美国犯罪学者杰·S.阿尔巴内斯(Jay S. Albanese)总结了过去 50 年间学者们就有组织犯罪定义所达成的共识,其中有组织层次结构且具有持续性、从犯罪活动中获取利润、使用武力或威胁、以公职人员的腐败为其提供保护是此类犯罪最典型的特征。[2] 相比之下,我国犯罪学者多认为有组织犯罪具有四个方面的特征,包括以获取超常经济利益为目的,以组织体形式进行,以暴力、威胁等作为基本手段,以及力图确立非法影响或建立非法秩序。[3] 青少年有组织犯罪通常无法达到上述一般有组织犯罪的标准,多数以青少年为主体的犯罪组织不具有严密的组织结构,也没有强大有力的指挥系统和统一的经济管理手段,社会危害性较弱。一般而言,青少年有

---

[1]　See Letizia Paoli. *The Oxford Handbook of Organized Crime*, Oxford University Press, 2014, p. 14.

[2]　See Jay S. Albanese. *Organized Crime In Our Times*(6th Edition), Routledge, 2015, p. 4.

[3]　张远煌:《中国有组织犯罪的发展现状及立法完善对策》,载《法治研究》2012 年第 2 期,第 10 – 21 页。

组织犯罪通常是普通有组织犯罪的初级形态,只有少数能够发展到中高级形态。组织发展形态上存在的较大差异,导致国内外学者在研究青少年有组织犯罪时,多以青少年帮派(帮会)、青少年团伙犯罪为主。因此,本文在犯罪学的语境和思维下,将青少年有组织犯罪广义地界定为由 6—25 周岁青少年组成或参与的组织体所实施的越轨行为或犯罪行为。①

第一节　中美城市青少年有组织犯罪的时间分布

一、中国城市青少年有组织犯罪的时间分布

在一天之中,我国城市青少年多选择下午傍晚和深夜凌晨实施有组织犯罪,其具体作案时间与作案对象、行为主体之间有一定关联性。发生在下午和傍晚时段的青少年有组织犯罪,通常犯罪者和受害者均为在校学生,或受害者一方为在校学生。前者如在校学生参与了校内或校外的帮派组织,会优先选择在放学后以"约架"等不正当方式解决同学间的日常冲突②;后者如某些青少年团伙经常选择学生下午放学独自回家的时间段,对其实施抢劫、殴打等行为。③ 此外,昼伏夜出是多数青少年团伙的活动规律,深夜凌晨是其以路人、车辆或街边商铺为目标实施盗窃或抢劫行为的高峰期。如 2021 年 8 月,湖南省郴州市的一个青少年盗窃团伙白天外出踩点,在深夜人少时砸破路边车窗、潜入路边商铺盗窃财物④;2021年 5—8 月,广西柳州市的一个 9 人青少年团伙先后作案 30 余起,专门对深夜未

---

① 我国当代著名的犯罪学家吴宗宪教授在国内首次提出"犯罪学思维"这一概念。犯罪学思维可以定义为从犯罪学角度认识和解决犯罪问题的思维方式与相应活动。犯罪学思维的核心内容包括认识犯罪现象、分析犯罪原因和提出犯罪对策,这既是认识和解决犯罪问题的比较理想的逻辑思路,也可以成为撰写犯罪学论著的基本模式。犯罪学思维在准确认识犯罪、有效治理犯罪、科学引导立法和合理指导司法方面有重要价值。参加吴宗宪:《犯罪学思维初论》,载《犯罪研究》2024 年第 4 期,第 2 - 10 页。

② 冯承才:《冲突常态化:街角青年帮派日常冲突模式研究——以上海市闵行 K 社区"斧头帮"为例》载《青少年犯罪问题》2017 年第 5 期。

③ 《探析未成年人团伙犯罪的成因与应对》,载江西省丰城市人民法院网:http://fcsfy. chinacourt. gov. cn/article/detail/2013/10/id/1114251. shtml,最后访问日期:2024 年 9 月 16 日。

④ 《4 天砸 22 台车窗玻璃……这群不良少年落网!》,载网易湖南:https://hunan. news. 163. com/chenzhou/21/0825/11/GI8A83TO04369DDD. html,最后访问日期:2024 年 9 月 16 日。

归的热恋情侣实施抢劫,其作案时间均为凌晨 0 时—4 时①;2019 年,广东省化州市的一个未成年人犯罪团伙选择在深夜或凌晨时段,以暴力方式进入路边商铺行窃②。此外,据学者研究,城市中的外来青少年与本地青少年在作案时间的选择上也有明显差异。外来青少年的犯罪时间多为凌晨、深夜,只有少数为白天。与之相反,本地青少年则多数倾向于在白天、下午作案。③

以个人生命历程为考察视角,未成年人有组织犯罪的高发期为 15 岁左右,成年青年实施有组织犯罪的高峰期为 19—22 岁。我国学者姚兵教授以问卷调查的方式研究未成年人团伙犯罪的特征,调查结果显示未成年团伙犯罪人年龄多为15—16 岁,占比为 64.8%。该数据的卡方检验结果表明团伙与非团伙犯罪形式中年龄段分布没有显著差异。但是,其样本中非团伙犯罪的 17 岁行为人占比相对团伙犯罪有明显提升。④ 同时,未成年人犯罪司法大数据也显示,未成年犯罪案件中被告人年龄多为 16—17 周岁。这些数据反映出未成年行为人年龄越低,越倾向于以团伙形式实施犯罪行为。⑤ 此前,湖南省湘潭市的相关调查显示,该市未成年人团伙成员年龄多为 15—16 岁。⑥ 相应的,组织形态相对较高的涉黑犯罪,其参与者通常为成年青年。例如,最高人民法院发布的涉黑犯罪专题报告中指出,被告人年龄主要分布在 18—30 岁;⑦根据重庆市的一项调查,参与涉黑犯罪时年龄为 18—25 周岁的青少年在所有涉黑青少年中占比高达 88%⑧;针

---

① 《柳州市少年抢劫团伙覆灭纪实》,载法制视界:https://baijiahao.baidu.com/s? id = 1705634690456046203&wfr = spider&for = pc,最后访问日期:2024 年 9 月 16 日。

② 《未成年人犯罪团伙落网,靖西一 15 岁少年竟是其中骨干》,载搜狐网:https://www.sohu.com/a/321558626_364955,最后访问日期:2024 年 9 月 16 日。

③ 臧亚俊:《外来青少年与当地青少年团伙犯罪的比较》,载《青少年犯罪问题》1997 年第 1 期。

④ 姚兵:《未成年人团伙犯罪》,中国人民大学公安出版社 2012 年版,第 78 页。

⑤ 《司法大数据专题报告之未成年人犯罪》,载最高人民法院网:http://www.court.gov.cn/fabu-xian-gqing-71052.html,最后访问日期:2024 年 11 月 16 日。

⑥ 杨建兴、谭卫红:《我市未成年人团伙犯罪现状堪忧》,载《湘潭日报》2006 年 4 月 4 日,第 2 版。

⑦ 《司法大数据专题报告之涉黑犯罪》,载最高人民法院网:http://www.court.gov.cn/upload/file/2017/11/30/13/21/20171130132108_53689.pdf,最后访问日期:2024 年 11 月 2 日。

⑧ 陈世伟:《变色的青春:青少年"涉黑"犯罪实证研究——基于重庆市的调查》,载《中国青年研究》2010 年第 12 期。

对上海地区青少年涉黑犯罪的实证研究显示,60%的行为人年龄在22岁以下,主要集中在19—22岁,具有明显的低龄化倾向①。

二、美国城市青少年有组织犯罪的时间分布

在宏观的发展历程中,美国的城市青少年有组织犯罪具有以下分布特点。首先,1996至2003年,美国青少年帮派的数量呈现出逐渐下降的趋势,此后至2012年一直稳步上升。2012年全美活跃的帮派数量为30700个,与1996年的帮派数量基本持平。其次,虽然在将近20年的时间里美国青少年帮派的数量波动较大,但是帮派成员的数量则较为稳定,2002至2012年,全美黑帮成员的年平均数量约为770000人。② 最后,随时间推移,不同区域帮派流行程度的稳定性具有较大的差异。美国青年帮派调查(National Youth Gang Survey,NYGS)以"曾经报告帮派问题的机构数量"和"持续报告帮派问题的机构数量"这两组数据的对比来考察某区域帮派活动的稳定性。二者差别越大,说明该辖区内的帮派问题随时间发展波动性较大,反之,则说明该辖区帮派问题较为稳定。2008至2012年,在大城市,这两个数据分别为92%和79%;在郊区为66%和38%;在小城市为46%和21%。③ 这组数据表明,随时间推移,大城市的帮派问题较为稳定,郊区县和小城市则波动性较大。

美国城市青少年有组织犯罪的日内分布状况,可以通过青少年暴力犯罪的相关数据间接反映出来。美国的执法机构仅将杀人案作为与帮派有关的犯罪,并进行定期记录。联邦调查局统一犯罪报告估计,2012年全国共有14800多起凶杀案。同年,全国青年帮派调查结果显示,美国约有16%的凶杀案与帮派有关,帮

---

① 涂龙科、林勇康:《上海地区青少年"涉黑"犯罪实证研究》,载《青少年犯罪问题》2009年第6期。

② See National Gang Center, "National Youth Gang Survey Analysis:Measuring the Extent of Gang Problems", Accessed September16,2020. https://nationalgangcenter. ojp. gov/survey-analysis/measuring-the-extent-of-gang-problems.

③ See National Gang Center, "*National Youth Gang Survey Analysis:Prevalence of Gang Problems*", Accessed September16,2020. https://nationalgangcenter. ojp. gov/survey-analysis/prevalence-of-gang-problems # prevalenceyouthgangstudy.

派活动与暴力犯罪之间具有相当大的重叠性。① 一项针对美国最大的 45 个城市的调查也表明,61% 的信息提供者认为帮派暴力是其城市青少年暴力的主要类型。② 可见,暴力犯罪是美国青少年有组织犯罪的主要类型之一。美国少年司法和预防犯罪办公室(Office of Juvenile Justice and Delin-quency Prevention,OJJDP)的调查数据显示,美国青少年实施暴力犯罪的具体时间点与在校时间关联性较大。具体而言,青少年暴力犯罪多发于上学日而非节假日,上学日的下午 3 点至 7 点,即放学后,是此类犯罪的高发期;在非上学日,青少年暴力犯罪高峰期稍向后推迟,为下午 7 点至晚上 9 点。此外,美国青少年很少在晚上 10 点至早上 6 点间实施暴力犯罪,这一时间段恰是青少年宵禁时间。③

在个人生命历程中,美国青少年帮派活动的时间分布包括静态与动态两个方面。首先,静态分布主要考察某一时间点,青年帮派成员的年龄结构。调查数据显示,美国的青少年帮派成员中成年青年多于未成年人,且该年龄分布结构较为稳定。1996 年美国青少年帮派中成年人与未成年人各占 50%,此后至 2011 年,青少年帮派中的成年人一直多于未成年人,每年仅有小幅波动,2011 年大约每 5 名青少年帮派成员中,有 3 名是未成年人。④ 其次,动态分布将研究重点放在青少年加入帮派的年龄。对美国加利福尼亚州初高中学生的研究表明,7 年级的在校帮派成员最多,升入 9 年级、11 年级后,这一比例随之下降,即青少年更倾向于在 13—15 岁加入帮派组织,处于这一年龄段的青少年也更易受到伤害。⑤ 另一项以 9808 名美国青少年为样本的研究发现,加入帮派的最小年龄是 5 岁,绝大多

---

① See Egley A J,Howell J C,Harris M. Highlights of the 2012 National Youth Gang Survey,*Juvenile Justice Fact Sheet*,*Office of Juvenile Justice & Delinquency Prevention*,2014.

② See Weiss B. An assessment of youth violence prevention activities in USA cities. Southern California Injury Prevention Research Center,UCLA School of Public Health,2008.

③ See Office of Juvenile Justice and Delinquency Prevention,"When are juveniles most likely to commit violent crime?",Accessed September16, 2020. https://www. ojjdp. gov/ojstatbb/offenders/qa03301. asp? qaDate = 2016.

④ See National Gang Center,"National Youth Gang Survey Analysis:Demographics",Accessed September16,2020. https://nationalgangcenter. ojp. gov/survey-analysis/demographics

⑤ [美]乔伊·埃斯特拉达、塔米·D. 吉里斯:《美国加利福尼亚州中学帮派问题实证研究》,黄厚鹏译,载《青年学报》2017 年第 1 期。

数青少年在 10 岁以后加入帮派,加入帮派的高峰期是 13 岁,之后随着年龄增长,加入帮派的青少年数量也随之减少。①

三、中美城市青少年有组织犯罪的时间分布规律

我国青少年有组织犯罪的时间分布缺少宏观方面的官方统计数据,多为学者进行的田野调查,或某些省市范围内的数据统计。美国的青少年有组织犯罪出现的时间更早,帮派在社会中的流行程度更高,社会危害性也更大,因此设置了专门的"国家帮派中心"(National Gang Center,NGC),其以全美各地执法机构报告的相关数据为基础,进行了多次"全国青少年帮派调查",多年的调查数据表明,当前美国的青少年帮派问题仍然较为严峻,且发展趋势不容乐观。中美城市青少年有组织犯罪的时间分布规律体现在两个方面:

第一,青少年选择的日间作案时间与上下学时间高度相关。首先,青少年有很大一部分还是在读学生,上下学时间他们正处于学校和家庭监管的真空地带,缺少来自家长和老师的约束,因此更容易结交不良伙伴,实施越轨行为。其次,对于已经辍学的青少年帮派而言,身体、心理发育不成熟,反抗能力弱的中小学生,是他们实施侵害行为时优先选择的对象。上下学期间中小学生脱离了家长和学校的保护范围,帮派成员、犯罪团伙便更容易得手。在非上学日,这种时间分布规律被打破,青少年帮派或团伙为了避免其犯罪行为被发现,多选择傍晚、夜间作为作案时间。在夜间,中美城市青少年有组织犯罪的作案时间有明显差异,我国的青少年多选择凌晨时段、夜深人静的时候实施犯罪行为,而在美国则鲜少有青少年于凌晨进行犯罪。这主要是因为美国的青少年宵禁制度使青少年夜间外出时间被极大压缩。

第二,15 岁左右是青少年加入帮派或犯罪团伙的高峰时期。我国对于帮派成员年龄的研究多是静态的,主要是在某个时间点分析样本中的年龄构成,美国学者在此之外还多对样本进行动态研究,观察每个年龄段青少年选择加入帮派的

---

① [美]戴维·C. 皮鲁兹、[美]格雷·斯威特:《美国五至十七岁青少年帮派成员研究》,吴允锋、昂思梦译,载《青少年犯罪问题》2016 年第 2 期。

数量,分析青少年最容易加入帮派的年龄节点。虽然研究方式上存在差异,但是最终结果却有一定的契合性。即 15 岁左右的青少年更容易加入帮派或犯罪团伙,他们在 11—12 岁甚至更早的年龄阶段主要会接触帮派成员或实施越轨行为。同时,这一年龄段的青少年也更容易受害,加入帮派可能是其在受到侵害后寻求保护的一种手段。因此,应当重视青少年有组织犯罪的早期预防,关注青少年在加入帮派之前表现出的各种征兆性的越轨行为,避免青少年早年加入帮派或犯罪团伙的经历对其生命历程产生长期的负面影响。

第二节　中美城市青少年有组织犯罪的空间分布

一、中国城市青少年有组织犯罪的空间分布

我国青少年犯罪组织多盘踞于城市与乡村的过渡地带。城乡结合部、城中村、新兴城镇等区域,流动人口多、人员成分复杂,更易形成犯罪团伙。城乡结合地区的青少年团伙犯罪问题更加严重,青少年之间拉帮结派从事非法活动的现象十分普遍。[①] 如上海市闵行区西南端城乡结合部 K 社区的"斧头帮",其成员人数为 50 人左右,外来青少年约 30 人,经常因为地盘、金钱、面子等问题同个人或其他帮派产生冲突,具有常态化、犯罪化的特点。[②] 通常,城乡结合地区的外来务工人员较多,其往往缺少时间和精力管束子女,加之此类地区秩序混乱,社会管理不到位等原因,致使外来青少年更容易参与违法犯罪活动。20 世纪 90 年代,北京丰台区的"浙江村"位于城乡结合部,此地人口多来自浙江省乐清市,从事服装批发业,该地滋生了多个地缘结合的帮派组织,其成员中有大量外来未成年人。[③] 城乡结合地区的外来人口多,外来务工人员往往缺少时间和精力管束子女,加之

---

① 李晓强:《城乡结合地区青少年犯罪的原因与对策》,载《青少年犯罪问题》2003 年第 1 期。

② 冯承才:《冲突常态化:街角青年帮派日常冲突模式研究——以上海市闵行 K 社区"斧头帮"为例》,载《青少年犯罪问题》2017 年第 5 期。

③ 靳高风、赵伟:《当前我国未成年人涉黑涉恶犯罪特征与模式研究》,载《青少年犯罪问题》2011 年第 5 期。

此类地区秩序混乱,社会管理不到位等原因,外来青少年更容易参与违法犯罪活动。广东省佛山市顺德法院发布的 2015 年《司法预警书》中指出,外来务工人员子女比例偏高是该地青少年团伙犯罪的主要特征。① 上海的调研数据显示,未成年人刑事案件中,有超过 80% 的犯罪人是来沪未成年人;80% 以上的居住地或作案地集中于城郊结合部。②

娱乐场所、工厂附近、公园绿地、交通站点是青少年犯罪组织日常活动和实施罪错行为的热点区域。游戏厅、网吧、酒吧、KTV 等娱乐场所通常是各种青少年不良行为的发生地,青少年在上述地点满足自己的娱乐需求,同时接触、结识其他不良少年,进而从普通的游戏团体发展成犯罪团伙。浴室、按摩店、洗脚店等娱乐场所大多是涉黑组织从事非法经营的场所,部分青少年容易受涉黑组织成员蛊惑,为满足自身好奇心而出入此类地点,久而久之,便成为涉黑团伙的一员。③ 工厂附近的建筑死角,尤其是废弃工厂,因无人监管,且多位于城乡结合地区,多成为青少年团伙的"领地"。公园、绿地、交通站点通常属于归属不明的公共空间,此类地点对于青少年团伙的吸引力主要来自合适犯罪对象的高频出现。④ 例如,在公园散步休憩的附近居民一般警惕性不高、车站来来往往的旅客常携带金钱等贵重物品,为青少年团伙实施抢劫、盗窃等犯罪行为提供了便利条件。⑤

我国城市青少年有组织犯罪有向校园渗透的趋势。一方面,个别中小学校园有学生自身组成校园帮派,其中心人物、骨干成员均为中小学生。其发展形态尚不成熟,组织结构松散,实施的多为危害性较小的越轨行为,如因同学间冲突放学后在校园死角约架、针对部分学生的校园欺凌行为⑥、破坏校园教学秩序等。另

---

① 《佛山顺德法院 2015 年首份〈司法预警书〉显示——青少年团伙性犯罪近两年增多》,载搜狐网:https://www.sohu.com/a/17640344_117916,最后访问日期:2024 年 11 月 16 日。

② 《上海未成年人案件呈"两个 80%"城乡结合部是"重灾区"》,载中国新闻网:https://www.chinanews.com/fz/2013/09-26/5327934.shtml,最后访问日期:2024 年 9 月 16 日。

③ 冯承才:《涉黑演化:街角青年犯罪新趋势》,载《当代青年研究》2021 年第 1 期。

④ 冯承才:《环境犯罪学视角下街角青年易罪错空间研究》,载《青年研究》2019 年第 3 期。

⑤ 于阳、祝梦宇等:《中美城市青少年财产犯罪的时空分布与防范对策》,载《预防青少年犯罪研究》2020 年第 5 期。

⑥ 韩仁洁:《黑恶势力犯罪中未成年人犯罪问题反思》,载《河南警察学院学报》2021 年第 1 期。

一方面,目前有一些发展较为成熟,组织结构严密的黑社会性质的帮派组织,有意将自身势力向校园内渗透,威胁或诱骗中小学生加入其帮派组织。例如,广州市的"黑龙会"的帮派领导者和骨干成员均为校外人员,但是有目的、有组织地向当地中小学校内渗透,成功招收了 60 名学生成员,年龄最小的只有 13 岁;①四川省泸县警方曾破获一起"新龙会"案件,该涉黑帮派最初由 3 个青年农民和 2 个普通高中生建立,后续向当地校园渗透,吸纳了近百名在校学生,严重破坏当地秩序;2017 年江苏省淮安市的高某刑满释放后,通过殷某结识邱某和郭某,随后拉拢了多名未成年人,包括 4 名在校学生,组成 15 人的犯罪团伙实施多起违法犯罪活动。②

　　向网络虚拟空间延伸成为我国城市青少年有组织犯罪的新特点。当前,网络技术日益普及,人们对网络的依赖性越来越强,青少年接触网络的年龄提前,使用网络的时间更长。网络正在成为帮派成员、犯罪团伙成员相互结识、策划作案的重要空间。2008 年上海的"尊龙名社"成立,在不到半年的时间里招收了 169 名青少年成员,他们以 QQ、MSN 等社交软件为联络工具,在网上联系交流,在线下勾结实施违法犯罪行为。同时期还有"战堂""洪门""中兴"等一批网络社团,其成员众多,且不断引诱未成年人加入。③ 2017 年,江西省赣州市的 9 名男青年成立了"天眼帮",其将成员照片和相关视频发布在"快手 App"上,借助此社交平台吸收在校学生和闲散人员壮大帮派势力,逐渐发展成为黑社会性质组织,有组织地实施引诱卖淫、敲诈勒索、聚众斗殴等数十起违法犯罪活动。④

二、美国城市青少年有组织犯罪的空间分布

　　美国青少年帮派的分布同所在地区的人口规模有较强的关联性。分布在大

---

①　姚建龙:《帮派对校园之渗透与对策——以广州"黑龙会"为例的研究》,载《中国青年研究》2008年第 1 期。

②　《未成年人涉黑恶犯罪数量逐年增长,专家:必须引起足够重视》,载光明时政:https://politics. gmw. cn/2021-01/29/content_34581919. htm,最后访问日期:2024 年 11 月 16 日。

③　金泽刚:《"尊龙名社"案之忧思——关注网络"网罗"青少年违法犯罪现象》,载《青少年犯罪问题》2010 年第 2 期。

④　《一些社交软件成滋生未成年人涉黑恶犯罪新温床》,载人民网:http://media. people. com. cn/n1/2020/0612/c40606-31743879. html,最后访问日期:2024 年 11 月 16 日。

城市(人口为 5 万及以上)的帮派占全国帮派总数的 41.6%,小城市(人口大于 2.5 万,小于 5 万)的帮派比例为 27.1%,郊区县和农村的帮派占比分别为 25.8% 和 5.5%。大城市和郊区县是美国帮派成员的主要聚集地,此类地区分布的帮派成员比例超过 80%,小城市的帮派成员占比约为 16%,农村地区则仅有 2.7%。[①] 1996 至 2012 年的 16 年,各类区域的帮派流行程度趋势具有一致性。2012 年,大城市有 86% 的执法机构报告了帮派问题,郊区县中这一数据为 50%,小城市和农村地区分别为 25% 和 16%。[②] 与帮派有关的暴力犯罪分布同样遵循这一规律。2012 年,有 67% 的帮派凶杀案发生在人口超过 10 万的城市,17% 的发生在郊区县。[③] 以上美国青少年帮派调查项目的数据源于各辖区执法机构的报告,被执法机构关注的青少年帮派往往已经发展得较为成熟,社会危害性较大。[④] 这种自上而下的定义法,容易遗漏掉部分程度较轻的青少年有组织犯罪,为弥补犯罪黑数带来的统计缺陷,美国犯罪学者乔伊·埃斯特拉达、塔米·D. 吉里斯等(Joey Nuñez Estrada,Tamika D. Gilreath,et al.)从加利福尼亚州的学校采集样本,采用自陈法对青少年帮派问题展开调研。结果显示,并非只有大城市才有突出的帮派问题,加州中部地区极少有大都市分布,但是其帮派比例反而高于洛杉矶。[⑤]

美国青少年帮派的活动区域通常具有以下特点。第一,经济贫困的下层社区经常被帮派问题困扰。最初,美国的帮派就形成于纽约市的贫民社区,大规模涌

---

① See National Gang Center, "National Youth Gang Survey Analysis: Measuring the Extent of Gang Problems", Accessed September16, 2020. https://nationalgangcenter. ojp. gov/survey-analysis/measuring-the-extent-of-gang-problems.

② See National Gang Center, "National Youth Gang Survey Analysis: Prevalence of Gang Problems", Accessed September16, 2020. https://nationalgangcenter. ojp. gov/survey-analysis/prevalence-of-gang-problems # prevalenceyouthgangstudy.

③ See National Gang Center, "National Youth Gang Survey Analysis: Measuring the Extent of Gang Problems", Accessed September16, 2020. https://nationalgangcenter. ojp. gov/survey-analysis/measuring-the-extent-of-gang-problems.

④ See Barrows J, Huff C R, Gangs and public policy: Constructing and deconstructing gang databases, *Criminology & Public Policy*, 2009, 8(4), pp. 675 – 703.

⑤ [美]乔伊·埃斯特拉达、塔米·D. 吉里斯:《美国加利福尼亚州中学帮派问题实证研究》,黄厚鹏译,载《青年学报》2017 年第 1 期。

入的爱尔兰移民使纽约提供住房和福利的能力捉襟见肘,直接导致贫困社区生活条件下降以及犯罪问题高发,尤其是帮派问题。这些非常贫困的移民在纽约市被孤立和边缘化,这促使他们结合在一起组成帮派,以抵御外界的不安全因素。① 对于贫困社区、下层社区而言,帮派活动可能具有正外部性,参与帮派活动获得的回报远高于付出的代价。例如,帮派活动经常涉及非法交易,能够给当地居民提供为数不多的获得经济利益的机会;帮派成员的身份可能给当地的青少年带来一种认同感或被尊重感;为该社区提供保护等。② 第二,城市中被"孤立"和被"隔离"的地方,如空置住房率高的地区、废弃工厂附近等地,经常成为帮派的聚集区域。空置的住房表明当地居民从心理和生理上放弃了对这一区域的管控,同时也标示这一区域对帮派活动监督和制裁的能力十分有限。一些缺乏非正式社会控制的公共区域,如公园、小巷、街角等地通常会被帮派当作活动空间,这些地方能够为他们提供一个远离外部世界的庇护所。③ 第三,人口密度高的地区更容易出现帮派活动。这与帮派选择住房空置率高的地方作为领地并不矛盾,有可能在一片区域中存在空置住房,剩余正在被使用的住房中有大量人口居住,如公共高层住房,这些人口稠密地区可能被废弃建筑物环绕。④ 更高的人口密度能够为帮派的非法活动提供掩护。例如,帮派成员可能在人流量大的地方伪装自己并进行毒品交易。

在校园及周边社区常有青少年帮派的分布。1995 年,美国有 37% 的学生报告自己学校有帮派存在。在美国加利福尼亚州,约每 10—12 名学生中,有 1 名学生自陈其为帮派成员。⑤ 2010 年的一项调查显示,当被问及学校中是否存在帮派

---

① See James C. Howell. *The History of Street Gangs in the United States*, Lexington Books, 2015, p. 2.

② See James F. Short Jr. , Lorine A. Hughes. *Studying Youth Gangs*, Rowman & Littlefield Pub Inc, 2006, pp. 63 – 84.

③ See Tita G E, Cohen J, Engberg J. An ecological study of the location of gang "set space", *Social problems*, 2005, 52(2), pp. 272 – 299.

④ See Gerben J. N. Bruinsma, Shane D. Johnson. *The Oxford Handbook of Environmental Criminology*, Oxford University Press, 2018, pp. 843 – 844.

⑤ [美]乔伊·埃斯特拉达、[美]塔米·D. 吉里斯:《美国加利福尼亚州中学帮派问题实证研究》,黄厚鹏译,载《青年学报》2017 年第 1 期。

时,有45%的高中生和35%的中学生持肯定回答。①

　　研究表明,学校类型和帮派形成之间有显著的相关性,公立学校有近40%的学生报告有帮派存在,而私立学校只有16%。2000年的一项调查显示,人口在10万至100万之间的中心城市的公立学校帮派流行率非常高。② 同时,美国官方的调查数据表明,自20世纪90年代以来,学校帮派的流行率一直在下降。根据"全国犯罪受害调查"(National Crime Victimization Survey,NCVS)的学校犯罪调查,在2013年,约12%的美国学生报告说他们的学校有帮派。尽管学生报告的帮派数量有所减少,但学校管理者和决策者仍然高度关注学校中存在的帮派,因为帮派与许多安全问题和破坏性活动有关。校园帮派活动与更高水平的学校犯罪或暴力、毒品使用和销售等有密切联系。③

　　美国的青少年帮派正在向线上转移。网络技术的发展和普及对帮派成员的活动轨迹产生深刻影响,他们不再需要聚集于某个现实空间,就可以通过网络社交平台与其他成员相互接触。研究表明,与非帮派青年相比,帮派青年参与网络越轨和犯罪行为的总体倾向更强,互联网可能引发新的帮派冲突或者加剧现有冲突。④ 美国犯罪学者斯科特·H.德克尔、大卫·派鲁兹(Scott H. Decker, David Pyrooz)在5个城市中的访谈数据显示,8种网络犯罪(非法下载电影、歌曲或软件,在网上出售被盗财产,通过互联网进行毒品销售,骚扰、组织网络攻击,在线寻找目标实施抢劫或盗窃,上传越轨视频,由在线联络推动的街头袭击)在不同群体中的发生率有明显差异。具体而言,在6个月的时间内,有43%的帮派成员实施了上述行为,而前帮派成员和非帮派成员中这一比例不到三分之一,同时,帮派成

---

① See Shapiro H. (Ed.). *The Wiley handbook on violence in education : Forms , factors , and preventions* , John Wiley & Sons , 2018 , p. 287.

② See James C. Howell and James P. Lynch, " Youth Gangs in Schools ", Accessed September16, 2021. https://www. ojp. gov/pdffiles1/ojjdp/183015. pdf.

③ See Carson D C , Esbensen F A , Gangs in school : Exploring the experiences of gang-involved youth , *Youth violence and juvenile justice* , 2019 , 17(1) , pp. 3 – 23.

④ See Pyrooz D C , Decker S H , Moule Jr R K , Criminal and routine activities in online settings : Gangs , offenders , and the Internet , *Justice Quarterly* , 2015 , 32(3) , pp. 471 – 499.

员参与的上述犯罪与其他群体相比级别更高,危害性更大。① 在网络时代,社交媒体成为帮派的宣传和交流阵地,他们用照片墙、优兔网、脸书网(Instagram、Youtube and Facebook)等社交网站吹嘘其成员身份和相关活动,宣传所在帮派,吹嘘帮派生活的好处,或是与毒品客户进行非法交易。② 过去,帮派通过在社区建筑上喷涂其名字、标志和符号来标示他们的"领地"。现在,网络技术为帮派提供了新的途径来标记其领土,他们将社交媒体作为"电子涂鸦墙",发布、传播帮派的相关信息、图片、视频。③

三、中美城市青少年有组织犯罪的空间分布规律

首先,被边缘化或被孤立的地区更容易出现青少年有组织犯罪。美国的边缘化地区主要是指城市中大量移民长期定居的区域,这些社区通常是贫穷的下层社区,在种族隔离较为严格的美国城市,此类社区的边缘化更加明显。这些社区进行社会管理的能力较弱,缺少正式和非正式的社会控制机制,因此各种违法犯罪活动猖獗。此外,其对帮派活动的容忍度更高,因为帮派活动在一定程度上能够填补社会控制的缺漏之处。例如,帮派征收保护费后能够给当地居民提供保护,其进行买卖毒品等各种非法交易的同时,也为当地居民提供了该社区内稀缺的获取经济来源的渠道。在我国,被边缘化的地区一般是城乡结合部、城中村等外来务工人员聚集居住的社区。一方面,外来务工人员由于在社会身份、经济实力等方面同本地居民存在差距,更容易被歧视、被孤立,难以融入流入地区,长此以往可能形成反社会心理,与同社区的外来务工者或社会闲散人员聚集在一起实施违法犯罪行为。另一方面,外来务工人员一般工作繁忙,时间精力有限,加之文化水平不高,对子女的关注和教育有所欠缺,导致流动青年成为参与有组织犯罪的高危人群。

---

① See Decker S H,Pyrooz D C,Gang offending and online behavior,*JRSA Forum*. 2012,30(3).

② 于阳、黄烨:《中美城市青少年毒品犯罪的时空分布与防范对策》,载《青少年犯罪问题》2021 年第 5 期。

③ See Larry J. Siegel, Brandon C. Welsh, *Juvenile Delinquency Theory*, *Practice*, *and Law* (*Thirteenth Edition*),Cengage Learning,2018,p. 349.

其次,青少年有组织犯罪多分布在学校及其周边区域。中美两国的校园帮派问题都较为突出。青少年有组织犯罪多分布在学校及其周边区域,学校及其周边更容易出现青少年有组织犯罪的受害者和加害者。青少年帮派或犯罪团伙更倾向于选择与自己年龄相仿的弱势群体作为加害对象。这些受害者如果不能及时得到来自家长和老师的帮助,就可能转而向加害群体寻求保护,从受害者转化为加害者。学龄期的青少年辨别是非能力弱,但是又渴望脱离父母的监管,追求独立和自由,加入帮派等不良群体能够令其获得所谓的"尊严"和归属感;在学校内成绩、人际关系较差的青少年更可能被老师、同学忽视,转而投向校外帮派寻求认同感。此外,一些校外青少年帮派认为在读学生不谙世事、更好控制、忠诚度更高,其为了发展帮派势力、躲避法律制裁,便有意向校园内渗透,以威胁、引诱等手段吸纳中小学生加入其帮派。因此,应当将校园及其周边作为防范青少年有组织犯罪的重要空间,增加警力布控和其他非正式社会控制。

最后,青少年有组织犯罪呈现出向网络空间转移的新趋势。当前,随着移动网络终端的普及,青少年接触网络的机会更多,青少年有组织犯罪正在从现实空间向虚拟空间转移。网络空间具有匿名性、私密性强的特征,加之信息量巨大,便更易激发青少年对新生事物的好奇心和探索欲。同时,传统的青少年有组织犯罪已经引起社会各界的重视,城市中的监控盲区逐渐减少,警方和安保人员对重点区域的巡查更加密集,尤其是近年来对城市中盈利性娱乐场所的大力整治,极大地压缩了青少年帮派成员在现实中的活动空间。这导致越来越多的青少年转而在虚拟空间中聚集,借助网络社交平台扩展帮派势力、联络成员、策划犯罪。虽然青少年有组织犯罪有向线上转移的趋势,但是其所实施的犯罪行为,除了网络诈骗、网络欺凌等,绝大多数仍为在现实空间中进行的传统犯罪,即在线上确定时间、地点,转而在线下聚集共同实施违法犯罪行为。因此,在净化网络环境的同时,仍然要坚持分析研判青少年有组织犯罪在现实空间中的分布规律,以实现对此类犯罪的有效预防和精准打击。

第三节　中美城市青少年有组织犯罪的防范对策

青少年有组织犯罪不仅具有较大的社会危害性,对牵涉其中的青少年本人及其家庭的负面影响也是难以估量的。中美两国均采取多种策略以预防青少年有组织犯罪,其中学校、家庭、社区、司法以及执法机构等主体发挥了重要作用。虽然绝大多数防范对策是由多主体参与的综合性策略,但是为了便于分类比较,笔者以特定项目中发挥主要作用的主体为依据,将中美两国的相关对策分为三类,包括以校园为中心的防范对策、以家庭为目标的防范对策、以社区为基础的防范对策。

一、以校园为中心的课程教育与情境预防

在我国,学校自主开设针对不同年龄段学生的法制教育课程,或是同公安机关、检察院、法院等相关机构合作开展"法制进校园"活动举办各类法制讲座,已经成为常态化的青少年犯罪预防措施。法制教育能够潜移默化地在学生心中建立起行为底线,提高其辨别是非的能力,使其更好地识别身边不良同伴,在面对帮派的引诱、招揽时作出正确选择。近年来,学校和执法机构、司法机构的合作更加深入,在共建"平安校园",推进"依法治校"方面取得显著成效。如各地陆续设置校园警务、学区警务,加强对校内及学校周边的管控力度,预防、发现和及时处理青少年违法犯罪活动。天津市河西区在辖区内的181个中小学、幼儿园设置校园警务室,公安、消防、交管等部门分别派驻专业人员值守,普及校园安全、法制常识,提高学生、教职工的安全意识,同时以校园警务室为依托,着力构建"警方—学校—家长"三位一体的校园安全治理格局。[①] 湖南省长沙市大力推进"学区警务"建设,市级、区县级公安机关以及各派出所负责人各定向联点3所学校,指导民警、辅警、校园保卫人员、教职工以及社区群众等各方力量开展校园安护工作,并

---

① 《校园警务室,把好安全关》,载腾讯新闻网:https://view.inews.qq.com/a/20210912A095ZS00,最后访问日期:2024年11月16日。

将警力下沉到一线,选择上下学高峰时段在校门值守,同时在重点时段开展周边巡逻,及时发现排查各种安全隐患,保障校园安全。① 此外,北京市丰台区率先探索"依法治校"新模式,开创性地设置了"中小学校学生保护专员"制度,由道德法制教育老师等专业人士担任学生保护专员,负责保护学生权益、为学生提供心理辅导等服务、接受学生求助等。②

美国以校园为中心的青少年帮派预防策略更侧重各类相关课程的开展。"反帮派教育和培训计划"(The Gang Resistance Education And Training Program, GREAT)是针对8—14岁青少年开展的以学校为基础的帮派和暴力预防计划。这一计划最初主要教授学生犯罪消极后果、冲突解决技能等课程,鲜少涉及帮派问题。后来该计划进行了调整和修订,一项重要改进是纳入帮派和暴力犯罪的风险因素,包括学校表现、同伴关系、参与传统活动、自我控制等。该项目由执法人员进入学校对学生开展为期13周的课程教育。课程内容涵盖帮派、暴力、毒品和犯罪之间的关系,强调认知行为训练、社会技能发展、拒绝技能训练和冲突解决。费恩—奥格·艾斯本森等(Finn-Aage Esbensen, et al.)犯罪学者调查发现,修订后的GREAT. 项目使帮派参与率从39%降低为24%。③ "攻击性替代训练"(Aggression Replacement Training, ART)也是一项主要被应用于学校等相关机构的预防青少年帮派犯罪的计划,面向长期具有攻击性的儿童和12—17岁的青少年。其具体内容包括:向青少年传授亲社会的人际关系技能课程,帮助他们用积极的方法取代反社会的行为;教导青少年认识和控制愤怒的情绪,帮助他们以非攻击性的方式应对愤怒;促进青少年尊重他人权利,并加强其使用上述技能的意愿④。研

---

① 《长沙公安全力做实"学区警务"筑牢校园安全防线》,载湖南公安:https://baijiahao. baidu. com/s? id = 1705886687556351104&wfr = spider&for = pc,最后访问日期:2024 年 11 月 16 日。

② 《北京丰台:开启学生保护和依法治校新模式》,光明网:https://m. gmw. cn/baijia/2021-09/06/35140143. html,最后访问日期:2024 年 11 月 16 日。

③ See Esbensen F. , et al. Short and long term outcome results from a multi-site evaluation of the G. R. E. A. T. program. *Criminology & Public Policy*,2013,12(3), pp. 375 –411.

④ See Aggression Replacement Training, "Training offered at your location!", Accessed September16, 2021. https://ar-training. org.

究表明,接受该项目干预的青少年社会技能有所提高、行为问题相对减少。加利福尼亚州的派拉蒙市为了遏制青少年帮派活动,开启了"派拉蒙抵抗帮派计划"(Gang Resistance Is Paramount,GRIP)。[1] 这一计划试图通过让青少年了解帮派生活的负面后果,说服其选择积极替代方案,来阻止其未来加入帮派。其中有两个主要部分围绕学校展开,一是为 5 年级学生提供为期 15 周的课程和为 2 年级学生提供为期 10 周的课程。这些课程涉及涂鸦、同伴压力、文身、帮派活动对家庭成员的影响、药物滥用以及替代活动和机会。二是在 9 年级实施基于学校的后续计划,以强化学生在小学阶段学到的知识,建立学生的自尊心,并强调犯罪的后果、高等教育的好处和未来的职业机会。这一计划同样被多项研究证实在预防青少年帮派活动方面有明显效果。[2]

二、以家庭为目标的亲职教育与家庭治疗

我国青少年有组织犯罪的家庭预防策略以各主体开展的家庭教育工作为基础展开。首先,"家长学校"在我国已经逐渐普及,各主体以家长学校为依托开展常态化的家庭教育。我国的家长学校基本可以分为三类,最早的家长学校以教育部门为主导,在各地中小学、幼儿园等学校内建立,截至 2016 年,我国学校系统已经建立各类家长学校 33.8 万余所[3];社区也是开展家庭教育的重要阵地,各级妇联指导社区、街道建立社区家长学校;自 2005 年苏州市教育局开办全国第一个网上家长学校,越来越多的省市开始借助网络手段完善家庭教育机制。家长学校的主要任务包括,向家长宣传相关政策法规和家庭教育知识,转变家长的错误教育理念,传授家庭成员之间的沟通交流技巧、冲突化解方式;开展各类亲子互动项目,增进家长与孩子之间的了解,以化解代际矛盾;由专业人士解答家长在家庭教

---

① See Gundersen K,Svartdal F. Aggression replacement training in Norway:Outcome evaluation of 11 Norwegian student projects,*Scandinavian journal of educational research*,2006,50(1),pp. 63 – 81.

② See Office of Juvenile Justice and Delinquency Prevention,"Gang Resistance Is Paramount(G. R. I. P.)",Accessed September16, 2021. https://ojjdp. ojp. gov/sites/g/files/xyckuh176/files/jjbulletin/9804/grip. html.

③ 《我国推进家庭教育,建成家长学校逾 33.8 万所》,载中华人民共和国中央政府官网:http://www. gov. cn/xinwen/2016-11/24/content_5137226. htm,最后访问日期:2024 年 11 月 16 日。

育方面存在的困惑,为家长解决相关家庭矛盾提供帮助和指导;加强学校和家庭之间的联系,以便及时发现青少年的不良动向并采取相应措施。[1] 其次,我国的司法机构在亲职教育工作中同样发挥了重要作用。检察院的亲职教育主要针对罪错未成年人家长、未成年被害人家长,具有专业性、针对性、强制性的特点。专业性体现在多数检察院同专业的青少年社会工作者、教育专家等合作,借助专业力量开展科学有效的亲职教育活动;检察院的亲职教育以具体案件为依托,能够更详细地了解当事人家庭背景,准确判断其家庭环境中的危险因素,联合社区、妇联等相关主体采取有效干预措施;多地检察机关将亲职教育作为观护帮教的重要形式,强制罪错未成年人家长参加,并设置相应的考核标准。此外,检察机关进社区、进学校开展的针对普通家庭的亲职教育讲座,也在预防青少年犯罪方面发挥了重要作用。

美国同样重视家庭在青少年有组织犯罪早期干预中的作用。"蒙特利尔预防治疗计划"(Montreal Preventive Treatment Program,MPTP)针对7—9岁有不良行为的男孩和其家庭,旨在减少其团伙参与、犯罪、吸毒等不良行为。该预防性治疗方案将家长培训与个人社会技能培训相结合,为期两年。家长平均要接受17次培训,重点学习如何有效监督孩子的行为,如何强化孩子的亲社会行为,如何有效地使用惩戒方法,以及如何解决家庭危机。孩子要接受19次培训,主要通过辅导、同伴示范、自我指导、强化应急措施、角色扮演来提高其亲社会技能和自我控制能力。对这一项目的评估表明,在15岁时,那些早年接受过项目干预的男孩比未接受干预的男孩更少参与帮派活动。[2] "适用于帮派的简易战略家庭治疗计划"(Brief Strategic Family Therapy-Gang Adaptation,BSFT-G)最开始在圣安东尼奥实施,该市的青少年帮派问题由来已久且十分严重。这一项目针对的是该市与帮派有联系的12—17岁的墨西哥裔青少年。基础的BSFT针对与青少年行为问题直

---

① 于阳、周丽宁:《青少年弑亲行为的主要特征、成因分析与防治对策——基于2010—2019年的31起典型案件分析》,载《青少年犯罪问题》2020年第1期。

② See National Gang Center,"Montreal Preventive Treatment Program",Accessed September16,2020. https://nationalgangcenter. ojp. gov/spt/Programs/93.

接相关的家庭互动模式,制定切实可行的计划帮助家庭调整不良互动模式,包括"加入——诊断——重组"三个步骤。经过调整的 BSFT 考虑到了墨西哥裔美国人家庭的文化价值观以及背景因素,这个 BSFT 改编版本考虑了墨西哥裔美国人家庭的文化价值观以及背景因素,包括帮派频繁出现在教育水平低、多代人使用毒品、犯罪率高,以及监禁率高的社区。除了改进的 BSFT 家庭治疗外,项目工作者还为青少年提供帮派分流培训,并为家长提供帮派意识培训。[①]"帮派的功能性家庭治疗项目"(Functional Family Therapy-Gangs,FFT-G)是在原有的 FFT 项目基础上改编而来的。FFT 项目一般对青少年及其家庭提供 8—12 小时的直接服务,问题较为严重时,时间会相应延长,最多不超过 26 小时。这一项目的有效性来自加强保护因素和减少风险因素,改进后的版本增加了与帮派相关的各种因素。该项目包括几个相互衔接的阶段,包括:(1)参与。旨在强化青少年和其家庭的保护性因素,使其不至于在项目早期辍学。(2)激励。旨在改变不良情绪反应和信念,增加团结、信任、希望和持久改变的动力。(3)评估,旨在澄清个人、家庭系统和社会系统的关系,特别是行为的人际功能及其与改变技巧的关系。(4)行为改变。包括沟通训练、具体任务和技术援助、基本的养育技能等。(5)归纳。基于个性化的家庭功能需求、其与环境限制和资源的衔接以及与 FFT 治疗师的合作,进行家庭个案管理。研究证实 FFT-G 项目减少了参与者的犯罪几率,且成本低于通常的治疗,同时该项目对于参与帮派风险较高的青少年效果最好。[②]

三、以社区为基础的综合性防范策略

我国从社区层面预防青少年违法犯罪行为的措施具有很强的综合性,表现为参与主体的多样化,以及预防目标的全面性、整体性。"青少年零犯罪、零受害"社区(以下简称"双零"社区)试点工作是全国层面开展社区预防的代表性举措。

---

① See Valdez A,Cepeda A,Parrish D,et al.,An adapted brief strategic family therapy for gang-affiliated Mexican American adolescents,*Research on Social Work Practice*,2013,23(4),pp. 383 – 396.

② See Carlton M P,Social Science Analyst,National Institute of Justice. Functional Family Therapy-Gangs: Adapting an Evidence-Based Program To Reduce Gang Involvement,*National Institute of Justice Journal*,2020,282, pp. 1 – 6.

"双零"社区试点工作,由共青团中央牵头,中央综治委预防青少年违法犯罪专项组联合有关部门于 2017 年开始在全国范围内启动。① 该方案要求各地充分整合社区内居委会或村委会、综治、教育、民政、公安、司法等各方面力量,并引进社会工作者、社会志愿者、相关社会组织等社会力量,依托社区内的相关机构构建预防青少年犯罪的监测、报告、评估、帮扶、处置的联动反应机制。其工作内容包括加强针对青少年的思想道德教育和法制教育、优化青少年成长环境、完善对重点青少年群体的服务管理,以及协助公检法司机关开展未成年人司法保护。该方案中的一大亮点是借助综合信息治理系统和其他治安防控平台,对辖区内的重点青少年实行动态的监测和管理。此外,我国在地方性社区预防项目方面也积累了许多有益经验。如山东省临沂市兰山区,逐步开展了"青柠""青芷""蔚蓝""青橙"四个相互衔接、有序深入的青少年犯罪预防项目。"青柠"项目重点开展青少年普法教育;"青芷"项目通过开设相关课程实现青少年被害预防;"蔚蓝"项目在未成年人检察工作中引入专业的青少年社工服务和社会心理服务,有效提升罪错未成年人的帮扶矫治效果;"青橙"项目以多种实证研究方法探究青少年违法犯罪行为的成因,提出干预措施,并选取辖区内的学校作为试点,评估、改进干预措施,进而逐步推广。② 2017 年云南省启动"为了明天——云南边疆民族地区预防青少年违法犯罪社会服务体系工程",主要面向社区青少年、城郊结合部、城中村青少年等群体。该项目以政府购买方式,为基层提供各方面支持,并引入第三方评估机制,为项目配备专业督导。社会工作者针对社区内的问题青少年及其家庭提供个案服务,对城中村的流动青少年提供庇护服务,帮助其远离街头威胁,回归正途。③

---

① 2017 年 7 月,共青团中央联合中央综治委"预青"专项组、中央综治办、中央网信办、中央文明办、最高人民法院、最高人民检察院、教育部、公安部、民政部、司法部、人力资源社会保障部、文化部、国家新闻出版广电总局、全国妇联、中国关工委等部门印发了《创建"青少年零犯罪零受害社区(村)试点工作实施方案"》。

② 《筑基、护航、矫治、攻关,兰山区织密青少年权益保护"法网"》,载腾讯新闻:https://new.qq.com/rain/a/20210902A0BNLT00,最后访问日期:2024 年 11 月 17 日。

③ 《云南预防青少年犯罪机制成效明显,让孩子未来不迷途》,载中国日报网:https://baijiahao.baidu.com/s? id = 1595980521499253709&wfr = spider&for = pc,最后访问日期:2024 年 11 月 17 日。

　　美国以社区为基础开展的青少年帮派预防项目主要有以下三个。第一,"芝加哥停火计划"(Cease Fire-Chicago,CFC)。该计划是社区级别的枪支暴力预防项目,该计划由伊利诺伊大学芝加哥分校公共卫生学院的"芝加哥暴力预防项目"(Chicago Project for Violence Prevention,CPFVP)于芝加哥启动,后期扩展到伊利诺伊州的其他城市。该项目组织开展了大型公共教育活动,提供愤怒管理咨询、药物或酒精治疗,以及帮助寻找儿童护理或寻找工作等服务,以便改善包括帮派成员在内的高危青年的生活。这一项目需要执法机构、企业、服务提供者、学校、社区团体、政治领导人和教会的共同参与,其中最具特色的主体是被雇用的"暴力阻断者"。暴力阻断者与社区组织者或社会工作者不同,他们多数是曾经在监狱服刑的帮派成员,这使他们在目前的帮派成员中具有更大的可信度。他们单独或结伴在夜间巡视街道,调解帮派之间的冲突。枪击事件发生后,其立即向帮派头目和枪击受害者的朋友和亲属提供非暴力的替代方案,试图打断报复性暴力的循环链条。① 第二,"关怀者联盟"(Alliance of Concerned Men,ACM)。该联盟是一个社区组织,主要为哥伦比亚特区的低收入、高危青年和家庭提供外联、预防、干预、社会服务、文化熏陶和娱乐活动。该组织与整个哥伦比亚特区的区民保持个人联系,特别是在有可能需要其提供服务的社区;与包括学校、教会等其他组织和政府机构建立合作关系,一起开展预防犯罪活动并进行宣传;与政府机构签订合同取得正式的授权,如在住房管理局的协助下,建立了无暴力区,由其成员对帮派间的冲突进行干预,并成功地进行了停战谈判。② 第三,"综合性帮派预防、干预和镇压模式"(Comprehensive Gang Prevention,Intervention,and Suppression Model,CGP,I&SM)。该模式是由联邦少年司法和犯罪预防办公室资助的社区帮派预防项目。这一项目进一步发展了此前社区应对帮派问题时普遍采用并被看好的主要策略,包括社区动员、提供机会、社会干预、压制、组织变革和发展五种措

---

　　① See Ritter N. CeaseFire:A public health approach to reduce shootings and killings, *National Institute of Justice Journal*,2009,264,pp. 20 – 25.

　　② See National Gang Center,"Alliance of Concerned Men",Accessed September16,2020. https://national-gangcenter. ojp. gov/spt/Programs/10.

施。其中社会干预和压制策略已被研究证实有效,社会干预策略是让青少年服务机构、学校、基层团体、宗教组织、执法部门、司法部门接触受帮派影响的青少年及其家庭,为他们提供所需服务,加强其与传统社会的联系;压制包括正式和非正式的社会控制程序,包括由司法系统的机构以及社区机构、学校和基层团体对涉及帮派的青少年进行密切监督和监测。[1]

四、中美城市青少年有组织犯罪防范对策比较

中美两国采取的防范对策整体相似性较强。首先,青少年有组织犯罪缘于有问题的家庭、学校和社区,只要这些根本性问题仍然存在,那么单纯的警方压制行动产生的效果就十分有限。因此,中美两国采取的预防城市青少年有组织犯罪的举措均有较强的综合性,不同的防范对策需要多元主体的相互配合,尤其是社区层面开展的防范策略。例如,社区警务、校园警务,执法机构、司法机构进入校园、社区开展相关法制教育,受雇于官方机构或社区的专业社会工作者为青少年及其家庭提供帮助和指导等。此外,美国一些地区的"问题导向警务模式",以及我国社区经常组织召开的"警民联席会议"也是警民联动预防青少年犯罪的代表性对策。其次,中美两国青少年有组织犯罪的防范措施与此类犯罪的时间空间分布有较强的相关性,情境预防在各类防范措施中占据重要地位。如我国不少地区有专门的校园警务人员、社区民警,于上下学高峰时段在学校及其周边的街道驻守、巡逻。美国的芝加哥有专门的"暴力阻断者",即被雇用的前帮派成员或曾经有过犯罪经历的人员,在常有帮派出没的区域巡逻,化解帮派之间的严重冲突,切断帮派之间、帮派与受害者之间的暴力循环。

相较而言,中美两国防范青少年有组织犯罪的学校教育与家庭教育在内容和形式方面存在较大差异。在学校教育方面,我国各级学校设置的相关课程多为道德教育、法制教育、安全教育等,主要向学生普及相关法律知识、讲解此类犯罪的典型案例以及危害后果,采取的授课方式多为老师讲授,学生被动接受。而美国

---

① See National Gang Center, "Comprehensive Gang Prevention, Intervention, and Suppression Model", Accessed September16,2020. https://nationalgangcenter. ojp. gov/spt/Programs/53.

的学校课程除上述内容外,还强调认知行为训练、亲社会技能发展、冲突解决、情绪控制,以及各类替代性措施,采取的教育方式除专业人士辅导外,还包括同伴示范、自我指导、角色扮演等。因此,我国学校在设置此类犯罪的预防课程时,应当进一步丰富课程内容,增加一些实用性强的技巧性类课程,同时采用更加多样的授课方式,调动学生积极性,将被动接受转变为主动学习。家庭预防中,我国的家长学校通常以举办不定期讲座和开设短期培训班的方式,向家长传授家庭教育的基本理论与实践操作方法等。美国较多采用的形式是"家庭治疗"项目,其面向全部家庭成员,父母接受教育的同时孩子也参加相关培训。家庭治疗多以改善家庭互动模式为目标,专业工作者直接进入家庭,观察其互动方式存在的问题,进行直接的干预和调整。我国在完善此类犯罪的家庭预防策略时,应当全面关注家庭中的重要主体,以动态视角改变错误的家庭互动模式,提高家庭防范对策的个性化程度。

此外,我国城市青少年有组织犯罪的防范对策还需要强化"专门性"、提高"专业性"。第一,我国城市青少年有组织犯罪防范对策的"专门性"有待加强。在我国,青少年有组织犯罪尚属于新生事物,我国采取的防范措施整体性强、宏观性强,能够适用于所有类型的青少年犯罪,但是缺少专门针对青少年有组织犯罪的预防措施。美国的许多青少年帮派预防项目,是在原有的面向所有类型青少年犯罪的预防项目基础上进行改编的,如上文提到的 BSFT-G、FFT-G 等项目。我国可对此加以借鉴,在现有的各类青少年犯罪预防措施的基础上增加更多与预防有组织犯罪、扫黑除恶等直接相关的内容。第二,我国城市青少年有组织犯罪防范对策的"专业性"有待提升。美国多数预防青少年帮派活动的项目,在开发阶段基于已有研究成果得出的相关影响因素,在项目实施后有相应的跟踪评估和后续改进。我国的预防项目在前期开发阶段缺少相关的犯罪学理论支撑,项目实施后缺少基于证据的有效性评估。同时,青少年有组织犯罪一般发展程度较低,有些甚至没有达到触犯刑法的程度,这些较轻微的越轨行为很容易被执法、司法机构的官方统计数据忽视,从而导致预防项目效果评估存在较大偏差。相比之下,学者们进行的调查可能关注的主体范围更广,研究的目标可扩展到越轨行为,进而弥补官方数据的疏漏之处。因此，未来应当更加重视对此类犯罪的犯罪学研究，同时提高预防项目的开发、实施、评估、改进流程的专业化程度。

第四节　我国城市青少年有组织犯罪的
防范进路与防治对策

中美两国城市青少年有组织犯罪在时空分布等层面既有差异，但也有共性。这也是本文总结出美国城市青少年有组织犯罪时空分布规律以及美国针对城市青少年有组织犯罪时空分布规律制定的相应防范措施，对于我国当前防范青少年有组织犯罪制定具体的防范对策，仍然具有十分重要的借鉴价值。此外，本文通过进行相关比较分析后指出，此类犯罪在城市中的具体时空分布能够为各主体强化直接社会控制进行情景预防提供方向，其在个人生命中的发展轨迹是家庭、学校、社区开展早期预防理论依据，其在宏观的空间分布中表现出的"边缘性"特征则能够指明需要重点预防的青少年群体。在此基础上，本文试图通过时空分布规律及特点，进一步发掘中美两国城市青少年有组织犯罪既有防控对策存在的问题与不足，进而提出相应的防范对策。最后，在比较中美两国防范对策的基础上，也需要紧密结合有组织犯罪时空分布的特性，对传统的青少年有组织犯罪防范对策加以改进。

一、以强化直接控制为手段进行情境预防

情境预防是环境犯罪学理论在实践中的应用之一，其核心理念是阻止情境中的犯罪机会，而非改变行为人的犯罪倾向。情境预防针对比较具体的犯罪形式，以更系统、更持久的方式对产生犯罪的直接环境进行管理、设计和操纵，重点是使犯罪者预感到在某一环境中实施犯罪更加困难、更易被发现、所得回报更少或者其行为更不能被原谅。① 支持社会控制理论的学者认为社会控制的无效或缺乏会导致越轨和犯罪行为。社会控制可以被分为直接控制、遵从成本、内部控制三

---

① ［美］亚历克斯·皮盖惹:《犯罪学理论手册》，吴宗宪译，法律出版社2019年版，第223页。

种类型。① 其中直接控制主要源于他人,如街头警察、监考老师、家长等,通过使青少年出于"害怕被发现和制裁"而选择不实施越轨行为。遵从成本和内部控制则主要通过行为主体的自身选择,间接性地发挥作用。具体而言,如果行为人具有遵从成本(令人满意的高薪工作、幸福美满的家庭等),那么他会为了避免成本的损失而遵守法律,如果行为人已经将控制内部化,则会从内心不认同越轨行为。笔者认为,直接控制与情境预防的核心理念相契合,都是通过外部力量强化对潜在犯罪人的控制,令其有所顾忌,进而放弃实施犯罪行为。在预防青少年有组织犯罪方面,应当以此类犯罪的高发的时间、空间为基础,增强危险情境中的社会控制力量包括正式和非正式的社会控制,以实现此类犯罪的情境预防。

强化面向青少年有组织犯罪的直接控制主要从以下两个方面着手。

首先是正式的社会控制,重点关注公安机关的警力布控问题。公安机关应当在有组织犯罪高发的重点区域、重点时段,部署警力进行巡逻,能够在震慑潜在犯罪分子的同时,及时发现和处理早期的青少年有组织犯罪行为。如上下学期间学校周边的街道、小巷;深夜、凌晨时段的网吧、酒吧、歌舞厅、KTV 等常有不良少年聚集的娱乐场所,以及该时段的公园、位置偏僻的商铺等公共空间;日间人流量较大的交通站点;辖区内的空置建筑等。此外,科技手段的加持是提升警力布控效益的有效方案。地理信息技术最早诞生于 20 世纪 60 年代的加拿大,经过半个多世纪的发展,利用地理信息系统进行的犯罪制图,以及更高级的预测型警务在英美国家已经较为普遍。直到 2015 年,地理信息系统的应用才在我国公安系统内普及。② 2017 年我国上海市金山区检察院以枫泾镇为试点,联合犯罪地理学专业团队绘制了 46 幅盗窃罪犯罪热点图,极大提高了社会治理的效率。③ 当前,我国应当发展完善地理信息系统在犯罪制图方面的理论研究和实践应用,同时加大相

---

① ［美］马文・克朗、乔迪・莱恩:《少年越轨与少年司法手册》,苏明月、陈朗梓译,法律出版社 2019 年版,第 335 页。

② 贺日兴:《我国警用地理信息系统建设的实践与思考》,载《测绘科学》2021 年第 8 期。

③ 参见洪艳青、张晓艳、陈晓晨:《大数据绘制"犯罪热点制图"》,载《金山报》2017 年 2 月 27 日,第 2 版。

关科研投入逐渐探索犯罪预测型制图,进而实现警力分布的高效率、精准化。

其次,要强化青少年有组织犯罪热点空间的半正式社会控制和非正式社会控制。半正式的社会控制与正式社会控制发生作用的机制类似,只是实施主体为社会工作者、社区安保人员等非刑事司法系统的人员,他们在处理青少年越轨行为方面有一定的权威性。具体而言,社会工作者、社区安保人员、教育工作者应当在自己的工作范围内尽可能地关注青少年的非正常聚集、青少年之间的严重冲突,以及其违法犯罪行为,并及时向公安机关报告以便尽快采取措施。非正式的社会控制主要通过青少年的人际关系发生作用,关键是令其感到"该行为更不能被原谅",父母、邻居是此类控制的重要来源。因此,父母需要适当监督和了解青少年的交友情况、日常活动类型与地点等,社区则需要加强居民之间的互动,增强邻里之间的信任,让社区中的成年居民成为监控青少年不良行为的重要力量。

二、以家庭、学校、社区为阵地开展早期预防

青少年加入帮派或犯罪团伙并不仅是某个特定时点的瞬间选择,而是在其成长过程中遵循着与年龄相关的发展轨迹。实施有组织犯罪行为的青少年,一般是在早期(11 岁左右)开始接触不良伙伴,有吸烟、喝酒、逃学、校园欺凌等越轨行为,在年龄较大的时候(12—15 岁)加入帮派或犯罪团伙。[1] 研究表明,青少年在中学时代,特别是 12 岁之前,容易遇到一些与有组织犯罪相关的风险因素,如结交不良同伴、家长监督较弱、不良行为倾向、反社会倾向等。[2] 因此,应当以青少年早期的生活、学习空间,即家庭、校园、社区为主要阵地,在青少年的童年时期就开始有组织犯罪预防工作。

首先,在家庭方面,应当以现有的学校、社区、网上家长学校为基础,向家长提供青少年有组织犯罪方面的相关培训,使其了解参与帮派活动对青少年造成的短期、长期的不良影响,帮助家长识别并纠正青少年参与帮派活动的预兆行为;针对

---

① [美]马文·克朗、乔迪·莱恩:《少年越轨与少年司法手册》,苏明月、陈朗梓译,法律出版社 2019 年版,第 605 页。

② [美]戴维·C. 皮鲁兹、格雷·斯威特:《美国五至十七岁青少年帮派成员研究》,吴允锋、昂思梦译,载《青少年犯罪问题》2016 年第 2 期。

不同的家庭提供个性化的指导方案,进而改善错误的家庭互动模式。同时,家长需要给予孩子足够的关心,了解其基本的人际关系网络,在发现其交友圈内有不良伙伴时,要以尊重为前提及时与其沟通,为其建立起基本的是非观和正确的交友观,避免其沉溺于不良社交网络,必要时可寻求老师、家庭教育指导专家的帮助;形成积极的家庭互动模式对于预防青少年有组织犯罪十分重要,家长要有意识地以平和的方式处理家庭矛盾和家庭冲突,同时多关注孩子的优点长处,多以赞美、鼓励的方式与其交流,建立良好的亲子关系,避免青少年以加入帮派、团伙的方式寻求认同感。

其次,在学校方面,应当在低年级也设置与预防有组织犯罪相关的课程,以真实的有组织犯罪案例提醒青少年警惕身边的帮派组织和犯罪团伙,为其普及相关思想道德和法制知识,令其了解此类行为的性质,将社会控制力量内化,使青少年在面对帮派组织拉拢、吸引时作出正确选择。除此之外,为青少年提供一些行为认知方面的技能培训同样重要,包括教育其正确控制和管理自身的愤怒等负面情绪,训练其在面临困境时选择正确的方式加以解决或寻求帮助,尤其是在身边的不良同伴逼迫其实施越轨行为,或对其实施校园欺凌、抢劫等侵犯行为时;需要特别指出的是,这些面向学生的预防有组织犯罪的课程应交由专业人士设计开发,同时以科学的方式对授课结果进行量化评估,以便了解课程的有效性,发现存在的缺陷并进行改进。

最后,在社区层面,除了上文指出的增强社区居民凝聚力以强化非正式社会控制外,还需要对青少年居住的社区环境进行优化,包括美化社区环境,增加绿地面积,增强社区内街道等地的夜间照明,在社区内的建筑死角或空置建筑附近增加监控和安保力量,增加社区青少年活动中心、图书馆、体育场等休闲娱乐场所,以扩展青少年的课余活动空间。此外,社区应当以青少年课余活动空间为依托,开展常态化、多样性的青少年文体活动,作为其实施越轨和犯罪行为的替代性选择。例如,以政府购买服务的模式,为低年级的孩子提供社区托管服务,开展剪纸、绘画、陶艺、作业辅导等课后活动;为较高年级的青少年举办读书分享会、趣味运动会、科技创玩项目、主题教育活动等。

三、以边缘青少年为目标实现重点预防

从历史的视角来看,在社会生活中被边缘化和被孤立的青少年更容易加入帮派或其他犯罪组织中。美国青少年帮派的出现和后续的发展演变,同外来移民群体密切相关。美国的青少年帮派最先出现在东北部地区,从 19 世纪 50 年代到 20 世纪 30 年代,该地区出现三次大规模移民,约有 3200 万来自欧洲的移民流入纽约、波士顿、费城和旧金山等地,这些庞大的移民群体在美国东北部的沿海城市创造了滋生街头帮派的条件。其次出现在中西部地区,芝加哥黑帮的生成复制了上述移民入侵、统治和继承的过程,种族群体的社会隔离、种族隔离催生了芝加哥帮派。再次,出现在西部地区,70 万墨西哥合法移民在洛杉矶和其他地方孵化了墨西哥裔街头帮派,出现最早、最牢固的帮派地区正是墨西哥移民的定居点。最后出现在南部地区,得克萨斯州一些处于墨西哥移民路线上的城市,同样出现了严重的帮派问题。① 我国与美国不同,一些学者的研究中提到,我国 20 世纪 80 年代被查处的一批青少年帮派组织,有很大一部分分布于经济发达的沿海城市,如广东、福建、上海等省份②,这些省份是外来务工人员的主要流入地;当前我国青少年团伙犯罪的主要阵地是城乡结合部、城中村,以及新兴城镇等地③。虽然我国没有外国移民和种族隔离的问题,但是外来务工人口在务工城市、农村人口在城市中,同样是被边缘化的群体,他们聚居的城乡结合部、城中村等社区也正是团伙犯罪猖獗之处。边缘化地区通常具有人口复杂、经济落后、秩序混乱、社区管理能力弱、缺乏社会控制等特征,本地人的排外与歧视使当地青少年更易形成反社会心理,社区监管力量薄弱为青少年游戏团体向犯罪组织的发展留下可乘之机。

因此,应当重点关注在居住地域、经济、文化、社会交往等各方面容易被边缘化的流动青少年及其家庭,采取相应措施帮助其更好地融入所在社区。首先,我国需要逐渐完善外来务工人员的社会保障体系,取消社会保障的地域限制,制定

---

① See James C. Howell. The History of Street Gangs in the United States, Lexington Books, 2015, pp. 1 – 49.

② 周心捷:《中国大陆地区青少年帮派活动的现状与原因分析》,载《犯罪研究》2003 年第 3 期。

③ 靳高风、赵伟:《当前我国未成年人涉黑涉恶犯罪特征与模式研究》,载《青少年犯罪问题》2011 年第 5 期。

完善相关法律法规,切实保障外来务工人员的合法权利。此外,应深化户籍制度改革,建立城乡统一的户籍制度,消除城乡之间的户籍壁垒,削弱城市居民身份优越感的同时增强乡村居民的身份平等感。其次,社区应当完善流动人口管理系统,摸清社区流动人口基本状况,适当开展入户走访,了解其家庭中存在的问题并及时提供帮助。同时,需要为社区内已经有早期不良行为或家庭中存在不安全因素的流动青少年建立个人档案,并及时更新,适时为其提供情绪管理、人际交往、技能培训等方面的帮助,为其家庭提供个案式的家庭教育指导,为流动青少年及其家庭建立有效的社会支持网络。最后,在学校中,教育工作者应当重点关注班级中的流动青少年,或被其他群体孤立的青少年,了解其面临的困境,通过教育引导消除学生之间的隔阂与偏见,增强班级的凝聚力,避免被孤立的青少年转而向校外不良团伙寻求慰藉。

结　语

时空因素对于防控青少年有组织犯罪而言尤为重要。因为青少年帮派或青少年团伙普遍具有较强的"领地"意识,会以涂鸦等方式在社区中标示自己的活动空间,或选择较为固定的空间作为日常聚集地点。中美犯罪学者也多以生态学、环境学为视角研究城市青少年有组织犯罪。在美国的一些大城市,青少年有组织犯罪问题由来已久且十分猖獗,在美国整体犯罪率大幅下降的背景下,帮派犯罪却保持在较高的水平。我国青少年有组织犯罪的形势与美国相比较为轻缓,主要表现为青少年有组织犯罪出现的时间更晚,危害程度更轻。但在我国未成年人犯罪数据连续多年下降的同时,青少年犯罪"团伙化"问题也日趋严峻。虽然青少年有组织犯罪的防控难度更大,但中美两国采取的一些防范对策已经过实践的检验,取得了显著成效。因此,本章对中美两国城市青少年有组织犯罪的时空分布与防范对策进行比较研究具有重要现实意义。

基于此,笔者通过文献梳理及案例分析,发现城市青少年有组织犯罪的时空分布有明显的规律性,我国的相应防范对策还有待进一步完善。青少年在日间选择的作案时间与上下学时间高度相关,夜间作案时间则取决于所在地区的安全管控力度;从个人生命历程视角考察,15 岁左右是青少年加入帮派或犯罪团伙的高峰时期;城市中被边缘化或被孤立的地区、学校及其周边地区更容易出现青少年有组织犯罪。实践中,此类犯罪也同时呈现出向网络空间转移的新趋势。中美两国采取的防范对策均有较强的综合性,愈加注重多元主体的相互配合。与美国相比,我国预防此类犯罪的学校教育缺少实用技能类课程,授课方式较为单一,家庭教育覆盖主体不全面,忽视家庭互动模式。同时,我国的防范对策的"专门性"有待加强,其"专业性"有待提升。笔者由此提出三个方面的完善建议。第一,根据此类犯罪的具体时空分布强化直接社会控制进行情境预防。第二,把握此类犯罪在个人生命历程中的发展轨迹进而以家庭、学校、社区为主要阵地开展早期预防。第三,分析此类犯罪在宏观空间分布中呈现的"边缘性"特征将流动青少年等群体作为重点预防对象。相比较而言,我国关于青少年有组织犯罪时空分布的研究成果数量有限,学者多采用田野调查的方法进行实证研究,研究结果具有一定的局限性。本章以中美相关文献的考察和典型案例分析为主要研究方法,同样存在实证研究水平不足的问题。① 然而,同普通有组织犯罪相比,青少年有组织犯罪发展程度较低,社会危害性较弱,青少年游戏型犯罪团体②向犯罪组织演进的早期,可能仅实施未触犯刑法的越轨行为,这一阶段容易被官方统计数据忽视,进而影响对此类犯罪形势的判断。而犯罪学研究者开展的相关实证研究则可能会涉及更多的、范围更广泛的研究对象,能够对官方数据进行有益补充。因此,今后应当以多学科的研究视角,多样化的实证方法加强该领域的学术研究,从而为防控此类犯罪奠定坚实的理论基础。

---

① 例如,本章主要是通过借鉴美国经验提出的防范对策,虽然中美青少年有组织犯罪时空分布呈现出部分共同特征,但本文仅就单一的时空分布规律进行比较,忽略了如犯罪类型、犯罪原因是否相同等相关因素,由此推断出美国青少年有组织犯罪防范策略适合中国借鉴,缺乏一定说服力。

② "游戏型"犯罪是在西方国家中普遍出现的一种青少年犯罪类型。其犯罪动机往往是追求享乐、寻找刺激,完全不同于传统的贪物求财、报复逞能等动机。这一犯罪类型把杀人、偷盗、行凶视为一种"充满刺激的冒险游戏"。法国儿童犯罪的 27.4% 是放火,主要是游戏性质的,但后果相当严重。日本的犯罪团伙"暴走族",每晚驾驶汽车或摩托车在马路上横冲直撞,不顾行人安全和交通法规,追求时髦、刺激、惊险,已成为日本社会的一大公害。"游戏型"犯罪由于其在犯罪动机和犯罪原因方面均不同于传统犯罪,因此,给预防和治理此类犯罪带来新的课题和难度,已经普遍引起世界各国犯罪学者的重视。

第七章
中美城市女性青少年犯罪的时空分布与防范对策

　　近年来,随着社会的发展和儿童生理和心理的提前成熟,犯罪的低龄化趋势愈发明显。据统计,我国 2001 年未成年犯的平均年龄为 15.76 岁,2010 年未成年犯的平均年龄为 15.57 岁。① 在美国,每年都有超过 110 万的青少年因为各种各样的罪名被逮捕,从闲逛到谋杀,不一而足。② 与所有群体的犯罪所呈现出来的规律相同,在青少年犯罪案件中,男性青少年犯罪一直占据主导地位,因而对青少年犯罪问题的研究多围绕男性青少年的行为和心理特征展开。在传统的认知中,女性性格柔弱敏感,富有同情心,在体力上显著低于男性,因而很少有机会参与到犯罪中去。至于青少年女性,更是有所谓妙龄女孩的称谓,让人难以将其与血腥、恐怖或肮脏的犯罪行为联系在一起。然而现实的情况是,在以男性为主的青少年犯罪中,女性青少年犯罪数量呈现上升趋势且增长速度高于男性。近年来,频繁出现女中学生参与校园暴力、参与性犯罪的事件,女大学生参与毒品犯罪、传销活动事件令人震惊,也引起社会各界对女性青少年犯罪问题的关注。美国的司法报告数据也显示,虽然在少年法庭处理的案件中 73% 是男性,但女性少年同样参与在人身犯罪、财产犯罪、毒品犯罪和公共秩序犯罪等各类犯罪之中。③ 多数的青少年犯罪学只对青少年群体整体进行研究,女性犯罪也仅将青少年女性作为研究对象之一而没有给予特别的关注。面对日渐突出的女性青少年参与违法犯罪活

---

　　① 　郭开元:《青少年犯罪预防的理论与实务研究》,中国人民公安大学出版社 2014 年版,第 15 页。

　　② 　[美]拉里·J. 西格尔、布兰登·C. 韦尔什:《迷途的羔羊——青少年犯罪案例分析及心理预防》(第 12 版),丁树亭、李晓静译,电子工业出版社 2019 年版,第 17 页。

　　③ 　See Hockenberry S,Puzzanchera C,Juvenile Court Statistics 2018,*National Center for Juvenile Justice*,April 2020,pp. 12 – 13.

动问题,本章重点关注女性青少年兼具的女性角色和青少年角色之特点,深入分析其特有的犯罪时空特点、犯罪原因,并据此进一步研究契合主体特征和行为模式的犯罪防控对策。

第一节　中美城市女性青少年犯罪的现状

一、中国城市女性青少年犯罪的现状

城市青少年犯罪以男性为主,女性青少年犯罪逐渐增多。[1] 中国司法大数据服务网的专题报告显示,2009—2017 年,全国未成年犯罪数量呈现持续下降趋势。其中,近 5 年的犯罪人数下降幅度较大,平均降幅超过了 15% ,2016 年降幅达到了 18.47%。[2] 连续 9 年下降的未成年人犯罪率使得我国成为世界上未成年人犯罪率最低的国家之一,也表明我国预防和治理未成年犯罪的举措取得了显著成效。然而,在连续下降的未成年人犯罪率背后,女性未成年犯罪占比却呈现出增加趋势。根据报告显示,2015 年 1 月 1 日至 2016 年 12 月 31 日,未成年男性犯罪占比95.05% ,未成年女性犯罪占比4.95%[3],2016 年 1 月 1 日至 2017 年 12 月31 日,全国法院新收未成年人犯罪案件中,男性未成年人犯罪人数占比93.44% ,未成年女性犯罪占比 6.56% ,相比上一个统计年增长显著。

在女性青少年犯数量呈现逐年上升趋势的同时,其犯罪的年龄也表现出显著的低龄化趋势。在 2007 年我国对八省市青少年违法犯罪的调查报告中,年龄为14—18 周岁的女性青少年罪犯占全部女性青少年罪犯数量的 44.7% ,在贩毒、吸毒、卖淫和组织卖淫的违法行为中,女性青少年犯的数量甚至要高于男性。[4] 近

---

① 郭开元:《青少年犯罪预防的理论与实务研究》,中国人民公安大学出版社 2014 年版,第 15 页。

② 资料源于《从司法大数据看我国未成年人权益司法保护和未成年人犯罪特点及其预防》,载中国司法大数据研究院官网:http://www.court.gov.cn/zixun-xiangqing-99402.html,最后访问日期:2024 年 11 月10 日。

③ 资料源于《司法大数据专题报告——未成年人犯罪》,载中国司法大数据研究院官网:http://www.court.gov.cn/zixun-xiangqing-99402.html,最后访问日期:2024 年 11 月 10 日。

④ 邓映婕:《女性青少年犯罪现状分析及对策研究》,载《江西青年职业学院学报》2014 年第 5 期。

年来,14—25 岁的女性青少年依然出现在裁判文书网的多类刑事审判书中。根据本章对近 3—5 年根据性别和年龄检索得出的涉及女性青少年犯罪的案例,女性青少年罪犯遍布故意杀人罪、故意伤害罪、抢劫罪、敲诈勒索罪、强迫卖淫罪、组织卖淫罪、诈骗罪、开设赌场罪等多个领域,从财产犯罪到人身犯罪,从轻罪到重罪均有所涉猎。这些数据统计足以说明,我国现阶段女性青少年犯罪的问题不容忽视。

二、美国城市女性青少年犯罪的现状

在美国,女性青少年犯罪问题同样值得关注。青少年暴力犯罪的男女比例约为 4∶1,青少年财产犯罪的男女比例约为 2∶1。[①] 根据少年法庭的统计数据,在 2018 年美国少年法庭处理的案件中,73% 的行为主体为男性青少年。[②] 男性青少年的犯罪率为 33.5%,女性青少年犯罪率仅有 13.1%,前者是后者的 2.6 倍。在 2005 至 2018 年,男性青少年参与毒品和财产犯罪的比例是女性的约 2.9 倍。2018 年,男性青少年的公共秩序犯罪是女性青少年的 2.5 倍,男性青少年的人身犯罪是女性青少年的 2.2 倍。[③] 虽然这些统计数据都不无例外地将青少年各类犯罪的主体指向男性青少年,但也从另一个侧面说明,女性青少年同男性一样,也渗透在人身暴力犯罪、财产犯罪、毒品犯罪、性犯罪和公共秩序犯罪等领域。

研究表明,进入少年司法系统的未成年女性人数在近些年急剧上升。1980 年,被逮捕的青少年中只有 20% 是女性,而到 2003 年,则有近 30% 的青少年犯罪是由女孩儿所犯下的。[④] 美国联邦调查局的调查结果显示,在相同的时间段内,男孩的被逮捕率下降了 4%,而女孩的被逮捕率则上升了 19%。[⑤] 虽然男性青少

① ［美］拉里·J. 西格尔、布兰登·C. 韦尔什:《迷途的羔羊——青少年犯罪案例分析及心理预防》(第 12 版),丁树亭、李晓静译,电子工业出版社 2019 年版,第 49 页。

② See Hockenberry S,Puzzanchera C,Juvenile Court Statistics 2018,*National Center for Juvenile Justice*,April 2020,p. 12.

③ See Hockenberry S,Puzzanchera C,Juvenile Court Statistics 2018,*National Center for Juvenile Justice*,April 2020,p. 14.

④ See Yeater E A,Montanaro E A,Bryan A D,Predictors of sexual coercion and alcohol use among female juvenile offenders,*Journal of youth and adolescence*,2015,44(1),p. 115.

⑤ See Marsiglio M C,Chronister K M,Gibson B,et al. ,Examining the link between traumatic events and delinquency among juvenile delinquent girls:A longitudinal study,*Journal of child & adolescent trauma*,2014,7(4),p. 217.

年犯罪的数量仍远远高于女性,过去 10 年美国女性和女性青少年的逮捕率都有所下降,但每年有约 33 万的女性青少年被逮捕,其中 60 人是因为杀人,1600 人因为抢劫,另有 8000 人因为加重攻击。早期的研究数据显示,1988 年至 1997 年,男性青少年的犯罪率上升了 28%,女性青少年的犯罪率则上升了 60%。越来越多的女性在年轻时开始犯罪,并在以后的生活中愈演愈烈。[1] 自述报告数据显示,女性违法犯罪的比率比之前人们认为的要高得多,男性经常犯的罪行也是女性最经常犯的罪行。在过去十年中,在自述报告中承认自己曾有过违法犯罪行为的女生的数量显著增多,而男生的数量则有所减少。[2]

在逮捕原因上,美国的女性青少年比男性更容易由于离家出走被逮捕。在收监原因上,女孩也更可能因为身份罪而被监禁。[3] 此外,在高中生抽烟、喝酒和吸食大麻的数量统计中,1975 年至 2019 年这个数据整体呈现下降趋势,女性青少年从事这些不法行为的数量历来低于男性,但在 2013 年之后有了同男性重合的趋势。[4] 在谋杀罪中,女性青少年犯的数量变化则相对比较平稳,1980 到 2016 年每年不到 100 人,2013 年达到最低水平。[5]

三、中美城市女性青少年犯罪的现状比较

中美两国女性青少年犯罪现状呈现出一定的规律性,该规律与青少年阶段女性的身心发展特征显著关联,主要体现为以下几个方面。

其一,女性青少年犯罪在数量上与男性青少年相差悬殊,但增长速度大于男性青少年。上文数据显示,无论是在中国还是在美国,多数的青少年犯罪都为男

---

① See Mullis R L, Cornille T A, Mullis A K, et al. , Female juvenile offending: A review of characteristics and contexts, *Journal of Child and Family Studies*, 2004, 13(2), p. 205.

② [美]拉里·J. 西格尔、布兰登·C. 韦尔什:《迷途的羔羊——青少年犯罪案例分析及心理预防》(第 12 版),丁树亭、李晓静译,电子工业出版社 2019 年版,第 50 页。

③ [美]拉里·J. 西格尔、布兰登·C. 韦尔什:《迷途的羔羊——青少年犯罪案例分析及心理预防》(第 12 版),丁树亭、李晓静译,电子工业出版社 2019 年版,第 444 页。

④ See OJJDP, "Self-reported drug use among high school seniors, 2019", Accessed 18 July 2020. www. ojjdp. gov/ojstatbb/offenders/qa03510. asp? qaDate = 2019.

⑤ See OJJDP, "Known juvenile homicide offenders by sex, 1980—2016", Accessed 18 July 2020. www. ojjdp. gov/ojstatbb/offenders/qa03102. asp? qaDate = 2016.

性所实施。我国人民法院年度新收未成年人犯罪案件中,男性未成年罪犯占比可达到90%以上,而美国少年司法数据统计中,70%以上的青少年犯罪者为男性。特别是在暴力犯罪中,鲜少看到女性青少年的身影。在中国裁判文书网根据年龄和性别检索得出的最近30起有女性青少年参加的刑事案件中,无一起案例涉及严重的暴力犯罪。在美国每年被逮捕的约33万女性青少年中,只有不到100人涉及谋杀罪且该数据变化平稳。青少年犯罪中的这一特点与整个犯罪群体中的性别差异是一致的。相较于男性在体力上的优势和在心理上的强大承受力,女性处于比较弱势的地位。在面对冲突和问题时,选择使用暴力手段解决的多数是男性。而在其他一些困境中,女性也更容易选择更为稳妥和守法的方式解决问题。违法犯罪主体多数为男性是各国古往今来所呈现出来的共同规律,而在青少年女性特别是未成年女性中,这种传统意义上的特征变得更为显著。

然而在平稳的青少年犯罪数量中有所增长的女性青少年罪犯比例却使我们警醒。随着现代社会女性的解放,越来越多的女性参与到各行各业的社会分工中,她们的人生经历同样丰富和精彩,她们的心理状态在参与社会事务中有了质的改变。由于同男性相比身体力量的悬殊,女性更为重视对自身身体素质的提升。在这种背景下,新生代青少年女性有了更强的自主意识,她们突破柔弱、怯懦的刻板形象,以更为积极的姿态参与社会活动,她们在面临矛盾时也会将愤怒表现出来甚至付诸实际行动。她们渴望周围人给予她们与男性相同的关注度,因而也会加入少年帮派,参与到抽烟喝酒、吸食毒品、校园暴力等不良活动中去。中美女性青少年犯罪数量的增多是时代发展不可避免的产物。

其二,女性青少年犯罪呈现出低龄化趋势。近几年来,网络媒体爆出的初中女学生参与恶性校园暴力事件、上海20余名少女参与所谓"援交"的性犯罪事件使我们不得不承认,青春期少女逐渐提前成熟的身体条件和心理状态促使她们在更早的年龄阶段涉足了卖淫、吸毒等不良领域。在美国有研究表明,在150年前,女孩性成熟的平均年龄是 16 岁,而今天美国的女孩多在 12.5 岁就进入了青春期。[①] 在一些严重的、持续的暴力犯罪中,很多女性犯罪者从儿童时期就开始参与犯罪。[②] 例如在可艾拉·布朗(Ella Brown)的案件中,被告人在其 13 岁的时候就被控诉谋杀,是美国堪萨斯市怀安特县历史上以成年人身份受审的年纪最小的人。[③] 可艾拉的案件在美国并不是特例。

其三,女性青少年犯罪多以共同犯罪的形式实施。在我国裁判文书网根据女性和犯罪年龄等关键词检索出的最近的 30 则青少年女性参与的案例中,除两则盗窃罪案例分别为 2000 年出生的被告人柴某某和 2000 年出生的温某某所独立实施外,[④]其余女性青少年犯罪人均有同案犯 2 名到 10 余名不等。在校园暴力案件中,女性青少年在行为方式上所体现出来的聚众特点更为明显。如 2007 年发生的"开平虐女案"中,几个"义结金兰"的女生因发生内部口角而集结多名同校学生对受害人实施殴打、轮奸、拍视频猥亵等恶劣行为。[⑤] 女性青少年比男性具有更强的依赖性,在实施暴力时更倾向聚集成群体,以"以多欺少、恃强凌弱"的心理来满足自己被人拥护的优越感和成就感,并妄图基于法不责众的心态给自己壮胆。[⑥] 除了暴力犯罪,在盗窃、贩卖毒品、组织、强迫卖淫、抢劫等犯罪中,青少年女性也多以共同犯罪的形式实施犯罪,且多为从犯。[⑦]

美国青少年犯罪独具特色的是少年帮派问题。帮派是指从事违法犯罪行为的青少年群组,通常具有公认的头目、劳动分工、帮规、仪式和财产。有证据表明,

---

① [美]拉里·J. 西格尔、布兰登·C. 韦尔什:《迷途的羔羊——青少年犯罪案例分析及心理预防》(第 12 版),丁树亭、李晓静译,电子工业出版社 2019 年版,第 4 页。

② See Wolff K T, Baglivio M T, Vaughn M G, et al. , For males only? The search for serious, violent, and chronic female juvenile offenders, *Journal of developmental and life-course criminology*, 2017, 3(2), p. 168.

③ [美]拉里·J. 西格尔、布兰登·C. 韦尔什:《迷途的羔羊——青少年犯罪案例分析及心理预防》(第 12 版),丁树亭、李晓静译,电子工业出版社 2019 年版,第 2 页。

④ 参见柴某某盗窃案,河南省夏邑县人民法院(2019)豫 1426 刑初 527 号刑事判决书;温某某盗窃案,江西省九江市濂溪区人民法院(2019)赣 0402 刑初 306 号刑事判决书。

⑤ 资料源于《开平虐女事件》,载百度百科,https://baike.baidu.com/item/开平虐女事件/12508825?fr=aladdin,最后访问日期:2024 年 11 月 16 日。

⑥ 李琳:《校园女生暴力的成因及预防》,载《青少年犯罪问题》2016 年第 2 期。

⑦ 周向丽:《未成年女犯改造对策思考》,载《犯罪与改造研究》2018 年第 7 期。

女孩参与帮派和帮派暴力的数量在增多,也逐渐因为参与帮派而涉足同男性青少年十分相似的盗窃、暴力抢劫等事件。① 如前述被判监禁 20 年的 13 岁女孩可艾拉·布朗,正是在无意中加入了当地的犯罪帮派并被帮派主要成员所利用。有学者研究指出,女性青少年相比于男性青少年更加依赖于同伴关系,因而当出现逆反、自卑等消极心理时更倾向于加入帮派寻找归属感,这一行为特征与她们的同伴文化是一致的。②

其四,性犯罪、财产犯罪是女性青少年涉足较多的领域,此外,在毒品犯罪、校园暴力中也不乏有女性青少年的参与。在中国裁判文书网随机检索出的 28 个刑事案件的女性青少年被告人中,涉嫌犯强迫卖淫罪、组织、介绍卖淫罪的女性青少年有 10 人,涉嫌盗窃罪、诈骗罪、敲诈勒索罪等财产犯罪的女性青少年有 8 人,涉嫌犯容留他人吸毒罪、贩卖毒品罪等毒品犯罪的女性青少年有 4 人,另有 2 人犯开设赌场罪,2 人犯组织考试作弊罪,1 人犯生产、销售不符合安全标准的食品罪以及 1 人参与组织、领导传销活动、非法拘禁。③ 可以看出女性青少年犯罪集中于卖淫相关犯罪和侵犯财产犯罪。有学者也指出,经济、文化的迅速发展使一些不健康的生活方式和理念被女性青少年接受,她们追求高档吃穿、奢侈生活和时髦打扮,因而容易以青春为资本从事卖淫等违法犯罪活动,有时甚至通过吸毒、贩毒不断满足自己的虚荣心。④ 至于女性青少年犯罪多为财产犯罪,与这一群体没

---

① ［美］拉里·J. 西格尔、布兰登·C. 韦尔什:《迷途的羔羊——青少年犯罪案例分析及心理预防》(第 12 版),丁树亭、李晓静译,电子工业出版社 2019 年版,第 67 页。

② See Mullis R L, Cornille T A, Mullis A K, et al. , Female juvenile offending: A review of characteristics and contexts, *Journal of Child and Family Studies*, 2004, 13(2), p. 213.

③ 参见(2017)浙 01 刑初 45 号、(2019)苏 0991 刑初 249 号、(2019)湘 0702 刑初 532 号、(2019)赣 0102 刑初 446 号、(2019)皖 0323 刑初 19 号、(2020)鲁 0902 刑初 3 号、(2020)鲁 0902 刑初 50 号、(2019)豫 1426 刑初 527 号、(2019)赣 0402 刑初 306 号、(2019)辽 0303 刑初 320 号、(2018)皖 1103 刑初 229 号、(2019)湘 11 刑终 46 号、(2018)浙 0702 刑初 935 号、(2018)粤 0705 刑初 375 号、(2018)晋 0302 刑初 157 号、(2018)湘 0602 刑初 384 号、(2018)晋 0302 刑初 80 号、(2020)豫 07 刑终 92 号、(2018)京 0116 刑初 243 号、(2019)皖 1881 刑初 148 号、(2019)闽 0821 刑初 296 号、(2018)川 01 刑终 1307 号、(2018)川 01 刑终 1113 号、(2020)鲁 0902 刑初 3 号刑事判决书。

④ 袁翠清:《婚姻家庭变革时代女性青少年犯罪的成因及对策》,载《郑州航空工业管理学院学报(社会科学版)》2014 年第 4 期。

有收入,追求高消费有很大关系。①

美国的女性青少年犯也在犯罪类型上呈现出一定特点。据统计,2018 年美国少年司法中女性犯人身犯罪的占比为 35%,较 2005 年上升 7 个百分点;犯财产罪的占比 28%,较 2005 年下降 9 个百分点;涉及公共秩序犯罪的占比 25%,基本与 2005 年数据持平,涉嫌毒品犯罪的占比 12%,较 2005 年增长 4 个百分点。②由上可知,虽然女性青少年犯财产犯罪的比例有所下降,但仍占据很大的比例。美国 2018 年少年司法数据显示,女性在 17 岁之后犯财产犯罪和毒品犯罪的数量有所增加。2005 至 2013 年,10—12 岁的女性吸毒率上升了 5%。性犯罪的实施多是女性青少年利用自身生理特点所致。女性吸毒的原因也与男性不同。她们多是想要减肥、发生性行为、渴望被同龄人接受、寻找自尊。③ 与我国女性青少年参与校园暴力的情况类似,在美国,女孩也容易因为一些细琐事情、恋爱纠葛等实施网络霸凌、校园暴力。除此以外,美国法律对于未成年人规定有特有的身份犯罪,如宵禁、离家出走等,而女性青少年更容易由于这些身份犯罪被逮捕。④

第二节　中美城市女性青少年犯罪的时空分布

关于女性未成年犯的预防与治理,当下学者多从主流社会学理论出发阐释其犯罪的成因。时空社会学作为当下非主流社会学的新兴分支学科之一,能够运用其独特视角充分揭示影响女性青少年犯罪的时空因素。⑤ 时间和空间是社会运行中不可或缺的关键元素,特定的时机和特定的场所为女性青少年犯罪提供了诱

---

① 贾冬梅:《当前少女犯罪案件分析》,载《青少年犯罪问题》1999 年第 1 期。

② See Hockenberry S,Puzzanchera C,Juvenile Court Statistics 2018,*National Center for Juvenile Justice*,April 2020,p. 13.

③ [美]拉里・J. 西格尔、布兰登・C. 韦尔什:《迷途的羔羊——青少年犯罪案例分析及心理预防》(第 12 版),丁树亭、李晓静译,电子工业出版社 2019 年版,第 74 页。

④ See Mullis R L,Cornille T A,Mullis A K,et al. ,Female juvenile offending:A review of characteristics and contexts,*Journal of Child and Family Studies*,2004,13(2),p. 206.

⑤ 常进锋:《时空犯罪学:青少年犯罪成因的新视角》,载《中国青年社会科学》2020 年第 1 期。

因和便利条件。① 有国外学者在研究报告中提到,随着女性青少年犯罪发生率的增加,我们的研究要考虑女性青少年犯罪时的周围环境,以及有助于其犯罪发生的弹性环境。② 本部分将主要选取中美两国女性青少年最容易实施的性犯罪、财产犯罪,以及近些年恶性个案频发的暴力犯罪为切入点,论述女性青少年犯罪所具有的时空分布特点及其规律。

一、中美城市女性青少年犯罪的时空分布

(一)中美城市女性青少年性犯罪的时空分布

如前文所述,组织卖淫罪、强迫卖淫罪、引诱、容留、介绍卖淫罪等涉性类犯罪是女性青少年犯经常涉足的罪名。如被告人何某犯案时只有 16 岁,但强迫同龄被害人戴某、李某和张某卖淫的手段非常残忍,其与同伙使用了殴打、电击和监禁等手段,迫使被害人在 KTV 包厢、旅店等场所进行淫秽色情交易。③ 另一则案件中的被告人陈云霓(2003 年出生)采用扇耳光、拍裸照、言语威胁方式迫使被害人伍某杏(2002 年 11 月出生)先后卖淫 7 次。④ 此外,还有在出租房内、街头洗发店内实施容留卖淫、介绍卖淫等行为。除了此类"卖淫"类犯罪,女性青少年犯也会在参与校园暴力的过程中对被施暴者实施兼具暴力和性色彩的行为,如在宿舍对室友进行强制侮辱、逼迫同学在外脱衣。

由上述案例可知,女性青少年所实施的违反公共秩序的涉性类犯罪多在 KTV 包间、旅店房间和出租屋内等较为隐蔽的场所实施。这种场域特点与这类犯罪本身要求的隐蔽交易性具有很强的关联。而在侵犯人身权利类的强奸罪、强制猥亵、侮辱罪中,女性青少年多在校园、宿舍或者学校周边场所实施犯罪,为了达到

---

① 张宝义:《青少年犯罪行为与场所空间关系的研究——以天津市为例》,载《青少年犯罪问题》2008 年第 5 期。

② See Mullis R L,Cornille T A,Mullis A K,et al. ,Female juvenile offending:A review of characteristics and contexts,*Journal of Child and Family Studies*,2004,13(2),p. 205.

③ 参见程某 1、瞿某 1 等强迫卖淫、寻衅滋事案,浙江省杭州市人民法院(2017)浙 01 刑初 45 号刑事判决书。

④ 参见周雄、陈云霓、聂助涛、陈逸龙犯强迫卖淫罪一案,湖南省常德市武陵区人民法院(2019)湘 0702 刑初 532 号刑事判决书。

羞辱被害人的目的,多数会选择拍摄被害人受辱视频并发布至互联网。因此,诸如微信朋友圈、QQ 空间等网络空间就成了女性青少年实施犯罪的延伸场所。在时间分布上,此类犯罪的实施具有两个特点:一是多集中于春夏时节,特别是暑假期间;二是具有时间上的延续性。据调查和统计,上述强迫卖淫、介绍卖淫类犯罪均发生在 4 到 8 月份,特别是暑假期间,是各类性犯罪和涉性类暴力犯罪的高发时间。参加这些犯罪的女性青少年实施犯罪往往不是一次性的,而是持续数天到几个月不等。这种时间上的特点一方面是与此类犯罪本身行为方式的特性有关,另一方面也是同女性青少年常规的作息时间有所关联。根据调查统计,实施此类犯罪的女性青少年多为辍学在家或者无业游民,她们一方面脱离了学校的监管,另一方面尚未正式踏入社会。而春夏时节和暑假期间,恰恰是青少年女性脱离学校监管的高峰时期,很多女性青少年由于课业成绩不好或者家境困难而提前终止学业。

美国的女性青少年参与性犯罪的问题同样突出。根据美国青少年司法网站的数据统计,2012 年全部女性犯暴力强奸罪的案件数量为 190 起,其中由 15—24 岁女性青少年犯的案件数量为 60 起,占据案件数量的 32% ;全部女性犯除暴力强奸和卖淫罪以外的性犯罪案件数量为 5310 起,由 15—24 岁女性青少年犯的有 1940 起,占据总案件数量的 37%。[1] 遗憾的是,从这些数据统计中我们不能知晓女性青少年实施性犯罪的具体时间和地点,仅能从其他资料记载的一些零星的数据中知晓部分情况。比起男性青少年在学校等环境实施侵犯,女性青少年更喜欢在家庭环境中作案。[2] 在时间上,其多选择在天气暖和的时节实施性犯罪,但在气温超过 30 度的炎热夏天,性骚扰这一类行为也会减少。

(二)中美城市女性青少年财产犯罪的时空分布

在本章统计的 28 个女性青少年犯中,有 2 人实施了盗窃罪,5 人实施诈骗罪,

---

① See OJJDP, "Arrest trends by offense, age, and gender", Accessed August12, 2020. www. ojjdp. gov/ojstatbb/crime/ucr_trend. asp? table_in = 1&selOffenses = 18&rdoGroups = 3&rdoDataType = 1.

② [美]拉里·J. 西格尔、布兰登·C. 韦尔什:《迷途的羔羊——青少年犯罪案例分析及心理预防》(第 12 版),丁树亭、李晓静译,电子工业出版社 2019 年版,第 35 页。

还有 1 人为敲诈勒索罪。相比于女性青少年实施其他犯罪常采用团伙作案的模式,她们在实施盗窃时也会单独作案。女性青少年选择的盗窃地点比较局限,不会去银行、商场等人员流动性强和相对陌生的地方,而是会选取一些熟悉的环境,例如先前工作过的店面柜台、自己的员工宿舍等。① 女性青少年实施诈骗罪多是以团伙作案的形式进行的,且常采用网络诈骗的方式,以网站、微信、QQ 等平台作为其犯罪的主要阵地。在工作分配上,女性青少年会承担诸如微信联络员、话务员等简单工作。对于还在上学的女性青少年而言,她们的财产犯罪行为多发生在上学期间。学校里学生人数多、东西杂乱和老师管理偏重学习成绩等情况,为其实施盗窃等行为提供了便利条件。此外,女性青少年的犯罪也集中在她们课后一些经常逗留的场所,如 20 世纪 90 年代的滚轴溜冰场、歌舞厅②,以及当下学生经常光顾的网吧、KTV、商场等地。

美国女性青少年实施比较多的是商店盗窃。在自述报告中,女生中有超过 20%的人承认自己在过去 12 个月内曾有过商店盗窃行为。此外,有6%的女生承认自己曾在上学期间损坏学校财物,有17%的女生有过非法侵入行为。在时间分布上,每年的 7、8 月女性青少年实施财产犯罪的可能性更高。这种时间分布规律的形成,一方面是因为每年的 7 月和 8 月青少年不用上学,因而有更多的时间实施犯罪,另一方面也是由于炎热的夏天会导致更多的房子闲置,从而容易遭受财产犯罪。③

(三)中美城市女性青少年暴力犯罪的时空分布

实践中,女性青少年群体实施严重暴力犯罪的情况并不多见。然而在资料查找过程中,女性青少年所实施的毒杀亲生父母、围殴同学、参与团伙抢劫等个案令人震惊。相比于性犯罪、财产犯罪等,研究女性青少年参与暴力犯罪的时空分布

---

① 参见柴某某盗窃案,河南省夏邑县人民法院(2019)豫 1426 刑初 527 号刑事判决书;温某某盗窃案,江西省九江市濂溪区人民法院(2019)赣 0402 刑初 306 号刑事判决书。

② 贾冬梅:《当前少女犯罪案件分析》,载《青少年犯罪问题》1999 年第 1 期。

③ [美]拉里·J. 西格尔、布兰登·C. 韦尔什:《迷途的羔羊——青少年犯罪案例分析及心理预防》(第 12 版),丁树亭、李晓静译,电子工业出版社 2019 年版,第 49～50 页。

特点,对于遏制女性暴力犯罪这种与其身份、年龄不相符合的行为具有更加深刻的意义。

本部分从所阅读的论文资料中检索到 6 起女性青少年实施的故意杀人罪案例,发现被告人实施犯罪的地点具有共通之处——在自家住宅中或者住宅附近。例如,女孩李某某被迫早婚又难以忍受丈夫虐待,最终选择在家中毒死丈夫;[1]再如被告人 A 因为害怕同学嘲笑而在自家理发店中将智障姐姐掐死;被告人 D 从小被外婆溺爱,却因为一次向外婆要钱不成用菜刀将其杀害;被告人 B 被邻居怀疑偷窃而将邻居小孩骗到住宅附近的山上掐死。[2] 可见自家住宅以及住宅附近是青少年女性实施故意杀人行为的常见场所,而亲人、邻居等熟人是其实施犯罪的常见犯罪对象。此外,校园也是女性青少年参与和实施暴力犯罪比较常见的场所,一般以校园暴力的形式呈现出来。女生的校园暴力行为在时间、空间和人数上呈现出一定的规律性。时间上,通常发生在课间、放学后、周末和假期等非正常上课时间。在空间上,女性青少年偏向于选择一些校园内的僻静角落、女生宿舍、女厕所或者校园周围的街头巷尾等往来人群较少的地方。[3] 2015 年 3 月 2 日在云南省富宁县某中学发生的一则校园暴力案件中,一名该校女生带领四名同学在学校宿舍殴打另一名女生;2015 年 3 月 25 日辽宁省普安店发生的一起案例中,三个女生在女厕所对另一个女同学大打出手。[4] 女性青少年实施无计划的激情犯罪、突发犯罪的情况较为少见,施暴的时间和地点通常由施暴者们提前商议。由女生所实施的校园暴力行为通常具有时间上的持续性,加害人乐于对被害人进行长时间的折磨和羞辱。

美国犯罪学学者调查研究显示,大城市未成年人的暴力犯罪率最高,偏远地区则相对较低。由于文化价值观念、人口构成、持枪率和经济水平的不同,南部和西部的未成年的犯罪率一直都比中西部和东北地区要高。在时间分布上,气温的

---

① 崔海英:《花季之殇——未成年女性犯罪之心理特征和危险因素》,载《青年探索》2016 年第 2 期。
② 陈沙麦:《青少年女性犯罪及其社会化的研究》,载《青少年犯罪问题》2003 年第 2 期。
③ 严红英:《中学校园女生暴力行为分析与防控研究》,载《预防青少年犯罪研究》2016 年第 4 期。
④ 李琳:《校园女生暴力的成因及预防》,载《青少年犯罪问题》2016 年第 2 期。

升高会导致暴力犯罪的增加,最严重的暴力犯罪通常发生在放学后。青少年犯罪和受害时间在上学日达到顶峰。对女性青少年的犯罪时间而言,美国早期的生物理论者有一种名为"经前期综合征(PMS)"的论断。生物理论家们怀疑,经前期综合征是女性暴力事件相对罕见的直接原因。在月经前几天和月经期间,"愤怒的荷尔蒙"使女性烦躁不安、判断力差。凯塔琳娜·道尔顿使经前期综合征和犯罪的联系得以普及,她对英国女性的研究使其得出结论,女性在经前期或者月经期间更具有攻击性和其他反社会特征。研究表明,大量被收押的女性是在经期犯的罪。① 女孩犯罪相较于男孩的另一个时间特点是其早发性的犯罪行为不明显,攻击性行为多是在成年后的早期表现出来。有研究提出,女孩的反社会行为之所以会延迟,是因为父母、学校和社会化实践鼓励女孩在童年中期通过内化行为来消化反社会行为症状。由于对性别的刻板印象,早期的女孩不被允许有攻击性的行为,女孩也较会在学校和家庭教育下刻意地坚持这种刻板印象。②

二、中美城市女性青少年犯罪时空分布比较

中美两国的女性青少年犯在性犯罪、财产犯罪和暴力犯罪等领域各自呈现出不同的时空分布特点,但又有其共通的分布规律,具体表现在以下几个方面:

其一,犯罪空间多与犯罪者生活、学习、工作的场所联系密切,跨地区、跨地域的犯罪情况罕见。如上文所述,无论是女性青少年实施的财产犯罪,还是其所实施的性犯罪和人身暴力犯罪,其实施犯罪的场所多集中于自己家、邻居家、住宅附近、上班地、校园内部的教室、操场、宿舍区域以及校园附近的公园、网吧、娱乐商场等熟悉的环境。这一空间分布特点与女性青少年的性格、心理特征等相关。处于青少年时期的女性,必要的生活阅历和社会经验尚未积攒充足,其所进行的社会交往和接触的人群组织无非就是与其工作、学习和生活所紧密联系的区域的事和人。从性别的差异上来看,女性有着区别于男性的显著特征,如体格弱小、心思

---

① [美]拉里·J. 西格尔、布兰登·C. 韦尔什:《迷途的羔羊——青少年犯罪案例分析及心理预防》(第12版),丁树亭、李晓静译,电子工业出版社2019年版,第84页。

② See Leslie D. Leve,Patricia Chamberlain,*Female Juvenile Offenders:Defining an Early-Onset Pathway for Delinquency*,Journal of Child and Family Studies,December 2004,13(4),p.440.

敏感、缺乏探索和冒险精神等。在青少年女性身上，女性的这种性格特质就表现得尤为明显。青春期是女性生理和心理从不成熟到逐渐走向成熟的时期。相比于男生的叛逆和自负，女性青少年在其发育过程中更容易出现焦虑、自卑、依赖等情绪。16—25 周岁是女性青少年自我意识建立和自我价值观形成的关键时期，也是其最为脆弱和人格依附性较强的时期。这个时期的女性与家庭、学校等生活区域的联系密切，很多女性青少年甚至从未离开过自己的原生生活环境。再加上女性青少年本身的怯懦、腼腆和易被侵害性，其离开原有生活环境从事违法犯罪的可能性不大。

其二，更偏向于在网络空间实施犯罪行为。网络霸凌是美国校园中经常发生在女性青少年身上的事情。一些女生通过脸书、博客等互联网社交媒体或者推特等微博客应用程序故意实施重复伤害行为，给予被霸凌者精神上心理上严重的摧残。实施诈骗等财产犯罪时，女性青少年也偏向于加入网络诈骗团伙，参与通过微信、QQ 等网络通信方式拉拢和联系被害人等一些简单工作。女性青少年对通过网络实施犯罪的偏爱是与网络犯罪本身的特性相关联的。相较于人与人之间面对面沟通的现实世界，网络空间具有很强的隐匿性。欲实施犯罪的人只需要通过一个匿名和虚拟的账号即可在网络空间发表言论、参与人际交往。在网络暴力、网络霸凌等事件中，参与和推动事件发展的女性青少年可以毫无顾忌地在网络空间发表一些现实生活中她们或避而不谈、或感到羞耻的图片和谩骂字眼。此外，在一些网络团伙的诈骗活动中，女性青少年可能只是充当一些简单的辅助工作。比起在现实生活中直接面对被害人进行捏造事实，以网络、电话等方式进行联系的犯罪实施方式使得女孩儿们更容易卸下较重的精神负担，从而掩盖她们的紧张、恐惧和不安，更容易成功实施诈骗等犯罪行为。

其三，时间分布上具有策划性、持续性，较少出现爆发性、激情型犯罪。相较于男性青少年的犯罪，女性青少年几乎很少参与到一些突发性的激情犯罪之中。她们在实施犯罪之前，一般会进行较长时间的思考和犯罪规划。如 2012 年发生在美国佛罗里达州的一则谋杀案中，年仅 16 岁的被告人安布尔·莱特（Amber Light）因为气愤自己的前男友杰克逊（Jackson）曾对她施加虐待并在与她分手后很快交了新女友,进而和其他几个青少年朋友一起筹划谋杀杰克逊。他们先通过发短信方式引诱被害人出来,又采取了枪击、焚烧等方式将其杀害,最后将被害人抛尸采石场,作案计划可谓非常缜密。① 再如,我国女性青少年所实施的毒杀父母、杀死家暴丈夫等事件,均为长期的家庭矛盾和女性青少年内心的愤怒和压抑所致的事先策划而非一时爆发的杀人行为。在校园暴力事件和强迫卖淫、组织、介绍卖淫等犯罪活动中,女性青少年的参与也不是一朝一夕的,而是有一个循序渐进的过程,其犯罪过程大多会持续数月甚至数年不等。女性青少年犯罪较少出现突发性犯罪与女性的心理特性有很大关联。相比于男性的易怒、易冲动,女性在遇到挫折、矛盾时更加冷静也更具有忍耐力。天生较弱的体格和细腻心理使她们做事不会轻举妄动,也使得她们在决定犯罪和策划犯罪的过程中耗费的时间更长,但是一旦涉足一些犯罪也更容易持续下去。

第三节　中美城市女性青少年犯罪的原因分析

通过检索阅读中美两国有关女性青少年犯罪的研究报告和论著,可以发现两国学者均注重对引发女性青少年犯罪的原因进行剖析。相关研究从女性青少年犯所处的家庭环境、学校环境、社区氛围以及女性青少年所具备的心理和精神特质入手,分析其在青少年时期参与和实施违法犯罪的深层原因。本部分将结合上文对女性青少年犯罪时空分布的论述,对中美两国女性青少年犯罪的原因进行梳理和剖析,具体分为以下几个方面。

一、女性青少年特殊的生理和心理构造

女性青少年自身的生理和心理特征是其实施多数犯罪行为的天然基础。生理上,女性的身体构造明显不同于男性。在性犯罪和很多暴力犯罪中,天生的生理特征往往使她们成为被虐待和欺凌的对象。在社会分工中,女性所具备的生育

---

① ［美］拉里·J. 西格尔、布兰登·C. 韦尔什:《迷途的羔羊——青少年犯罪案例分析及心理预防》(第12版),丁树亭、李晓静译,电子工业出版社2019年版,第66页。

后代、哺育子女的生理机能令她们的身体脆弱敏感。在女性青少年常涉足的吸毒贩毒、组织卖淫、盗窃诈骗等违法犯罪活动中,她们常利用其特有的"性角色"进行作案,从事"色诱""仙人跳"等行为。美国有学者研究表明,女性青少年的犯罪与其初次来月经的年龄有所关联。① 当月经来潮时,女性在生理上已经具备了生育的功能,但心理上却尚未成熟。早期的性行为易导致意外怀孕,也可能引发女性青少年的心理创伤和杀死婴儿、遗弃婴儿等行为。近几年来所统计的女大学生非婚生子后在宿舍楼、厕所、浴室等地遗弃婴儿的案例不在少数。② 性生理的早熟和性心理的幼稚也为女性青少年从事性犯罪获取钱财提供了客观的条件,导致其较早地丢失了性羞耻心,形成错误性观念。③ 美国早期理论家把女性犯罪与青春期提前和性早熟联系起来。其认为,过早进入青春期的女孩的犯罪风险最高,原因之一是"成熟的女人"对青少年男孩更具有吸引力,他们更容易与一些反社会的高风险组织接触。④

与此同时,女性的心理状态也有其特点。首先,女性青少年兼具女性和青少年的特点,心思细腻敏感且自尊心极强,易受同龄人影响也渴望被同龄人接受,在人际关系特别是恋爱关系中缺乏独立性。这使得女性青少年比男性更加注重家庭关系、同伴关系和恋爱关系,在实施犯罪时更容易选择熟人环境,并常与朋友、恋人等共同实施犯罪。在近几年来各地女性青少年频繁参与的校园暴力案件中,矛盾的引发往往是由于同伴关系的破裂或者是与异性有关的恋人关系遭受干扰。而在女性实施校园暴力的行为方式上,她们常选择多对一的聚众犯罪形式。很多参与校园暴力的女性青少年在事后表明其与被害人并没有什么直接矛盾,只是担心自己不参与同伴作案会遭受排挤和孤立,进而参与其中。其次,青春期的女性

---

① See Leve L D, Chamberlain P. Female juvenile offenders: Defining an early-onset pathway for delinquency, *Journal of Child and Family Studies*, 2004, 13(4), p.439.

② 袁翠清:《女大学生非婚生子后弃婴问题法律探讨》,载《预防青少年犯罪研究》2017 年第 1 期。

③ 李焕然:《女性青少年性犯罪原因分析与对策建议——以上海 20 名女中学生"援交"案为视角》,载《青少年犯罪问题》2012 年第 4 期。

④ [美]拉里·J. 西格尔、布兰登·C. 韦尔什:《迷途的羔羊——青少年犯罪案例分析及心理预防》(第 12 版),丁树亭、李晓静译,电子工业出版社 2019 年版,第 81 页。

内心叛逆,情绪波动较大,她们往往在自我认知和角色扩散之间挣扎①,极易与约束她们的家庭、学校发生矛盾。即使是平时看起来默默无闻的乖乖女在青春期所产生的内心情绪起伏也是很大的。在生理变化、心理特征和学业压力的共同作用下,青少年时期的女生容易产生焦虑、自卑等心理,而学校的高压管理和家长的不正确引导易使得女性青少年将自己限制在与老师、父母的对立面。自我意识的萌发使她们渴望得到平等的对待,多重身份角色的叠加与其还未完全成熟的心理不相匹配。这种内心的挣扎和冲突,如果不能得到及时有效的疏导,易引发女性青少年的极端行为。再次,有些女性青少年出于想要获得认同感的需要,容易被外界的不良风气影响,产生盲目虚荣和拜金的心理。在当下的校园环境中,由于家庭收入的不均衡和贫富差距的悬殊,在女性青少年之间存在的显性和隐性攀比现象比比皆是。一些家庭环境普通的女性青少年受到周围家境殷实同学的影响,对金钱的渴望程度不亚于成年人。而受自身能力条件限制无法及时获取财富的现实,让她们在犯罪带来的小营小利面前妥协,从而快速融入她们所向往的交往群体当中。

二、女性青少年的家庭成长环境和早年经历

女性青少年的家庭环境和早年经历是其实施犯罪行为时所持心理状态的本源。常言道,家庭是孩子的第一所学校,对于女性来说,家庭更是其尤为重要的港湾。家庭和早年经历不幸的女性,在青少年时期走上犯罪道路的比例更高。总结来讲,家庭对女性青少年犯罪的影响因素包括以下四个方面。

其一是父母的虐待和体罚行为。对于青少年而言,家庭本应是一个提供关怀关爱的场所,但不幸的是,由于父母素质的参差不齐,在中美两国都有很多的孩子长期遭受着父母的虐待和体罚。如在我国曾轰动一时的"洛阳虐童案"中,时年仅两岁的被害女孩刘某某被亲生母亲和其同居男性捆胶带、扇耳光、烫烟头,并被

---

① "自我认知和角色扩散"由美国知名心理学家埃里克·埃里克森(Eric Eriksen)提出。自我认知使青少年形成了对自我的完整观感,包括他们怎么看待自己和怎么适应他人;角色扩散指的是他们对自己产生了不确定感,心力交瘁,因为自己无法确认身份认知而受到那些承诺给他们一个身份的人的支配。

倒立悬挂致重伤。① 与一般的人身伤害不同,父母的虐待行为存在于封闭的家庭环境中,持续性强且不易被外界所发现。遭受虐待的孩子重则重伤、死亡,进而被社会媒体曝光,但多数还是在承受长期的、隐蔽的心理摧残。有美国学者研究表明,女少年犯在儿童时期受虐待的比率很高,且这些虐待行为会使女性在整个青春期经历创伤。② 儿童时期经历创伤事件对女性青少年心理状态和行为方式的影响是恶劣的。遭受本应是最亲密的家人的持续性训斥、体罚或者身体攻击,使得女性青少年对家人产生厌恶和排斥情绪,与周围人难以形成亲密关系,甚至心理变态和扭曲。

其二是亲生父母的犯罪行为。据美国学者调查研究表明,亲生父母的犯罪行为使得女生的早发性反社会行为发生率提高了 15 倍,女性很可能在后期与其父母有类似的经历。③ 在青少年的成长过程中,父母在承担养育职责的同时,其行事方式和态度也无时无刻不在潜移默化地影响着子女的观念和行为养成。对于女性青少年群体而言,一方面,由于女性的生理和心理特点,而对父母尤其是母亲的人身依赖性更强;另一方面,由于处于青少年阶段个人的价值观念和行为模式尚未完全形成,其父母所实施的恶劣行为,使得她们在没有能力明辨是非的年纪接受了错误的行为指引。这种错误指引如若在后期不能得到及时的纠正,很容易成为女性青少年走上犯罪道路的诱因之一。

其三是频繁的家庭过渡和家庭结构的不完整。研究表明,早期社会和心理逆境在女性犯罪中作用巨大,亲子关系的早期破裂对女性的负面影响比对男性更严重,特别是频繁的家庭结构变动使得女性在家庭中被驱逐、虐待时,更容易让年轻

---

① 资料源于《洛阳虐童案》,载百度百科:https://baike.baidu.com/item/洛阳虐童案/20617570？fr=aladdin,最后访问日期:2024 年 11 月 10 日。

② See Marsiglio M C,Chronister K M,Gibson B,et al. ,Examining the link between traumatic events and delinquency among juvenile delinquent girls:A longitudinal study,*Journal of child & adolescent trauma*,2014,7(4),p. 223.

③ See Leve L D,Chamberlain P. Female juvenile offenders:Defining an early-onset pathway for delinquency,*Journal of Child and Family Studies*,2004,13(4),p. 449.

女性犯罪。[①] 家庭结构的不完整和家庭的频繁变动,使需要稳定、温馨成长环境的女性产生极大的不安定感。她们在成长的重要阶段难以建构起对周围环境的信赖。与此同时,频繁的家庭变动往往伴随着父母对子女的疏于管理。据统计调查,多数走上犯罪道路,从事卖淫、毒品、偷盗等犯罪行为的女性青少年均早早辍学、无业在家和无人看管。

其四是对女性的"宠溺"型教育。这种问题在中国家庭,特别是独生子女家庭中比较多见。回顾 80 后、90 后的成长经历,从他们上幼儿园开始,无论是家长还是学校老师都对女孩子较为关照,不能容忍男孩子欺负女孩子,所以在学校、家庭里男孩子欺负女孩子是要受到责罚的,而女孩子却可以恣意欺负男孩子,这种现象在一定程度上默许了女孩的暴力行为。[②] 父母一味地娇宠使女孩养成了唯我独尊的个性,她们往往无法容忍优越于自己或者顶撞自己的人,无法疏解强烈的嫉妒和愤怒之情,进而容易实施暴力行为。[③]

三、女性青少年滥用药物和吸食毒品

女性青少年常见的精神问题使其与滥用药物、吸食毒品等不良行为牵扯到一起,为犯罪行为提供助力。女性青少年吸食毒品、滥用药物的现象在美国表现得较为突出。女性对药物的滥用常常与其早年的童年经历和心理创伤相关,也与其渴望过早的危险性行为有关联。[④] 多项研究报告表明,女性更容易经历精神问题,出现精神病和自杀倾向,而滥用毒品和药物就成了女性缓解精神痛苦的最佳选择。毒品的使用引发女性青少年的堕落,也成为其再犯罪最主要的影响因素。[⑤] 与美国相比,我国青少年女性的吸毒问题同样不可轻视。在一则关于女性

---

① See Carla P. Davis, Girls & Juvenile Justice: Power, Status, and the Social Construction of Delinquency, *Journal of Youth and Adolescence*, 2018, 47, pp. 2499 – 2501.

② 严红英:《中学校园女生暴力行为分析与防控研究》,载《预防青少年犯罪研究》2016 年第 4 期。

③ 李琳:《校园女生暴力的成因及预防》,载《青少年犯罪问题》2016 年第 2 期。

④ See Marsiglio M C, Chronister K M, Gibson B, et al. , Examining the link between traumatic events and delinquency among juvenile delinquent girls: A longitudinal study, *Journal of child & adolescent trauma*, 2014, 7(4), p. 217.

⑤ See Carla P. Davis, Girls & Juvenile Justice: Power, Status, and the Social Construction of Delinquency, *Journal of Youth and Adolescence*, 2018, 47, pp. 2499 – 2501.

吸毒者的调查中,14—25 岁的女性吸毒者占据全部被调查人数的 42%,这些女性主要居住在地、市一级的大中型城市,吸毒的原因多为好奇、减肥和叛逆。[①] 处于青少年时期的女性不论正在上学还是辍学无业或是刚刚步入工作,巨大和持续的毒品开销是她们负担不起的。因此,以贩养吸、诈骗敛财或者卖淫堕落便成为她们支持自身花费的选择。

四、针对女性青少年的家庭教育缺乏和学校教育不当

家庭和学校教育的不当,增大了女性青少年犯罪的可能性。一方面是学校、家长对女性早期不良行为的纵容。在中国,对女性青少年所实施的校园暴力的初期暴力行为,很多家庭和学校多是抱着一种"不想管"和"不敢管"的态度。家长、学校、社区警务没有建立起良好的学生暴力行为处置机制,加之一些学校的管理人员和教学人员怕惹事、怕担责任的心态,使得一些本可以扼杀在摇篮中的同学矛盾最终演变成恶性的校园犯罪。无论是在学校还是家庭中,家长老师对于女孩都是比较关照,很多时候也默许了女孩的暴力行为。[②] 另一方面是对女生"去女性化"的教育误区。国内一些家长和老师认为,女性相比于男性天生具有劣势,只有进行"去女性化"的教育才能提高女性的社会竞争力。应试教育的大环境使得老师和家长更加关注女生的学业成绩而忽视对其品德和心理健康的塑造,也忽视了其特有的敏感和情绪化特质。当面对挫折时,女性常会被要求改变和克服,当面对失败时,就会听到"女生没有男生心理素质好"的歧视性负面言论,"去女性化"的教育使得女性青少年怀有强烈的脱离"女性弱势群体"的愿望,她们也会为了使自己变得"强势"而抽烟、喝酒、实施犯罪。[③]

五、女性青少年遭受不良信息的腐蚀

媒体对不良社会风气和信息的传播腐蚀着女性青少年的心理。最新一代的美国青少年被认为是愤世嫉俗和沉迷于物质追求的。在 18 岁以前,美国青少年

[①] 杨江澜、李颖、王洁:《青少年女性吸毒的状况和特征分析报告》,载《预防青少年犯罪研究》2020 年第 1 期。

[②] 严红英:《中学校园女生暴力行为分析与防控研究》,载《预防青少年犯罪研究》2016 年第 4 期。

[③] 李琳:《校园女生暴力的成因及预防》,载《青少年犯罪问题》2016 年第 2 期。

坐在电视机前的时间比在教室的时间更长,每年他们都会在电视上看到多达上千起的强奸、谋杀和侵害事件。他们中流行的一些歌曲充满着物质滥用和乱交方面的内容。① 在电视节目和歌曲的审核上,中国似乎是更加严格的。巨大的升学和就业压力,使得女性在青少年时期接触电视机的机会不如美国青少年多。但随着智能手机的兴起和普及,青少年获取不良信息的途径更为便捷。随着大众媒体的发展,以女性为目标受众的暴力元素开始增多。例如,近年来流行的宫斗题材电视剧所传达的阴谋算计、凌辱虐待等内容,现实生活新闻报道的"妻子扒光小三衣服、围殴小三"等内容,无形中为女性青少年解决问题的方式提供了模仿源。② 此外,拜金主义和功利主义盛行的社会不良风气也影响着新一代女性的虚荣、攀比、仇富等不良心态,诱使更多女性青少年参与到财产犯罪中去。

第四节　中美城市女性青少年犯罪防范对策的
比较与借鉴

一、美国城市女性青少年犯罪的防范对策

美国在青少年犯罪预防工作上历来有长足的研究和丰富的实践。自1825年在纽约建立第一家收容所到1974年对联邦《未成年司法及预防未成年人犯罪法》的修订,儿童救助组织和立法人员就已经对犯罪的预防和控制产生了兴趣。这些年来,基于预防青少年犯罪目的的政策包括基于家庭的项目、白天看护项目、预科学校联邦辅导项目、全面教育积极行动(PATHE)项目、男孩女孩俱乐部(BGC)、工作技能培训、社区综合项目等内容。近几年,国家更是将青少年犯罪预防工作的重心从20世纪60年代的社区矫治转向更为个性化的基于家庭的治疗。③ 在防

---

① [美]拉里·J. 西格尔、布兰登·C. 韦尔什:《迷途的羔羊——青少年犯罪案例分析及心理预防》(第12版),丁树亭、李晓静译,电子工业出版社2019年版,第5~6页。
② 李琳:《校园女生暴力的成因及预防》,载《青少年犯罪问题》2016年第2期。
③ [美]拉里·J. 西格尔、布兰登·C. 韦尔什:《迷途的羔羊——青少年犯罪案例分析及心理预防》(第12版),丁树亭、李晓静译,电子工业出版社2019年版,第320~354页。

范女性青少年犯罪的相关措施上,有以下几个方面的内容值得关注。

(一)基于家庭的预防与治理对策

如上文分析所言,家庭结构的残缺和功能性障碍对女性青少年参与犯罪的影响更为深远,因而基于家庭的女性青少年犯罪防范对策是尤为重要的。美国基于家庭模式的青少年犯罪干预措施包括功能性家庭治疗(Functional Family Therapy,FFT)、多系统治疗(Multisystemic Therapy,MST)、多维家庭治疗(Multidimensional Family Therapy,MDFT)、俄勒冈州治疗寄养(Treatment Foster Care Oregon,TFCO,原为多维治疗寄养)等内容。在功能性家庭治疗中,青少年出现的问题被视为是一种家庭关系不正常的症状,其进行干预的目的是建立和维持更有效的家庭行为模式。多系统治疗的宗旨是:"不惜一切代价"为家庭和年轻人提供包括家庭预算、邻居参与监督未成年人、社区支持等一系列服务。有大量证据表明,MST虽然没有完全聚焦于女性,但在女性犯罪的预防和干预上是十分有效果的。多维家庭疗法最初为青少年药物滥用等问题的解决而开发。在美国女性青少年犯中,药物滥用问题频繁存在,因而MDFT在治疗女性青少年犯罪问题上有所帮助。在该项目中,治疗师会单独与青少年本人、青少年父母等会面,加强青少年与父母之间的沟通,通过家庭会议减少成员冲突,改善情感依恋,沟通和解问题,以降低青少年药物的使用。俄勒冈州治疗寄养在近二十年一直致力于测试专门为女孩定制的犯罪干预方法。13—17岁在近一年有过一次刑事案件的女孩会被随机分配到团体护理中,脱离原来的生活环境,由专门的治疗师进行干预和随机尿检等监控。[1] 以上四种干预措施被证明对女孩的犯罪预防和治理具有很大效用,其从一定程度上减少了女性青少年的犯罪和再犯。[2] 在美国还有一种叫做"家庭设计师"的项目。当家庭处于危机时的24小时内,这些家庭会被转介至该项目,由治疗专家和家庭共同面对危机。治疗专家在家或者社区、学校为家庭提供危险

---

[1] See Leve L D,Chamberlain P,Kim H K,Risks,outcomes,and evidence-based interventions for girls in the US juvenile justice system,*Clinical child and family psychology review*,2015,18(3),pp. 264 – 268.

[2] See Leve L D,Chamberlain P,Kim H K,Risks,outcomes,and evidence-based interventions for girls in the US juvenile justice system,*Clinical child and family psychology review*,2015,18(3),p. 270.

性干预,使得家庭中潜在的危险处于密切的监视之下。①

（二）基于女性重视同伴关系、自尊心较强等心理特征的防范对策

女孩应得到健康的社会生存环境,但当她们面临很多压力时,这些压力就会阻碍她们在关于合法和违禁物质使用方面作出正确的选择。同辈友好女性互助网站旨在使女孩形成抵制诸如药物、酒精、烟草、家庭化学品等有害物质的技能。在该网站中,11—14岁的同龄女孩可以充分地体验和应对来自同龄人的影响和压力,以此来确定她们被迫做的事情及其后果,项目的参与者会拟定健康的替代方案,邀请同龄人加入并按照她们明智的选择行事。目前,这一项目已经被美国卫生与人类服务部下属的美国物质滥用和精神卫生管理局及美国司法部下属的青少年司法和犯罪预防办公室确定为一个有效的基于实证的项目。② 基于女性青少年犯的性格特征,也有美国学者提出了一种名为"双性化人格"塑造的预防对策。美国心理学家桑德拉·贝姆（Sandra Bem）认为男性化和女性化是相对独立的特质,当一个人在两个维度上得分很高时,其被称为是"双性化人格"个体,该种个体在各方面具有明显的优势,比单纯的女性化人格更独立,也更具有适应性和塑造性。在学校和家庭教育中对女性的"双性化人格"塑造有利于女性青少年避免其纯粹女性化人格的缺陷,在做出一些选择和决策时更为成熟。③ 在佛罗里达州的统计数据中,女性青少年犯的易怒特征比较明显,因而有学者认为可以对一些易怒性格的女性进行某种行为疗法和愤怒管理训练。④

（三）积极发挥公立学校的教育和引导功能

在美国有一项被称为放学之后计划（After School Programs, AFPS）的项目通

---

① ［美］拉里·J. 西格尔、布兰登·C. 韦尔什:《迷途的羔羊——青少年犯罪案例分析及心理预防》（第12版）,丁树亭、李晓静译,电子工业出版社2019年版,第159～160页。

② ［美］拉里·J. 西格尔、布兰登·C. 韦尔什:《迷途的羔羊——青少年犯罪案例分析及心理预防》（第12版）,丁树亭、李晓静译,电子工业出版社2019年版,第74－75页。

③ 邓力铭:《"中性化"还是"双性化"——从流行文化看性别角色的确立》,载《理论界》2012年第8期。

④ See Wolff K T, Baglivio M T, Vaughn M G, et al. , For males only? The search for serious, violent, and chronic female juvenile offenders, *Journal of developmental and life-course criminology*, 2017, 3（2）, p. 192.

过为青少年提供学业援助、毒品暴力预防、技术课程、娱乐课程和品格培训等内容使公立学校作为社区教育中心被运营。从逮捕率上可知,下午两点一直是美国青少年犯罪的高峰,原因在于放学了的青少年无处可去。AFPS 的开展为青少年提供了一个获取信息和增进交流的机会,在参与活动的青少年中强化了不适用药物的意愿和积极的同伴关系。据研究表明,女性青少年在参与 AFPS 上具有极大的积极性,这提供给她们所追求和看重的改善同伴关系的机会,同时加强了她们对适法行为选择的意愿。统计显示,单 2000 年一年,美国教育部就资助了 1400 多个社区的 6800 多所学校,使它们成了青少年的社区学习中心。实践证明,AFPS 对于降低中学青少年的不良行为具有显著效果。① 此外,一般学校也会通过加强安保工作和校园执法来防范校园犯罪。常见的安保工作有访问控制、书包限制、使用监控摄像头等,多数学校配备有专门的驻校治安警察。②

美国的青少年犯罪防控措施是家庭、学校、社区以及国家的项目资金援助所共同完成的。如杰米塞塔(Jamisetta)是一个出生在贫困城市地区的女孩。她的父母备受滥用药物、贫困和失业的煎熬,杰米塞塔 5 岁被寄养,9 岁开始在商店偷东西、逃学和违反宵禁规定,13 岁对养母人身攻击,14 岁怀孕。在经过评估之后,她被送到一个专门为怀孕和已为人父母的青少年设计的学校,还参加了一个邻里介入项目,在学校和项目小组的帮助和支持下,她最终完成了社区服务,归还偷盗物品,开始遵守规定不再违法。③ 15 岁的高二女孩瑞恩(Ryan)在被多次抓到购买处方药后被移交给一个面向初次犯罪者的项目并被安排接受心理咨询。学校的社工和社区的一名理疗师与瑞恩及其母亲见面,他们安排瑞恩每天和学校社工

---

① See Gottfredson D C,Gerstenblith S A,Soulé D A,et al.,Do after school programs reduce delinquency?,*Prevention science*,2004,5(4),pp. 253 – 263.

② [美]拉里·J. 西格尔、布兰登·C. 韦尔什:《迷途的羔羊——青少年犯罪案例分析及心理预防》(第 12 版),丁树亭、李晓静译,电子工业出版社 2019 年版,第 247 – 248 页。

③ [美]拉里·J. 西格尔、布兰登·C. 韦尔什:《迷途的羔羊——青少年犯罪案例分析及心理预防》(第 12 版),丁树亭、李晓静译,电子工业出版社 2019 年版,第 50 – 51 页。

见面,每周找社区理疗师参与治疗两至三次。① 及时有效的犯罪防范和干预措施可以消解女性从事不良行为的诱因,避免女性青少年在早期做出不轨行为后继续从事更为严重的违法犯罪活动。专业的心理疏导和适合少年犯年龄和心理状态的处罚措施更像是一种集家庭、学校、社区为一体的综合素质教育。

二、中美城市女性青少年犯罪防范对策比较

与美国相对应,我国也在防范青少年犯罪问题上做出了一些努力。例如,在社区中加强宣传教育,通过巡回讲座、法律知识竞赛等方式提升青少年的法律知识面,建立预防青少年犯罪工作小组和跟踪帮教机制等;在法律层面健全法律法规,完善青少年犯罪案件处理程序,强化社会调查制度、落实询问家长到场制度,开展"法治进校园"活动等;在家庭和学校预防中,开展心理健康课程和课外心理辅导,促进家庭和学校的互动机制,为青少年成长创造健康环境。② 这些措施在一定程度上改善了青少年的成长环境,为其获得法律知识、疏导不良心理提供了机会。

相较于美国较为成熟的青少年犯罪防范措施,我国在防范女性青少年犯罪措施上存在一些问题。其一是许多防范措施注重形式,在实施过程中流于空泛。如在社区、学校等青少年聚集地进行普法宣传,在大中小学开展心理健康课程等措施是我国响应学者呼声早就付诸实践的一些举措,但是这些举措究竟在多大程度上向青少年人传递了良好的思想观念,恐怕亲历者心中自有定数。很多的普法宣传活动,组织活动者本身就是抱着一种拍照片、印宣传册、发新闻稿的目的,而活动的参与者也多抱着领取奖品或者凑个热闹的心态,其实际宣传效果难以得知。心理健康课程表面上被纳入了学生的学习体系,实际真正落实和有效开展的学校并不多见。特别是在二三线城市和县镇的中小学当中,心理健康课程往往成为学生课表中的摆设。其二是缺乏专业团队和专门人士。如上文所述,在美国现在开展的多项预防和治疗青少年犯罪的家庭干预项目中,青少年女性得以接受专业的

---

① ［美］拉里·J. 西格尔、布兰登·C. 韦尔什:《迷途的羔羊——青少年犯罪案例分析及心理预防》(第12版),丁树亭、李晓静译,电子工业出版社2019年版,第88-89页。

② 于博文:《科学防范是遏制青少年犯罪的重中之重》,载《人民公安报》2019年1月27日,第3版。

家庭看护员、犯罪研究者和心理咨询学者的干预和治疗。但在我国,无论是学校里的心理健康课还是心理咨询门诊,其实都缺乏足够多的专业人士承担相应职能。遭遇不幸家庭经历、早期心理创伤的青少年需要及时和科学的心理教育和疏导,但我国并未对心理咨询这一专业建设施以足够的重视,实践中承担这些任务的人往往都是不具有专门知识的社工、学生助理和业余老师。其三是没有针对女性青少年的专门措施,目前还未有专门针对女性青少年特殊生理和心理状况的犯罪防范和矫治举措,对区分性别的防范措施也研究不足。现在有部分学者关注到女性青少年犯罪数量增长的现状,认识到女性青少年在生理和性格特征上的差异,提出了家庭、学校、社区和国家多维度的犯罪防范体系,有其进步意义。

三、我国城市女性青少年犯罪防范进路与防治对策

通过对中美城市女性青少年犯罪时空分布规律与防范对策比较,本部分在充分借鉴美国相对成熟的预防女性青少年犯罪防治对策的基础上,提出对于我国预防女性青少年犯罪防范对策的一些启示和借鉴。具体包括以下三个方面:

(一)重点关注女性青少年的生理特质和心理特点

青春期是女性性格养成和人格塑造一个非常关键的时期。从青春期开始,女性脱离了儿童时代对性别的模糊状态,开始全面地认识到自己作为女性同男性的不同。她们开始注重衣着打扮、外貌发型,开始以是否能够获得同性同伴的羡慕和异性同伴的青睐为标准在生活中找寻存在感和自尊。这种对外在形象的关注和对自尊感的渴求常常会贯穿女性的整个青春期并延续到青少年时期。对于女性这样一种与生俱来的心理特征,父母和老师的教育应当是正确的引导而不是强行的遏制。对性格柔弱、敏感的女性,不必强行要求其改变自己,而是应该引导女性正视自己的性格特征并鼓励其克服困难、战胜恐惧。对于性格强硬,偏向男性性格的女性,不要以"女汉子""没有女孩儿样"等措辞对其进行贬损,尊重个体的差异性,不做性别绑架才有利于女性的健康和良性发展。对于外表平平、身材肥胖的女性,应在引导其养成健康生活方式的同时接受自己身体的特点,不刻意迎合大众而作出不理智的选择。在中国要求女性为"贤妻良母"的传统文化背景下,美国心理学家所提倡的"双性化人格塑造"更符合当代女性生存和发展的需求。女性的生理特征使得青春期的女性易成为关注的焦点、被害的对象。父母在教育过程中不回避对女性的性教育,学校开设相关的性别教育课程,有助于女性避免早期的被害经历和心理压力。当前中国在青少年性教育方面的工作还远远不够。有关调查表明,在 2015—2019 年间,父母仍处于儿童获取性知识来源的末端,学校和幼儿园中只有极少部分性教育老师对所教性知识十分了解,留守儿童性知识匮乏仍成问题。[①] 性教育在减少女性青少年被害发生率、降低女性青少年参与性犯罪等问题上具有重要意义,未来还有待继续完善。

(二)实施女性青少年支持和帮扶项目,对问题女性青少年随访监控

在中国,有成千上万的女性生活在有"重男轻女"观念的家庭中。根据对已有的女性青少年犯罪案例统计,多数走上违法犯罪道路的女性青少年都是在中学就辍学无业或者在学校中得不到老师关注和同龄人支持的问题少女。类似美国针对青少年犯罪一直开展的专题项目研发,我国可以结合国情开发相应的帮扶体系。比如类似美国的"家庭设计师""多维家庭治疗"等项目,当家庭处于危机中产生对女性青少年犯的诱发因素时,介入必要的专业人士对家庭功能进行纠正,对女性青少年进行帮扶和指导,并由社区工作人员和学校专门老师定期与出现问题的父母和女性青少年会面交流、谈心谈话。再如,美国的同辈女性友好互助网站利用女性青少年所重视的同伴关系让一些存在问题和已经克服问题的女性青少年互相帮助共同成长。我国也可以在各个社区、中学和高校建立相应的论坛,通过在论坛中集结一些面临贫困、单亲、早恋、成绩差、抑郁和孤独的女性青少年,采用匿名和"一对一"帮扶的模式,让曾经面临问题的同龄女性帮助正在面临同样问题的女性,并入驻专业的工作人员对论坛进行管理。对于有过逃学、打架、小偷小摸等轻微违法违纪行为的女性青少年,可以引入社区矫正中心、驻校派出所等机构,让问题女性定期到相应机构报道和学习,由专业工作人员引导其逐渐形成正确的价值观和规则意识。对于未婚早孕的女性青少年,出台相应的未婚母亲和非婚生子救助体系,在各个高校设立临时收养中心,以减少女性青少年遗弃婴

---

① 曹佳祯、石雪睿:《2015—2019 年我国儿童性教育研究综述》,载《社会与公益》2020 年第 7 期。

儿构成遗弃罪、母亲孩子双方身心受到伤害的情况出现。① 女性青少年犯罪预防帮扶项目的开展必然带来其积极作用,但我们也不得不正视现阶段我国开展这些项目存在的现实问题。主要问题是专业的心理咨询人员和管理人员的严重缺乏,社区等机构保持已有的工作模式对此项工作重视程度不够,以及家庭的内部封闭性强外界不易介入和干预等。开发恰当的项目帮助问题女性青少年是一个循序渐进的过程,毕竟国民对于这种运行模式还比较陌生,因而需要一个探索和适应的过程。就现阶段而言,合理的尝试和有序的推进工作是可以正常进行下去。

(三)发挥学校监管职责,完善青少年司法系统,降低女性青少年犯罪风险

与中国青少年只有实施同成年人一样最为严重的违法行为触犯刑法才会进入司法程序不同,美国的未成年司法系统针对两个不同类别的罪犯——未成年罪犯和轻微违法未构成犯罪的少年犯行使司法权。所有州都依法设立了未成年人司法系统,每个辖区均设有未成年人法庭和一个专门的法院组织机构来处理问题青少年。在这一司法系统中,未成年人不会因其所犯罪行而被起诉,而是通过提交请求书被控诉,刑事审判被称为听证。② 美国立法有专门针对未成年的身份犯罪,未成年的男性和女性会因为离家出走、逃学、失控、饮用酒精、违反宵禁规定等被逮捕,女性青少年更容易因为身份犯罪被逮捕。本文认为,美国针对青少年的立法规定,其实是兼有保护和“防微杜渐”的价值。一方面,通过身份犯罪避免青少年在旷课、离家出走中遭遇人身伤害,另一方面,动用司法体制遏制青少年的轻微不法行为。这些身份犯罪从严格意义上并不属于我国法治语境中的“犯罪”,更类似于一种犯罪的防范措施。这一点给我国的青少年犯罪防控,特别是本章所研究的女性青少年犯罪防控一种启发,即可以利用中国学生在校时间比较长的特点发挥学校的管理职能,将女性青少年无故逃学、离家出走、夜不归宿等行为列入校规校纪高度重视并给予较为严厉的惩戒措施和后续沟通跟进,并要求学校承担对学生相关档案的保密义务。对进入我国司法系统的女性青少年在审讯方式、关

---

① 袁翠清:《女大学生非婚生子后弃婴问题法律探讨》,载《预防青少年犯罪研究》2017年第1期。
② [美]拉里·J. 西格尔、布兰登·C. 韦尔什:《迷途的羔羊——青少年犯罪案例分析及心理预防》(第12版),丁树亭、李晓静译,电子工业出版社2019年版,第379－381页。

押措施上采取更柔性的方式,避免女性青少年犯罪后自暴自弃、交叉感染,继而引发再次犯罪的风险。

结　语

青少年犯罪问题是世界性的难题。在女性青少年犯罪问题上,中美两国面对的共同情境是女性青少年犯罪数量虽然显著低于男性,但增长速度却明显高于男性。探究女性青少年犯罪的现状和时空分布特点,对于分析引发女性青少年犯罪的深层次原因并制定相应切实可行的防范对策具有重要意义。通过本章分析可知,我国当前的城市女性青少年犯罪呈现出增长速度较快、低龄化趋势、多为共同犯罪、集中分布于性犯罪、财产犯罪的状况。综合两国女性青少年犯罪现状可以得出,在犯罪空间的选择上,女性青少年偏向于在与其生活、学习、工作等地点联系密切的场所实施犯罪行为,跨地区跨地域的犯罪情况罕见;在实施犯罪的模式上,女性青少年更偏向于采用网络霸凌、网络诈骗等较为隐匿的手法,通过网络空间展开犯罪活动;在犯罪的时间分布特点上,女性青少年犯罪具有较为明显的策划性和持续性,激情式、突发式犯罪不多。女性青少年犯罪的时间和空间分布特点与其所参与的犯罪类型具有较强的关联性,在犯罪方法、犯罪场所和时间的选择上趋向于一般群体犯罪特征。预防和治理女性青少年犯罪应结合其犯罪时空分布特点,关注女性青少年自身的生理和心理特征、家庭和学校教育方式以及社会媒体不良影响等内容,制定贴合女性青少年犯心理需求和犯罪特点的防范对策。借鉴美国针对女性青少年犯罪的各种治理措施,我国可以在优化家庭功能结构、发挥学校监管职能、完善青少年司法系统等方面为女性青少年犯罪的预防和控制做出努力。青少年女性作为兼具青少年特征和女性角色的犯罪群体,在犯罪预防和控制领域应当被给予特别的关注。此外,在近年来媒体所报道的女性青少年参与到校园暴力、故意杀人、强迫卖淫和贩卖毒品等恶性的案件中,我们看到了女性青少年不同于传统形象的一面。个案的爆发绝不是偶然,案件总数的微小不能掩盖增速的扩张。女性青少年犯罪应当引起犯罪学领域的持续关注,也足够警醒家庭、学校、社会和国家调整自身运作模式,更多关注青少年女性的身心健康发展。

参考文献

一、著作类

1. [美]玛格丽特·K.罗森海姆:《少年司法的一个世纪》,高维俭译,商务印书馆 2008 年版。

2. [美]拉里·J.西格尔、布兰登·C.韦尔什:《迷途的羔羊——青少年犯罪案例分析及心理预防》(第 12 版),丁树亭、李晓静译,电子工业出版社 2019 年版。

3. [美]亚历克斯·皮盖惹:《犯罪学理论手册》,吴宗宪译,法律出版社 2019 年版。

4. [美]马文·克朗、乔迪·莱恩:《少年越轨与少年司法手册》,苏明月、陈朗梓译,法律出版社 2019 年版。

5. 张鸿巍、闫晓玥、江勇等译:《美国未成年人法译评》,中国民主法制出版社 2018 年版。

6. 叶高峰:《暴力犯罪论》,河南人民出版社 1994 年版。

7. 高从善、王志强:《青少年犯罪预防学引论》,长安出版社 2002 年版。

8. 周路:《犯罪调查十年——统计与分析》,天津社会科学院出版社 2001 年版。

9. 于阳:《城市青少年犯罪防控比较研究——基于英美国家的理论和实践》,天津社会科学院出版社 2015 年版。

10. 王燃:《大数据侦查》,清华大学出版社 2017 年版。

11. 中国法律年鉴编辑部编辑:《中国法律年鉴 2018》,中国法律年鉴社 2018 年版。

12. 郭开元:《青少年犯罪预防的理论与实务研究》,中国人民公安大学出版社 2014 年版。

13. 张远煌：《犯罪学原理》，法律出版社 2001 年版。

14. 吴宗宪：《西方犯罪学史》（第二版），中国人民公安大学出版社 2010 年版。

15. 吴宗宪：《西方少年犯罪理论》，商务印书馆 2021 年版。

16. 莫关耀：《毒品预防教育教学参考》，吉林大学出版社 2018 年版。

17. 何荣功：《毒品犯罪的刑事政策与死刑适用研究》，中国人民公安大学出版社 2012 年版。

18. 姚兵：《未成年人团伙犯罪》，中国人民大学公安出版社 2012 年版。

19. Felson M，Eckert M A，*Crime and everyday life：a brief introduction*，Sage Publications，2015.

20. Larry J. Siegel，Brandon C，Welsh，*Juvenile Delinquency Theory，Practice，and Law*（*Thirteenth Edition*），Cengage Learning，2018.

21. Clemens Bartollas，Frank Schmalleger，*Juvenile Delinquency*（*Third edition*），Pearson Education，2018.

22. Letizia Paoli，*The Oxford Handbook of Organized Crime*，Oxford University Press，2014.

23. Jay S. Albanese. *Organized Crime In Our Times*（*6th Edition*），Routledge，2015.

24. James F. Short Jr.，Lorine A. Hughes. *Studying Youth Gangs*，Rowman & Littlefield Pub Inc，2006.

25. Gerben J. N. Bruinsma，Shane D. Johnson，*The Oxford Handbook of Environmental Criminology*，Oxford University Press，2018.

26. James C. Howell，*The History of Street Gangs in the United States*，Lexington Books，2015.

27. Weisburd D，Groff E R，Morris N，*Hot spots of juvenile crime：Findings from Seattle*，US Department of Justice，Office of Justice Programs，Office of Juvenile Justice

and Deliquency Prevention,2011.

28. Snyder H N, Sickmund M, Poe-Yamagata E, *Juvenile offenders and victims*: *1996 update on violence*, Washington, DC: US Department of Justice, Office of Justice Programs, Office of Juvenile Justice and Delinquency Prevention,1996.

29. Kornhauser R R, *Social sources of delinquency*, Chicago: University of Chicago, 1978.

30. Weisburd D, Groff E R, Yang S M, *The criminology of place*: *Street segments and our understanding of the crime problem*, Oxford University Press,2012.

31. Davis C P, Girls and juvenile justice: Power, status, and the social construction of delinquency, Springer,2017

二、论文类

1. [美]克里斯汀·奥兰多:《"三振出局"法下未成年判决用于加重刑罚的合理性质疑》,于波译,载《青少年犯罪问题》2017 年第 4 期。

2. [美]詹姆斯·丹斯利:《街头帮派中的性暴力和性剥削》,倪铁译,载《青少年犯罪问题》2016 年第 3 期。

3. [美]乔伊·埃斯特拉达、塔米·D. 吉里斯:《美国加利福尼亚州中学帮派问题实证研究》,黄厚鹏译,载《青年学报》2017 年第 1 期。

4. [美]戴维·C. 皮鲁兹、格雷·斯威特:《美国五至十七岁青少年帮派成员研究》,吴允锋、昂思梦译,载《青少年犯罪问题》2016 年第 2 期。

5. 何挺:《附条件不起诉适用对象的争议问题:基于观察发现的理论反思》,载《当代法学》2019 年第 1 期。

6. 祝晓光:《犯罪地理学初探》,载《河北师范大学学报(社会科学版)》1986 第 3 期。

7. 祝晓光:《芝加哥学派对犯罪空间分布理论的贡献》,载《国外人文地理》1988 年第 2 期。

8. 汤建中:《美国的犯罪地理学研究》,载《科学》1988 年第 1 期。

9. 王发曾:《国外城市犯罪的地理研究》,载《国外人文地理》1988 年第 2 期。

10. 梁治寇:《城市刑事犯罪地理初探——以甘肃省为例》,载《人文地理》1993 年第 1 期。

11. 程连生、马丽:《北京城市犯罪地理分析》,载《人文地理》1997 年第 2 期。

12. 杜德斌:《加拿大爱得蒙顿市犯罪问题的地理研究》,载《地理研究》1998 年第 4 期。

13. 任永富:《国外犯罪地理画像简介》,载《江西公安专科学校学报》2006 年第 3 期。

14. 孙峰华、李世泰、黄丽萍:《中外犯罪地理规律实证研究》,载《人文地理》2006 年第 5 期。

15. 梅建明:《论环境犯罪学的起源、发展与贡献》,载《中国人民公安大学学报(社会科学版)》2006 年第 5 期。

16. 贺日兴:《犯罪制图——地理信息技术应用新领域》,载《测绘通报》2006 年第 6 期。

17. 姚华松、薛德升、许学强:《1990 年以来西方城市社会地理学研究进展》,载《人文地理》2007 年第 3 期。

18. 颜峻、疏学明、袁宏永:《盗窃犯罪空间分布与地理因素的关联》,载《清华大学学报(自然科学版)》2010 年第 2 期。

19. 冯沐孜、文詠怡、吴健平:《基于 GIS 的上海市盗窃案件时空分析》,载《测绘与空间地理信息》2012 年第 11 期。

20. 胡啸峰、郑云勇:《盗窃类犯罪的时空热点分析方法研究》,载《中国人民公安大学学报(自然科学版)》2018 年第 1 期,第 51 – 56 页。

21. 叶栩闻:《基于 GIS 的盗窃犯罪时空分布分析——以 2013—2018 年 L 市 D 区盗窃犯罪为例》,载《公安学刊(浙江警察学院学报)》2019 年第 5 期。

22. 石拓、张俊辉:《基于小波聚类的盗窃犯罪空间分析——以北京市为例》,载《调研世界》2019 年第 4 期。

23. 柳林、孙秋远、肖露子、宋广文、陈建国:《涉毒人员日常活动对盗窃警情空间格局影响的时间差异》,载《地球信息科学学报》,2021 年第 12 期。

24. 柳林、姜超、周素红、刘凯、徐冲、曹晶晶:《城市入室盗窃犯罪的多尺度时空格局分析——基于中国 H 市 DP 半岛的案例研究》,载《地理研究》2017 年第 12 期。

25. 王增利、刘学军、陆娟、吴伟、张宏:《犯罪网络构建及其时空分析——以入室盗窃为例》,载《武汉大学学报(信息科学版)》2018 年第 5 期。

26. 徐嘉祥、陈鹏、陈建国:《基于环境犯罪学理论的入室盗窃时空分布研究——以北京市主城区案件的分析为例》,载《人文地理》2018 年第 1 期。

27. 付逸飞:《入户盗窃犯罪的时空分布热点及其机理研究——以 A 市 CP 区警情分析为例》,载《世界地理研究》2021 年第 5 期。

28. 陈鹏、李欣、胡啸峰、曾昭龙、赵鹏凯:《北京市长安街沿线的扒窃案件高发区分析及防控对策》,载《地理科学进展》2015 年第 10 期。

29. 肖露子、柳林、周素红、宋广文、张春霞、陈建国:《ZG 市工作日地铁站点扒窃案件的时空分布及其影响因素》,载《地理科学》2018 第 8 期。

30. 徐建华:《抢劫犯罪的时空分布、案件类型与团伙构成》,载《犯罪与改造研究》2005 年第 12 期。

31. 王兴安:《犯罪时空分布与城市管理应对——以抢劫案为切入点的实证分析》,载《海南师范大学学报(社会科学版)》2011 第 S1 期。

32. 徐冲、柳林、周素红、叶信岳、姜超:《DP 半岛街头抢劫犯罪案件热点时空模式》,载《地理学报》2013 第 12 期。

33. 朱艳丽、靖常峰、伏家云、杜明义、周磊:《时空立方体的抢劫案件时空特征挖掘与分析》,载《测绘科学》2019 年年第 9 期。

34. 曾敏玲、毛媛媛:《上海市浦东新区城市街道"两抢一盗"犯罪的时空规律》,载《热带地理》2014 年第 5 期。

35. 黄锐、谢朝武、赖菲菲:《中国旅游"两抢一盗"犯罪事件时空分布及组态影响因素》,载《热带地理》2022 年第 5 期。

36. 柳林、张春霞、冯嘉欣、肖露子、贺智、周淑丽:《ZG 市诈骗犯罪的时空分布与影响因素》,载《地理学报》2017 年第 2 期。

37. 刘熠孟、李卫红、王昕:《微观尺度下毒品犯罪时空分布及成因分析——以 SZ 市 NH、DM 街道为例》,载《地理科学进展》2020 年第 5 期。

38. 柳林、刘慧婷、陈建国、肖露子、祝卫莉、孙秋远:《"雷霆扫毒"对贩卖毒品犯罪的影响及后续时空分布变化——以 ZG 市主城区为例》,载《地理学报》2022 年第 6 期。

39. 李钢、王会娟、谭然、付莹:《中国拐卖儿童犯罪的时空特征与形成机制——基于"成功案例"的管窥》,载《地理研究》2017 年第 12 期。

40. 刘玲、李钢、薛淑艳、马雪瑶、周俊俊、徐婷婷、王皎贝:《四川省拐卖儿童犯罪的时空演变过程及影响因素分》,载《地理科学进展》2020 年第 5 期。

41. 宫田田、谢双玉、赵浩楠:《武汉市传销犯罪点的空间格局变化及其建成环境影响因素》,载《热带地理》2021 年第 2 期。

42. 项金桥、高春东、马甜、江东、郝蒙蒙、陈帅:《县域尺度中国网络诈骗时空分布特征研究》,载《地理科学》2021 年第 6 期。

43. 王秀芳:《青少年犯罪活动空间的特点探讨》,载《天中学刊》1999 年第 4 期。

44. 邸瑛琪:《青少年犯罪行为场研究——青少年犯罪行为机制控制研究》,载《中州学刊》2002 年第 1 期。

45. 吴建辉、邢盘洲:《青少年犯罪时空因素分析》,载《铁道警官高等专科学校学报》2004 年第 4 期。

46. 张宝义:《青少年犯罪行为与场所空间关系的研究——以天津市为例》,载《青少年犯罪问题》2008 年第 6 期。

47. 张宝义:《青少年犯罪的日时点分布特征及分析——以天津市为背景的研究》,载《中国青年研究》2007 年第 7 期。

48. 谢建社、刘念、谢宇:《青少年犯罪的时空分析——来自广东省未成年人管教所的调查》,载《中国人口科学》2014 年第 3 期。

49. 常进锋:《时空社会学:青少年犯罪成因的新视角》,载《中国青年社会科学》2020 年第 1 期。

50. 李旭、冯承才：《大学校园财产犯罪的空间视角》，载《华东理工大学学报（社会科学版）》2019 年第 6 期。

51. 冯承才：《环境犯罪学视角下街角青年易罪错空间研究》，载《青年研究》2019 年第 3 期。

52. 冯承才：《恶性聚集空间：街角青年罪错环境研究》，载《人口与社会》2020 年第 4 期。

53. 于阳、祝梦宇、席竞宜、贺泱植、杨佩瑶、庄渊智：《中美城市青少年财产犯罪的时空分布与防范对策》，载《预防青少年犯罪研究》2020 年第 5 期。

54. 于阳、黄烨：《中美城市青少年毒品犯罪的时空分布与防范对策》，载《青少年犯罪问题》2021 年第 5 期。

55. 路正：《女性青少年犯罪的时空特点、原因与防范》，载《犯罪与改造研究》，2021 年第 12 期。

56. 陈鹏、疏学明、袁宏永、苏国锋、陈涛、孙占辉：《时空犯罪热点预测模型研究》，载《系统仿真学报》2011 年第 9 期。

57. 柳林、刘文娟、廖薇薇、余洪杰、姜超、林荣平、纪佳楷、张政：《基于随机森林和时空核密度方法的不同周期犯罪热点预测对比》，载《地理科学进展》2018 年第 6 期。

58. 李智、李卫红：《点模式条件下的犯罪嫌疑人时空同现模式挖掘与分析》，载《地球信息科学学报》2018 年第 6 期。

59. 李雨聪、刘硕、王方明：《基于环境犯罪学的犯罪预测模型的建立》，载《情报杂志》2018 年第 2 期。

60. 段炼、党兰学、胡涛、朱欣焰、叶信岳：《融合历史犯罪数据的疑犯社会活动位置预测》，载《地球信息科学学报》2018 年第 7 期。

61. 刘美霖、高见、黄鸿志、袁得嵛：《基于时空序列混合模型的犯罪情报预测分析》，载《情报杂志》2018 年第 9 期。

62. 谢熠康、周克武、王刚、李雨蒙：《犯罪案件时空分布模型研究》，载《地理空间信息》2020 年第 6 期。

63. 沈寒蕾、张虎、张耀峰、张志刚、朱艳敏、蔡黎:《基于长短期记忆模型的入室盗窃犯罪预测研究》,载《统计与信息论坛》2019 年第 11 期。

64. 侯苗苗、胡啸峰:《基于时间序列模型 SARIMA 的犯罪预测研究》,载《中国人民公安大学学报(自然科学版)》2021 年第 2 期,第 67 – 73 页。

65. 翟圣昌、韩晓红、王莉、吴永飞、王俊严:《基于 BP 神经网络非线性组合的 SARIMA-GRU 犯罪预测模型》,载《太原理工大学学报》[2022-07-12]. https://gfffgc1d129f57bb244a4hp65fu5ubw9pf6xqnfgfy. eds. tju. edu. cn/kcms/detail/14. 1220. n. 20220705. 1240. 002. html,最后访问日期:2022 年 7 月 15 日。

66. 单勇、阮重骏:《城市街面犯罪的聚集分布与空间防控——基于地理信息系统的犯罪制图分析》,载《法制与社会发展》2013 年第 6 期。

67. 单勇:《城市中心区犯罪热点制图与防卫空间设计》,载《吉林大学社会科学学报》2014 年第 2 期。

68. 孙明、岳亮:《基于 CPTED 理论的城市防控犯罪规划体系》,载《现代城市研究》2015 第 10 期。

69. 刘仁文、单勇:《中国城市更新中的空间盲区治理》,载《辽宁大学学报(哲学社会科学版)》2016 年第 4 期。

70. 孙道萃:《以 CPTED 理论构筑校园被害预防体系》,载《中国大学生就业》2012 年第 16 期。

71. 周书稔:《情境犯罪预防在大学校园安全管理中的应用探析》,载《中国高等教育》2020 年第 19 期。

72. 谭少波:《CPTED 理论在大学校园社区环境设计中的应用——以河北工程大学新校园为例》,载《河北工程大学学报(社会科学版))》2020 年第 3 期。

73. 吕雪梅:《美国犯罪情报预测分析技术的特点——基于兰德报告《预测警务》的视角》,载《情报杂志》2016 年第 7 期。

74. 王军明、商雨:《地点警务:美国的经验与启示》,载《山东警察学院学报》2016 年第 6 期。

75. 杨学锋:《热点警务的犯罪学理论基础及实践评估》,载《中国人民公安大学学报（社会科学版）》2018 年第 3 期。

76. 厉翔宇、郭伟：《域外警务模式比较研究——以热点警务、情报主导警务及预测警务为例》，载《公安教育》2020 第 9 期。

77. 柳林、吴雨菡、宋广文、肖露子：《犯罪防控警务策略及其时空效益评估研究进展》，载《地球信息科学学报》2021 年第 1 期。

78. 王超飞：《基于犯罪时空理论的全时空巡逻体系建设研究》，载《北京警察学院学报》2016 年第 5 期。

79. 张远煌、姚兵：《未成年人犯罪的主要特征及变化趋势》，载《青少年犯罪问题》2009 年第 5 期。

80. 赵贵玉、赵玲：《中美高校学期制度比较分析》，载《科技创新导报》2016 年第 10 期。

81. 靳高风、李易尚：《中美校园暴力袭击犯罪比较研究——基于 94 起典型案件的调查分析》，载《中国人民公安大学学报（社会科学版）》2017 年第 6 期。

82. 李杨：《暴力亚文化对青少年犯罪的影响——以美国"街头守则"为视角》，载《犯罪研究》2018 年第 4 期。

83. 井世洁、周健明：《我国校园暴力研究（1990—2019）的回顾与展望——基于 CiteSpace 的可视化分析》，载《青少年犯罪问题》2019 年第 6 期。

84. 孙宏愿、孙怀君：《教育合力对预防青少年犯罪的影响——基于美国 FCIK 组织的研究》，载《外国青年研究》2011 年第 5 期。

85. 刘艳：《论美国社会底层青少年暴力犯罪预防社区干预》，载《当代青年研究》2015 年第 7 期。

86. 冯承才：《涉黑演化：街角青年犯罪新趋势》，载《当代青年研究》2021 年第 1 期。

87. 赵霞：《青少年犯罪家庭因素的类型化及防范对策》，载《预防青少年犯罪研究》2017 年第 5 期。

88. 冯源：《儿童监护模式的现代转型与民法典的妥当安置》，载《东方法学》2019 年第 4 期。

89. 于阳:《留守儿童犯罪防治与被害预防实证研究》,载《中国人民公安大学学报(社会科学版)》2018 年第 5 期。

90. 郭一禛、包涵:《家庭功能失衡背景下的青少年犯罪问题——以留守儿童、流动儿童为视角》,载《广西警察学院学报》2019 年第 6 期。

91. 张鸿巍:《犯罪生物学视野下的青少年犯罪研究述评》,载《山东警察学院学报》2013 年第 1 期。

92. 郭娟、韩晓燕:《流动人口子女及其服务者的增能:以"大哥哥大姐姐计划"为例》,载《华东理工大学学报(社会科学版)》2017 年第 3 期。

93. 张波:《和谐社会建设与青少年社会服务——香港深宵外展服务对我们的启示》,载《山西青年管理干部学院学报》2008 年第 2 期。

94. 李丹丹:《被害情境下的被害人与个人预防》,载《犯罪研究》2017 年第 5 期。

95. 吴宗宪:《论未成年犯罪人矫正的主要模式》,载《预防青少年犯罪研究》2012 年第 1 期。

96. 江西未成年犯管教所课题组:《未成年服刑人员教育改造探索与思考——以江西省未成年犯管教所为例》,载《中国司法》2013 年第 6 期。

97. 刘政:《社区矫正的惩罚功能重塑与惩罚机制重构》,载《法学论坛》2019 年第 6 期。

98. 李琴:《美国青少年犯刑罚替代措施》,载《中国刑事法杂志》2012 年第 5 期。

99. 任伟伟:《青少年性犯罪的亚文化分析》,载《武汉公安干部学院学报》2009 年第 4 期。

100. 袁翠清:《我国中小学生在校性行为法律问题研究——以美国相关立法为对比》,载《预防青少年犯罪研究》2017 年第 3 期。

101. 李福芹、孙玉波、饶恩明:《未成年犯罪人实证研究——以广东省未成年犯管教所 1807 份调查报告为样本》,载《预防青少年犯罪研究》2017 年第 2 期。

102. 孙雪芸、刘旭刚、徐杏元:《青少年性犯罪的原因及矫治对策》,载《中国性科学》2010 年第 7 期。

103. 罗嘉亮：《论色情文化视角下的青少年性犯罪》，载《学理论》2015 年第 10 期。

104. 李立丰：《美国青少年性犯罪若干重要理论问题简析》，载《青少年犯罪问题》2008 年第 4 期。

105. 于阳、郝晓敏：《英美国家与我国青少年性犯罪的分析与比较》，载《预防青少年犯罪研究》2015 年第 6 期。

106. 王丹：《根据性心理发展阶段理论分析相关社会问题——以青少年性犯罪及恋童癖为例》，载《神州》2020 年第 13 期。

107. 张宝义：《析暴力犯罪的空间特征及形成原因》，载《福建公安高等专科学校学报——社会公共安全研究》1999 年第 6 期。

108. 陈柯龙：《青少年性犯罪的基本成因及预防对策》，载《吉林省经济管理干部学院学报》2016 年第 4 期。

109. 李守良：《论网络色情信息对未成年人的危害和治理对策》，载《预防青少年犯罪研究》2017 年第 4 期。

110. 侯林：《当前青少年性犯罪变动趋势及其社会影响因素分析》，载《兰州教学学院学报》2012 年第 6 期。

111. 胡裕岭：《美国高校性侵防治校园裁判立法的经验与启示》，载《青少年犯罪问题》2020 年第 1 期。

112. 闫艳、李鹏：《青少年性犯罪的动机类型与针对性预防措施框架》，载《湖南公安高等专科学校学报》2009 年第 5 期。

113. 丛梅：《初读天津市青少年犯罪 10 年数据》，载《青年研究》2002 年第 12 期。

114. 付逸飞、职国盛：《国外城市犯罪时空分布及其防控对策研究述评》，载《犯罪研究》2017 年第 3 期。

115. 王发曾：《城市犯罪成因的综合观》，载《河南大学学报（自然科学版）》1997 年第 1 期。

116. 张应立、陈学光:《196 个青少年犯罪团伙的调查与分析》,载《江苏警官学院学报》2009 年第 6 期。

117. 路琦、郭开元、张萌、张晓冰、胡发清、杨江澜:《2017 年我国未成年人犯罪研究报告——基于未成年犯与其他群体的比较研究》,载《青少年犯罪问题》2018 年第 6 期。

118. 姚建龙:《从"工读"到"专门"——我国工读教育的困境与出路》,载《预防青少年犯罪研究》2017 年第 2 期。

119. 何显斌:《论收容教养制度的改革与完善》,载《西南民族大学学报》2015 年第 6 期

120. 于阳、王爽:《英美国家预防青少年犯罪学习理论研究述评》,载《预防青少年犯罪研究》2017 年第 2 期。

121. 高英东:《美国少年法院的变革与青少年犯罪控制》,载《河北法学》2014 年第 12 期。

122. 李亚学:《美国的〈少年司法与犯罪预防法〉及身份罪少年的非监禁化》,载《青少年犯罪问题》2005 年第 3 期。

123. 康树华:《美国青少年犯罪预防体系和措施》,载《吉林大学社会科学学报》1992 年第 2 期。

124. 胡伟新:《美国少年司法制度的特点及思考》,载《人民司法》2010 年第 1 期。

125. 周松青:《中美校园暴力法律规制比较研究》,载《中国青年研究》2016 年第 1 期。

126. 张颖:《中美青少年犯罪预防教育比较研究》,载《山西高等学校社会科学学报》2003 年第 7 期。

127. 武欣:《美国学前教育早期干预项目的基本要素与项目影响的比较研究——基于佩里计划、初学者项目和芝加哥亲子中心项目》,载《外国教育研究》年 2020 第 4 期。

128. 刁喜忱:《美国青少年犯罪人矫正制度简介》,载《现代法学》1983 年第

2 期。

129. 于冲：《三网融合背景下青少年网络犯罪的现状和发展趋势探究》，载《青少年犯罪问题》2014 年第 1 期。

130. 张颖：《青少年网络犯罪的现状及对策》，载《辽宁行政学院学报》2010 年。

131. 陆伟华：《中美学校的网络伦理教育比较研究》，载《教育探索》2009 年第 9 期。

132. 姚建龙：《中国少年司法的历史、现状与未来》，载《法律适用》2017 年第 19 期。

133. 姚建龙、王江淮：《青少年网络犯罪控制的若干思考》，载《公安学刊（浙江警察学院学报）》2015 年第 6 期。

134. 王鹏飞：《青少年吸毒的高危因素及防控措施分析——基于对 6 省市涉毒青少年的实证考察》，载《中国青年社会科学》2020 年第 2 期。

135. 朱彬钰、吴世友、陈伟涛、陈韵、张霖、祝玉红：《中国青少年毒品使用研究现状分析——基于 1996—2020 年中文文献的系统综述》，载《华东理工大学学报（社会科学版）》2021 年第 1 期。

136. 郭开元：《青少年吸毒的现状、影响因素和预防对策研究报告》，载《预防青少年犯罪研究》2020 年第 1 期。

137. 刘燕、罗业涛、王朝才、苏效东、刘寿、赵磊：《西宁市青少年强制戒毒人群吸毒行为与毒品危害认知状况分析》，载《河南预防医学杂志》2017 年第 1 期。

138. 王晓晓：《"危害最小化"的治毒政策及其借鉴意义》，载《辽宁大学学报（哲学社会科学版）》2019 年第 2 期。

139. 李萌、涂龙科：《我国青少年犯罪的案件分布及影响因素研究》，载《青少年犯罪问题》2020 年第 3 期。

140. 常进锋：《预防与惩治青少年涉毒犯罪的法治路径述评》，载《中国青年社会科学》2018 年第 5 期。

141. 范志海：《社区戒毒康复模式研究——以上海市浦东新区为例》，载《和

谐社会 价值·政策·制度——上海市社会科学界第四届学术年会文集（2006 年度）（政治·法律·社会学科卷）》，上海市社会科学界联合会，2006。

142. 邱楚权：《论我国强制隔离戒毒程序中存在的问题及对策》，载《武警学院学报》2020 年第 9 期。

143. 刘成斌、昝莹、贾俊：《"戒毒青年"角色矫正机制研究——基于戒毒青年 JH 的改造经历》，载《江汉学术》2016 年第 2 期。

144. 冯立伟、钱明赞：《多维家庭治疗在青少年戒毒矫正中的运用》，载《犯罪与改造研究》2020 年第 11 期。

145. 于阳：《美国的毒品戒治模式与管理体制检视》，载《犯罪与改造研究》2015 年第 6 期。

146. 张庆军、田咏梅：《青少年强制隔离戒毒人员戒治模式研究》，载《中国司法》2015 年第 10 期。

147. 王天瑞：《社会工作介入青少年戒毒过程的方法探索》，载《河南司法警官职业学院学报》2020 年第 3 期。

148. 邓丛、何勤华：《美国毒品规制中非裔人群再犯罪的闭合困境——从"毒品战争"到"非裔人群的监狱"》，载《世界经济与政治论坛》2020 年第 5 期。

149. 赵秉志、张伟珂：《论运输毒品罪死刑废止的可行性》，载《河北法学》2020 第 11 期。

150. 胡云腾、方文军：《论毒品犯罪的惩治对策与措施》，载《中国青年社会科学》2018 年第 5 期。

151. 郭翔：《当前我国青少年犯罪的状况与特点》，载《中国青年研究》1996 年第 3 期。

152. 张远煌：《中国有组织犯罪的发展现状及立法完善对策》，载《法治研究》2012 年第 2 期。

153. 冯承才：《冲突常态化：街角青年帮派日常冲突模式研究——以上海市闵行 K 社区"斧头帮"为例》载《青少年犯罪问题》2017 年第 5 期。

154. 臧亚俊：《外来青少年与当地青少年团伙犯罪的比较》，载《青少年犯罪问题》1997 年第 1 期。

155. 陈世伟:《变色的青春:青少年"涉黑"犯罪实证研究——基于重庆市的调查》,载《中国青年研究》2010 年第 12 期。

156. 涂龙科、林勇康:《上海地区青少年"涉黑"犯罪实证研究》,载《青少年犯罪问题》2009 年第 6 期。

157. 李晓强:《城乡结合地区青少年犯罪的原因与对策》,载《青少年犯罪问题》2003 年第 1 期。

158. 靳高凤、赵伟:《当前我国未成年人涉黑涉恶犯罪特征与模式研究》,载《青少年犯罪问题》2011 年第 5 期。

159. 韩仁洁:《黑恶势力犯罪中未成年人犯罪问题反思》,载《河南警察学院学报》2021 年第 1 期。

160. 姚建龙:《帮派对校园之渗透与对策——以广州"黑龙会"为例的研究》,载《中国青年研究》2008 年第 1 期。

161. 金泽刚:《"尊龙名社"案之忧思——关注网络"网罗"青少年违法犯罪现象》,载《青少年犯罪问题》2010 年第 2 期。

162. 贺日兴:《我国警用地理信息系统建设的实践与思考》,载《测绘科学》2021 年第 8 期。

163. 周心捷:《中国大陆地区青少年帮派活动的现状与原因分析》,载《犯罪研究》2003 年第 3 期。

164. 邓映婕:《女性青少年犯罪现状分析及对策研究》,载《江西青年职业学院学报》2014 年第 5 期。

165. 李琳:《校园女生暴力的成因及预防》,载《青少年犯罪问题》2016 年第 2 期。

166. 周向丽:《未成年女犯改造对策思考》,载《犯罪与改造研究》2018 年第 7 期。

167. 袁翠清:《婚姻家庭变革时代女性青少年犯罪的成因及对策》,载《郑州航空工业管理学院学报(社会科学版)》2014 年第 4 期。

168. 贾冬梅:《当前少女犯罪案件分析》,载《青少年犯罪问题》1999 年第1 期。

169. 崔海英:《花季之殇——未成年女性犯罪之心理特征和危险因素》,载《青年探索》2016 年第 2 期。

170. 陈沙麦:《青少年女性犯罪及其社会化的研究》,载《青少年犯罪问题》2003 年第 2 期。

171. 严红英:《中学校园女生暴力行为分析与防控研究》,载《预防青少年犯罪研究》2016 年第 4 期。

172. 袁翠清:《女大学生非婚生子后弃婴问题法律探讨》,载《预防青少年犯罪研究》2017 年第 1 期。

173. 李焕然:《女性青少年性犯罪原因分析与对策建议——以上海 20 名女中学生'援交'案为视角》,载《青少年犯罪问题》2012 年第 4 期。

174. 杨江澜、李颖、王洁:《青少年女性吸毒的状况和特征分析报告》,载《预防青少年犯罪研究》2020 年第 1 期。

175. 邓力铭:《"中性化"还是"双性化"——从流行文化看性别角色的确立》,载《理论界》2012 年第 8 期。

176. 曹佳祯、石雪睿:《2015—2019 年我国儿童性教育研究综述》,载《社会与公益》2020 年第 7 期。

177. Egley A J,Howell J C,Harris M. Highlights of the 2012 National Youth Gang Survey, *Juvenile Justice Fact Sheet*, *Office of Juvenile Justice & Delinquency Prevention*,2014.

178. Lussier P. Sex Offending and Developmental Criminology:A Research Agenda for the Description,Explanation,and Prediction of Juvenile Sex Offending,*The development of criminal and antisocial behavior*,2015.

179. Felson M. The process of co-offending,*Crime prevention studies*,2003,16.

180. Cohen L E,Felson M,Social change and crime rate trends:A routine activity approach,*American Sociological Review*,1979,44(4).

181. Sampson R J. Urban black violence：The effect of male joblessness and family disruption，*American journal of Sociology*，1987，93（2）.

182. Sampson R J，Raudenbush S W，Earls F. Neighborhoods and violent crime：A multilevel study of collective efficacy，*Science*，1997，277（5328）.

183. Maimon D，Browning C R. Unstructured socializing，collective efficacy，and violent behavior among urban youth，*Criminology*，2010，48（2）.

184. Browning C R，Dietz R D，Feinberg S L. The paradox of social organization：Networks，collective efficacy，and violent crime in urban neighborhoods，*Social Forces*，2004，83（2）.

185. Brantingham P. L，Brantingham P. J. Criminality of place，*European journal on criminal policy and research*，1995，3（3）.

186. Brantingham P L，Brantingham P J. Environment，routine，and situation：Toward a pattern theory of crime，*Routine activity and rational choice*，Routledge，2017.

187. Lemieux A M，Felson M. Risk of violent crime victimization during major daily activities，*Violence and victims*，2012，27（5）.

188. Bernasco W，Ruiter S，Bruinsma G J N，et al. ，Situational causes of offending：A fixed - effects analysis of space-time budget data，*Criminology*，2013，51（4）.

189. Miller J. Individual offending，routine activities，and activity settings：Revisiting the routine activity theory of general deviance，*Journal of Research in Crime and Delinquency*，2013，50（3）.

190. Holt T J，Bossler A M，May D C，Low Self-Control，Deviant Peer Associations，and Juvenile Cyberdeviance，*American Journal of Criminal Justice*，2012，37（3）.

191. Goldstein H. Improving policing：A problem-oriented approach，*Crime and Delinquency*，1979，25（2）.

192. Braga A A，Kennedy D M，Waring E J，et al. ，Problem-oriented policing，deterrence，and youth violence：An evaluation of Boston's Operation Ceasefire，*Journal of research in crime and delinquency*，2001，38（3）.

193. Braga A A,Papachristos A V,Hureau D M. The effects of hot spots policing on crime:An updated systematic review and meta-analysis,*Justice quarterly*,2014,31 (4).

194. Guerette,R. T. ,The Pull,Push and Expansion of Situational Crime Prevention Evaluation:An Appraisal of Thirty-Seven Years of Research,*Crime Prevention Studies*,2009,24.

195. Graham K. They fight because we let them! Applying a situational crime prevention model to barroom violence,*Drug and Alcohol Review*,2009,28(2).

196. Painter K A,Farrington D P. Evaluating situational crime prevention using a young people's survey:Part II making sense of the elite police voice,*British Journal of Criminology*,2001,41(2).

197. O'Neill L,McGloin J M. Considering the efficacy of situational crime prevention in schools,*Journal of Criminal Justice*,2007,35(5).

198. Feinberg M E,Jones D,Greenberg M T,et al. ,Effects of the Communities That Care model in Pennsylvania on change in adolescent risk and problem behaviors,*Prevention Science*,2010,11(2).

199. Richard Fabrikant,The Distribution of Criminal Offenses in an Urban Environment:A Spatial Analysis of Criminal Spillovers and of Juvenile Offenders,*American Journal of Economics and Sociology*,1979,38(1).

200. Bichler,G. ,Malm,A. ,& Enriquez,J. ,Magnetic Facilities:Identifying the Convergence Settings of Juvenile Delinquents,*Crime & Delinquency*,2014,60(7).

201. Weisburd D,Morris N A,Groff E R. Hot spots of juvenile crime:A longitudinal study of arrest incidents at street segments in Seattle,Washington,*Journal of quantitative criminology*,2009,25(4).

202. Greenwood P. ,Prevention and Intervention Programs for Juvenile Offenders,*The Future of Children*,2008,18(2).

203. Webster-Stratton C,Hammond M. Treating children with early-onset conduct

problems：a comparison of child and parent training interventions，*Journal of consulting and clinical psychology*，1997，65（1）．

204. K. C. Thompson，R. J. Morris，Juvenile Delinquency and Disability，Advancing *Responsible Adolescent Development*，Springer Press，2016.

205. Malin H M，Saleh F M，Grudzinskas A J. Recent research related to juvenile sex offending：findings and directions for further research，*Current psychiatry reports*，2014，16（4）．

206. Gerardin P，Thibaut F. Epidemiology and treatment of juvenile sexual offending，*Pediatric Drugs*，2004，6（2）．

207. John A. Hunter，Robert R. Hazelwood，David Slesinger，Juvenile-Perpetrated Sex Crimes：Patterns of Offending and Predictors of Violence，*Journal of Family Violence*，2000，15（1）．

208. Bethea-Jackson G，Brissett-Chapman S. The juvenile sexual offender：Challenges to assessment for outpatient intervention，*Child and Adolescent Social Work Journal*，1989，6（2）．

209. Letourneau E J，Miner M H. Juvenile sex offenders：A case against the legal and clinical status quo，*Sexual abuse：a journal of research and treatment*，2005，17（3）．

210. Hunter J A，Figueredo A J，Malamuth N M，et al. ，Developmental pathways in youth sexual aggression and delinquency：Risk factors and mediators，*Journal of Family Violence*，2004，19（4）．

211. Boonmann C，Grisso T，Guy L S，et al. ，Childhood traumatic experiences and mental health problems in sexually offending and non-sexually offending juveniles，*Child and adolescent psychiatry and mental health*，2016，10（1）．

212. Scholte E M. Prevention and treatment of juvenile problem behavior：A proposal for a socio-ecological approach，*Journal of abnormal child psychology*，1992，20（3）．

213. Gottfredson D C，Gerstenblith S A，Soulé D A，et al. ，Do after school pro-

grams reduce delinquency?, *Prevention science*, 2004, 5(4).

214. Fischer S, Argyle D, Juvenile Crime and the Four-Day School Week, *Economics of Education Review*, 2018, 64.

215. Akee R Q, Halliday T J, Kwak S. , Investigating the effects of furloughing public school teachers on juvenile crime in Hawaii, *Economics of Education Review*, 2014, 42.

216. Zhang Y, Zhao J, Ren L, et al. , Space-time clustering of crime events and neighborhood characteristics in Houston, *Criminal Justice Review*, 2015, 40(3).

217. Bichler G, Christie-Merrall J, Sechrest D. Examining juvenile delinquency within activity space: Building a context for offender travel patterns, *Journal of Research in Crime and Delinquency*, 2011, 48(3).

218. Miner-Romanoff K. Juvenile justice education for at-risk high school youth: A pilot program, *Journal of Criminal Justice Education*, 2015, 26(1).

219. Grabosky P N. Virtual criminality: Old wine in new bottles? *Social & Legal Studies*, 2001, 10(2).

220. Bossler A M, Berenblum T. Introduction: new directions in cybercrime research, *Journal of Crime and Justice*, 2019, 42(5).

221. Tcherni M, Davies A, Lopes G, et al. , The dark figure of online property crime: Is cyberspace hiding a crime wave? *Justice Quarterly*, 2016, 33(5).

222. Patchin J W, Hinduja S. Bullies move beyond the schoolyard: A preliminary look at cyberbullying, *Youth violence and juvenile justice*, 2006, 4(2).

223. Tokunaga R S, Following you home from school: A critical review and synthesis of research on cyberbullying victimization, *Computers in Human Behavior*, 2010, 26(3).

224. Donner C M. The gender gap and cybercrime: An examination of college students' online offending, *Victims & offenders*, 2016, 11(4).

225. Stonard K E, Bowen E, Lawrence T R, et al. , The relevance of technology to

the nature, prevalence and impact of adolescent dating violence and abuse: A research synthesis, *Aggression and violent behavior*, 2014, 19(4).

226. Mitchell K J, Jones L M, Turner H A, et al. , The role of technology in peer harassment: Does it amplify harm for youth? *Psychology of violence*, 2016, 6(2).

227. Gaffney H, Farrington D P, Espelage D L, et al. , Are cyberbullying intervention and prevention programs effective? A systematic and meta-analytical review, *Aggression and violent behavior*, 2019, 45.

228. Madigan S, Villani V, Azzopardi C, et al. , The prevalence of unwanted online sexual exposure and solicitation among youth: A meta-analysis, *Journal of Adolescent Health*, 2018, 63(2).

229. Mitchell K J, Finkelhor D, Jones L M, et al. , Prevalence and characteristics of youth sexting: A national study, *Pediatrics*, 2012, 129(1).

230. Holt T J, Bossler A M, An assessment of the current state of cybercrime scholarship, *Deviant Behavior*, 2014, 35(1).

231. Louderback E R, Antonaccio O, New applications of self-control theory to computer-focused cyber deviance and victimization: A comparison of cognitive and behavioral measures of self-control and test of peer cyber deviance and gender as moderators, *Crime & Delinquency*, 2021, 67(3).

232. Foppe K S, Hammond-Weinberger D R, Subedi B. Estimation of the consumption of illicit drugs during special events in two communities in Western Kentucky, USA using sewage epidemiology, *Science of the Total Environment*, 2018, 633.

233. Henslee A M, Irons J G, Bonn-Miller M O, Celebrating St. Patrick's Day: Students' expectations, intent, and behavior, *Journal of psychoactive drugs*, 2016, 48(2).

234. Palamar J J, Rutherford C, Keyes K M. Summer as a risk factor for drug initiation, *Journal of General Internal Medicine*, 2020, 35(3).

235. Mennis J, Mason M J. People, places, and adolescent substance use: Integrating activity space and social network data for analyzing health behavior, *Annals of the*

Association of American Geographers,2011,101(2).

236. Golub A,Johnson B D,Sifaneck S J,et al. ,Is the US experiencing an incipient epidemic of hallucinogen use? *Substance use & misuse*,2001,36(12).

237. Palamar J J,Griffin-Tomas M,Ompad D C,Illicit drug use among rave attendees in a nationally representative sample of US high school seniors,*Drug and alcohol dependence*,2015,152.

238. Van Havere T,Vanderplasschen W,Lammertyn J,et al. ,Drug use and nightlife：more than just dance music,*Substance abuse treatment,prevention,and policy*,2011,6(1).

239. Michael White C,How MDMA's pharmacology and pharmacokinetics drive desired effects and harms,*The Journal of Clinical Pharmacology*,2014,54(3).

240. Nuño L E,Herrera V M,Choate D E,et al. ,Hispanic youth and illicit drug use：assessing the relevance of risk and protective factors,*Crime & Delinquency*,2019,65(10).

241. Telzer E H,Gonzales N,Fuligni A J,Family obligation values and family assistance behaviors：Protective and risk factors for Mexican-American adolescents' substance use,*Journal of youth and adolescence*,2014,43(2).

242. Botvin G J,Baker E,Dusenbury L,et al. ,Long-term follow-up results of a randomized drug abuse prevention trial in a white middle-class population,*Jama*,1995,273(14).

243. Botvin G J,Baker E,Dusenbury L,et al. ,Preventing adolescent drug abuse through a multimodal cognitive-behavioral approach：results of a 3-year study,*Journal of consulting and clinical psychology*,1990,58(4).

244. Sontheimer H,Goodstein L,An evaluation of juvenile intensive aftercare probation：Aftercare versus system response effects,*Justice Quarterly*,1993,10(2).

245. Barrows J,Huff C R,Gangs and public policy：Constructing and deconstructing gang databases,*Criminology & Public Policy*,2009,8(4).

246. Tita G E, Cohen J, Engberg J. An ecological study of the location of gang "set space", *Social problems*, 2005, 52(2).

247. Carson D C, Esbensen F A, Gangs in school: Exploring the experiences of gang-involved youth, *Youth violence and juvenile justice*, 2019, 17(1).

248. Pyrooz D C, Decker S H, Moule Jr R K, Criminal and routine activities in on-line settings: Gangs, offenders, and the Internet, *Justice Quarterly*, 2015, 32(3).

249. Decker S H, Pyrooz D C, Gang offending and online behavior, *JRSA Forum*. 2012, 30(3).

250. Esbensen F A, Osgood D W, Peterson D, et al. , Short - and long - term outcome results from a multisite evaluation of the GREAT program, *Criminology & Public Policy*, 2013, 12(3).

251. Gundersen K, Svartdal F. Aggression replacement training in Norway: Outcome evaluation of 11 Norwegian student projects, *Scandinavian journal of educational research*, 2006, 50(1).

252. Valdez A, Cepeda A, Parrish D, et al. , An adapted brief strategic family therapy for gang-affiliated Mexican American adolescents, *Research on Social Work Practice*, 2013, 23(4).

253. Carlton M P, Social Science Analyst, National Institute of Justice. Functional Family Therapy-Gangs: Adapting an Evidence-Based Program To Reduce Gang Involvement, *National Institute of Justice Journal*, 2020, 282.

254. Ritter N. CeaseFire: A public health approach to reduce shootings and killings, *National Institute of Justice Journal*, 2009, 264.

255. Hockenberry S, Puzzanchera C, Juvenile Court Statistics 2018, *National Center for Juvenile Justice*, April 2020.

256. Yeater E A, Montanaro E A, Bryan A D, Predictors of sexual coercion and alcohol use among female juvenile offenders, *Journal of youth and adolescence*, 2015, 44(1).

257. Marsiglio M C, Chronister K M, Gibson B, et al. , Examining the link between traumatic events and delinquency among juvenile delinquent girls: A longitudinal study, *Journal of child & adolescent trauma*, 2014, 7(4).

258. Mullis R L, Cornille T A, Mullis A K, et al. , Female juvenile offending: A review of characteristics and contexts, *Journal of Child and Family Studies*, 2004, 13(2).

259. Wolff K T, Baglivio M T, Vaughn M G, et al. , For males only? The search for serious, violent, and chronic female juvenile offenders, *Journal of developmental and life-course criminology*, 2017, 3(2).

260. Leve L D, Chamberlain P. Female juvenile offenders: Defining an early-onset pathway for delinquency, *Journal of Child and Family Studies*, 2004, 13(4).

261. Leve L D, Chamberlain P, Kim H K, Risks, outcomes, and evidence-based interventions for girls in the US juvenile justice system, *Clinical child and family psychology review*, 2015, 18(3).

三、学位论文

1. 阮重骏:《问题导向的犯罪治理研究》,吉林大学 2020 届博士学位论文。

2. 张锋学:《人格刑法理论视域下的未成年人犯罪预防研究》,华南理工大学 2020 届博士学位论文。

3. 李中良:《威慑理论认知视野的转向与进路》,鲁东大学 2019 届博士学位论文。

4. 徐超凡:《家庭治疗对"问题少年"的心理干预研究》,中国人民公安大学 2017 届博士学位论文。

5. 孔海燕:《青少年犯罪预防关怀本体论》,鲁东大学 2017 届博士学位论文。

6. 段炼炼:《青少年犯罪预防与矫正研究》,鲁东大学 2016 届博士学位论文。

7. 刘猛:《中小学校园犯罪防控研究》,武汉大学 2015 届博士学位论文。

8. 常淑敏:《青少年暴力犯罪:危险因素与发展资源的作用机制》,山东师范大学 2013 届博士学位论文。

9. 唐娜:《青少年性犯罪侦防研究》,甘肃政法学院 2019 届硕士学位论文。

10. 林逢春:《就情境预防策略论青少年性犯罪预防之应对》,厦门大学 2009 届硕士学位论文。

11. 李向健:《当前我国青少年犯罪规律研究——基于 A 省未成年犯管教所的调查》,安徽师范大学 2012 届硕士学位论文。

四、报纸

1. 于博文:《科学防范是遏制青少年犯罪的重中之重》,载《人民公安报》2019 年 1 月 27 日,第 3 版。

2. 朱宁宁:《收容教养退出历史舞台》,载《法治日报》2021 年 1 月 5 日,第 5 版。

3. 杜洋:《政法机关打出组合拳应对新型毒品新挑战》,载《法治日报》2021 年 7 月 8 日,第 6 版。

4. 王莹:《沦为帮凶,防范青少年涉网犯罪刻不容缓》,载《法治日报》2021 年 8 月 8 日,第 5 版。

5. 汪宇堂、吕仲秋、陈磊:《着力构建未成年人犯罪预防社会化体系》,载《检察日报》2021 年 1 月 21 日,第 7 版。

6. 最高人民检察院:《未成年人检察工作白皮书(2021)》,载《检察日报》2022 年 6 月 2 日,第 6 版。

7. 韩飏:《校园欺凌和暴力犯罪数量逐年下降 未成年人涉电信网络犯罪上升较快》,载《中国青年报》2022 年 6 月 2 日,第 4 版。

8. 鞠仁德:《域外未成年人保护法的特点》,载《人民法院报》2021 年 6 月 4 日,第 8 版。

9. 王贞会:《罪错未成年人司法处遇的实体面向》,载《检察日报》2021 年 1 月 21 日,第 7 版。

10. 卢金增、王晓正、陈一梦:《四个方面织密罪错未成年人观护网》,载《检察日报》2021 年 7 月 15 日,第 7 版。

11. 俞军民:《完善罪错未成年人分级处遇制度》,载《检察日报》2021 年 4 月 8 日,第 3 版。

后 记

这部犯罪学著作是我主持的 2019 年度司法部国家法治与法学理论研究一般项目《中美城市青少年犯罪的时空分布与防范对策比较研究》（项目编号：19SFB2023）的最终结项成果。该项目于 2019 年 12 月立项，经过课题组成员两年多的共同努力，于 2022 年 8 月顺利结项。

回顾我的犯罪学研究（特别是青少年犯罪研究）生涯，往事历历在目，迄今已愈十六载，大致可以划分为三个阶段：

第一个阶段是我在天津社会科学院法学研究所工作期间（2008—2016 年）。我主持了天津社会科学院 2012 年度院级重点课题《城市青少年犯罪防控比较研究——基于英美国家的理论与实践》（项目编号：12YZD-09）。该项目于 2015 年 4 月顺利结项后获得天津社会科学院学术著作出版基金 2015 年度资助项目，同名专著于 2015 年 8 月在天津社会科学院出版社出版。这部犯罪学专著也是我的第一部学术专著，我在该著作后记中曾这样写道："这部专著是七年多来我在从事犯罪学学习与研究过程中正式提交的一份作业，它标志着我的刑事法学研究方向和学术旨趣已发展到犯罪学领域。"

第二个阶段是我在天津大学法学院工作期间（2016—2022 年）。我在 2019 年申报司法部课题获批立项之后，将我在 2018—2021 年指导天津大学法学院研究生、本科生合作撰写的"青少年犯罪与少年司法"领域的重要研究论文（其中，大多数已公开发表在犯罪学等专业学术期刊）整理结集出版，专著《青少年违法犯罪的犯罪规律与防治对策研究》于 2022 年 6 月在法律出版社出版。本著作的出版同时受到 2018 年度第六批天津市宣传文化"五个一批"人才培养工程（经中共天津市委宣传部部务会议研究,天津市人才工作领导小组批准,我于 2018 年 2 月被确定为天津市宣传文化"五个一批"人才)、天津大学法学院资助,天津大学法学院将本著作纳入"天大法学文库"。此外,司法部项目的结项要求是要有正式出版的专著(包括阶段性成果出版专著)方可申请结项,本著作作为司法部项目的阶段性研究成果,在一定程度上满足了司法部项目对于结项的要求,这也是当初出版这部专著时未曾料想的。

第三个阶段是我在山西大学法学院工作期间(2022 年—今)。我在司法部项目顺利结项之后,对于项目结项研究成果(本部专著)的进一步修改、完善和提升便提上议事日程。经过近两年的努力,这部司法部项目同名专著最终于 2024 年 11 月在天津社会科学院出版社出版。

从第一部、第二部犯罪学专著相继出版,再到第三部犯罪学专著付梓,前后历经十年时间,可谓十年磨一剑、弹指却在一挥间。尤其是第三部犯罪学(青少年犯罪学)专著的出版,至少从形式上实现了本人"青少年犯罪研究三部曲"的研究夙愿,它标志着我的青少年犯罪研究已经从早期的起步阶段过渡到相对成熟的完善与发展阶段。至此,青少年犯罪研究当可以作为本人刑事法学研究方向的一个重要的学术标签。

在司法部项目获批立项后,同时获得了境内外一些犯罪学研究者的大力支持和积极帮助。南京大学犯罪预防与控制研究所副所长、南京大学法学院博士生导师单勇教授,香港中文大学社会学系副主任钟华副教授,美国杜兰大学社会学系陈小进副教授、河北地质大学法政学院王超讲师等作为申报项目时的课题组核心成员,分别从各自的犯罪学研究领域和研究视角对项目研究具体问题的提炼、框架结构的设定、研究报告的撰写、具体调研的开展以及典型案例的分析等方面提出了十分宝贵的意见和建议。他们前期为项目的申报,中期为项目的考核通过,后期为项目的顺利结项付出了非常多的心血。在此,对课题组各位成员的辛勤付出和实质贡献表示衷心感谢。天津大学法学院刑事法律研究中心主任黄太云教授,暨南大学人文学院院长、暨南大学少年及家事法研究中心主任张鸿巍教授,南开大学法学院副院长刘士心教授,西北政法大学刑事法学院院长冯卫国教授,天津市武清区人民检察院马楠检察长、天津华盛理律师事务所魏涛副主任等专家学者作为本项目的结项成果专家鉴定组成员,在给予项目较高评价的同时,也提出了针对性的意见和建议。此外,在项目启动和实施阶段,我作为项目主持人(也是直接责任人),对本项目研究涉及的主要问题、研究思路、各个章节具体内容的设定、研究报告初稿的撰写、修改和完善以及阶段性论文研究成果的投稿和发表等进行了全程把关,确保了本项目的完成质量。本项目结项之时,取得了预期研究成果,从而最终得以顺利结项。

本著作在正式出版之前,相关阶段性的研究成果已相继在国内一些重要的法学、犯罪学专业期刊发表。其中,第一章"中美城市青少年暴力犯罪的时空分布与防范对策"的主体部分以《中美城市青少年暴力犯罪的时空分布与防范对策比较》为题,发表在犯罪学专业期刊《青少年犯罪问题》2022 年第 4 期(作者:于阳、黄烨),该文同时被人大复印报刊资料《刑事法学》2022 年第 12 期全文转载。第三章"中美城市青少年财产犯罪的时空分布与防范对策"的主体部分以《中美城市青少年财产犯罪的时空分布与防范对策》为题,发表在犯罪学专业期刊《预防青少年犯罪研究》2020 年第 5 期(作者:于阳、祝梦宇、席竞宜、贺泱植、杨佩瑶、庄渊智)。第四章"中美城市青少年网络犯罪的时空分布与防范对策"的主体部分以《中美城市青少年网络犯罪的时空分布与防范对策研究》为题,发表在 CSSCI 来源期刊《北京联合大学学报》(社会科学版)2023 年第 2 期(作者:于阳、周丽宁)。第五章"中美城市青少年毒品犯罪的时空分布与防范对策"的主体部分以《中美城市青少年毒品犯罪的时空分布与防范对策》为题,发表在犯罪学专业期刊《青少年犯罪问题》2021 年第 5 期(作者:于阳、黄烨)。第六章"中美城市青少年有组织犯罪的时空分布与防范对策"的主体部分以《中美城市青少年有组织犯罪的时空分布与防范对策研究》为题,发表在法学类 CSSCI 扩展版来源期刊《甘肃政法大学学报》2023 年第 4 期(作者:于阳、周丽宁)。此外,第二章"中美城市青少年性犯罪的时空分布与防范对策"和第七章"中美城市女性青少年犯罪的时空分布与防范对策"由路正撰写了初稿。其中,第七章中的部分内容以《女性青少年犯罪的时空特点、原因与防范》为题,发表在犯罪学专业期刊《犯罪与改造研究》2021 年第 12 期(作者:路正)。在此,谨向为发表项目阶段性论文研究成果做出帮助和支持的各位学术期刊编辑同仁以及为项目能够顺利结项提供帮助的各位合作作者表示诚挚感谢。

本著作的出版同时受到山西大学高层次人才事业启动经费和山西大学法学院资助,衷心感谢学校、法学院各位领导、同事的大力支持。天津社会科学院出版社责任编辑王丽女士为本书的顺利出版付出了辛勤劳作,作出了不可或缺的积极贡献。我指导的山西大学法学院 2023 级刑法学博士生陈轶男、2024 级刑法学博士生郭智媛、陈莹在书稿出版前进行了细致的检校工作,一并表示诚挚感谢。

于　阳
2024 年 11 月于山西大学坞城校区寓所